Schriftenreihe

QM

Quantitative Methoden
in Forschung und Praxis

Band 12

ISSN 1610-0735

Verlag Dr. Kovač

Nael Al-Anaswah

Regime-basierte Modellansätze zur Identifikation periodisch platzender Vermögenspreisblasen

Verlag Dr. Kovač

Hamburg
2007

VERLAG DR. KOVAČ
FACHVERLAG FÜR WISSENSCHAFTLICHE LITERATUR

Leverkusenstr. 13 · 22761 Hamburg · Tel. 040 - 39 88 80-0 · Fax 040 - 39 88 80-55

E-Mail info@verlagdrkovac.de · Internet www.verlagdrkovac.de

D 6

Bibliografische Information der Deutschen Nationalbibliothek
Die Deutsche Nationalbibliothek verzeichnet diese Publikation
in der Deutschen Nationalbibliografie;
detaillierte bibliografische Daten sind im Internet
über http://dnb.d-nb.de abrufbar.

ISSN: 1610-0735
ISBN: 978-3-8300-3335-6

Zugl.: Dissertation, Universität Münster, 2007

© VERLAG DR. KOVAČ in Hamburg 2007

Printed in Germany
Alle Rechte vorbehalten. Nachdruck, fotomechanische Wiedergabe, Aufnahme in Online-Dienste
und Internet sowie Vervielfältigung auf Datenträgern wie CD-ROM etc. nur nach schriftlicher
Zustimmung des Verlages.

Gedruckt auf holz-, chlor- und säurefreiem Papier Alster Digital. Alster Digital ist
alterungsbeständig und erfüllt die Normen für Archivbeständigkeit ANSI 3948 und ISO 9706.

Vorwort

Die vorliegende Arbeit wurde von der Wirtschaftswissenschaftlichen Fakultät der Westfälischen Wilhelms-Universität Münster im April 2007 als Dissertation angenommen.

Mein besonderer Dank gilt zunächst meinem Doktorvater Prof. Dr. Bernd Wilfling, der mich nicht nur aktiv betreut, sondern mir auch in seiner Funktion als Professurinhaber Freiräume und Entwicklungsmöglichkeiten gewährt hat. Prof. Dr. Mark Trede sei Dank dafür ausgesprochen, dass er im Rahmen der von ihm und Prof. Wilfling regelmäßig veranstalteten Oberseminare meine Arbeit über Jahre kritisch mit begleitet hat. Des weiteren gilt mein Dank Prof. Dr. Martin Bohl, der als Zweitgutachter fungierte.

Für die Unterstützung bei der Recherche bin ich den Hilfskräften der Statistik-Lehrstühle zu Dank verpflichtet. Mein Dank gilt auch meinen Kollegen – Dr. Sergey Gelman, Tobias Heinrich, Thorsten Heimann, Dr. Wing Lon Ng, Natalia Puzanova, Dr. Cornelia Savu, Gerrit Reher, Dr. Thomas Richthofer und Philippe Wittmann, – die durch ihre konstruktiven Anregungen sowie durch Hilfestellung im universitären Alltag am erfolgreichen Abschluss dieser Arbeit mitgewirkt haben. Hier möchte ich auch Anne Bogatzky und Ulrike Cellier für ihre tatkräftige Unterstützung danken. Ferner haben Barbara Buchholz und Christoph Pierschke die Arbeit Korrektur gelesen und zum Erscheinungsbild des Textes beigetragen.

Münster, im August 2007
Nael Al-Anaswah

Inhaltsverzeichnis

Tabellenverzeichnis xi

Abbildungsverzeichnis xiii

1. Einleitung 1

2. Spekulative Blasen in Vergangenheit und Gegenwart 7
- 2.1. Definition von Vermögenspreisblasen 8
- 2.2. Historische Vermögenspreisblasen 9
  - 2.2.1. Tulipmania 10
  - 2.2.2. Die Mississippi-Spekulation 13
  - 2.2.3. Die Südsee-Blase 16
  - 2.2.4. Der Aktiencrash von 1929 18
  - 2.2.5. Der Börsencrash von 1987 23
  - 2.2.6. New Economy und Internet Blase 28
- 2.3. Identifikation von Vermögenspreisblasen in anderen Forschungsbereichen 31
  - 2.3.1. Geldpolitik 32
  - 2.3.2. Ansteckungseffekte 33
- 2.4. Andere Vermögenspreise 36
  - 2.4.1. Wechselkurse 36
  - 2.4.2. Immobilien 37
- 2.5. Zwischenfazit 42

3. Vermögenspreistheorie — 43
- 3.1. Vermögensbepreisung in diskreter Zeit — 44
  - 3.1.1. Das Barwertmodell von Vermögenspreisen — 44
  - 3.1.2. Nutzentheoretisch fundierte Darstellung des Barwertmodells — 49
- 3.2. Vermögensbepreisung in stetiger Zeit — 56
- 3.3. Rationale Blasen — 59
  - 3.3.1. Blasen im Barwertmodell — 59
  - 3.3.2. Das intrinsische Blasen-Modell von Froot und Obstfeld — 62
  - 3.3.3. Entstehung spekulativer Blasen — 66
- 3.4. Zwischenfazit — 74

4. Testverfahren ohne Berücksichtigung unterschiedlicher Regime — 75
- 4.1. Testverfahren ohne explizite Berücksichtigung von Blasen in der Alternative — 76
  - 4.1.1. Erste empirische Tests — 76
  - 4.1.2. Varianzschranken-Tests — 78
  - 4.1.3. Test auf Basis von Vektorautoregressionen — 84
- 4.2. Tests, die explizit rationale Blasen in der Alternative enthalten — 90
  - 4.2.1. Das zweistufige Verfahren von West (1987) — 90
  - 4.2.2. Einheitswurzel- und Kointegrationstests — 95
- 4.3. Zwischenfazit — 98

5. Erzeugung künstlicher Blasenprozesse — 99
- 5.1. Der Evans-Prozeß — 100
- 5.2. Der Charemza- und Deadman-Prozeß — 108
- 5.3. Zwischenfazit — 113

6. Ein rekursiver Einheitswurzeltest im MTAR-Rahmen — 115

6.1. Einordnung in die Literatur 116
6.2. Einheitswurzel- und Kointegrationstests im TAR- und MTAR-
 Modellrahmen 119
 6.2.1. Einheitswurzeltests 119
 6.2.2. Kointegrationstests 125
6.3. Ein rekursiver Einheitswurzeltest 127
6.4. Ein rekursiver Einheitswurzeltest in MTAR-Modellen ... 133
6.5. Empirische Anwendung 143
6.6. Zwischenfazit 150

7. Ein Markov-Regime-Switching Kointegrationstest zur Identifikation spekulativer Blasen 159

7.1. Literaturüberblick 161
7.2. *Markov-Regime-Switching* Modelle 163
 7.2.1. Ein *Markov-Regime-Switching* Engle-Granger-Test . 163
 7.2.2. Maximum Likelihood Schätzungen und der EM-Algorithmus 166
 7.2.3. Geglättete Regimewahrscheinlichkeiten 170
7.3. Test auf Existenz unterschiedlicher Regime 172
7.4. Zwischenfazit 186

8. Ein Zustandsraummodell mit Markov-Switching zur Identifikation spekulativer Blasen 191

8.1. Modellspezifikation 192
8.2. Zustandsraum-Darstellung 194
 8.2.1. Überführung des Barwertmodells in die Zustandsraum-Darstellung 195
 8.2.2. Kalman-Filter-Darstellung von Vermögenspreisblasen 196
8.3. Erweiterung der Zustandsraum-Darstellung um *Markov-Switching*-Regime 198
 8.3.1. Modellspezifikation 198
 8.3.2. Filter und Schätzung des Modells 199
 8.3.3. Glättungsalgorithmus 204

8.4. Beschreibung der verwendeten Daten 207
8.5. Empirische Untersuchung 208
8.6. Zwischenfazit 213

9. Schlußbemerkungen 229

10. Literaturverzeichnis 233

A. Vermögenspreistheorie 247
A.1. Annäherung des logarithmierten Dividenden-Preis-Verhältnisses durch eine Taylor-Approximation 247
A.2. Vorwärtsiterierung des logarithmierten Preises unter Beachtung der Transversalitätsbedingung 248

B. Verwendung von Markov-Switching Engle-Granger-Tests zur Identifikation spekulativer Blasen 251
B.1. Herleitung der geglätteten Wahrscheinlichkeiten nach Kim (1994) 251

Tabellenverzeichnis

5.1.	Bhargava Test: Ergebnisse für simulierte Blasen	107
5.2.	Stationaritätstests bei Existenz spekulativer Blasen	107
5.3.	Bhargava-Test: Ergebnisse für STER-Prozesse	113
6.1.	Kritische Werte des rekursiven Einheitswurzeltests	129
6.2.	Güte der rekursiven Einheitswurzeltests	129
6.3.	Kritische Werte des rekursiven MTAR-Einheitswurzeltests	135
6.4.	Kritische Werte des rekursiven MTAR-Einheitswurzeltests mit 5 Lags	136
6.5.	Ablehnungshäufigkeiten des rekursiven MTAR-Einheitswurzeltests bei einer unterbrochenen Trendlinie	141
6.6.	Ablehnungshäufigkeit des rekursiven MTAR-Einheitswurzeltests bei einer Koeffizientenänderung	141
6.7.	Fehler erster Art des rekursiven MTAR-Einheitswurzeltests	143
6.8.	Teststatistiken der rekursiven MTAR-Einheitswurzeltests	153
7.1.	Parameter Spezifikationen für die Evans-Prozesse	174
7.2.	Ergebnisse herkömmlicher Einheitswurzeltests	175
7.3.	Ergebnisse der Parameter Stabilitätstests	179
7.4.	Schätzung der *Markov-Switching*-Testgleichung	182
7.5.	Schätzung der *Markov-Switching*-Testgleichung mit 4 Lags	183
7.6.	Ergebnisse der Kointegrationstests	185
8.1.	Test auf *Markov-Switching* Eigenschaft	214
8.2.	Test auf *Markov-Switching*-Eigenschaft	214
8.3.	Test auf *Markov-Switching*-Eigenschaft (Reale Daten)	214
8.4.	Test auf *Markov-Switching*-Eigenschaft (Reale Daten)	215
8.5.	Zustandsraummodell mit *Markov-Switching*.	216
8.6.	Zustandsraummodell mit *Markov-Switching*.	217

8.7. Zustandsraummodell mit *Markov-Switching* (Reale Daten). 218
8.8. Zustandsraummodell mit *Markov-Switching* (Reale Daten). 219

Abbildungsverzeichnis

2.1. Logarithmierte Aktienpreise und Dividenden von 1921 bis 1933 20
3.1. Preis-Pfad einer intrinsischen Blase 65
4.1. Blasenkomponente im S&P 500 90
5.1. Blasenveränderung in Abhängigkeit der Wahrscheinlichkeit des Fortbestehens 102
5.2. Blasenveränderung in Abhängigkeit der Wahrscheinlichkeit des Fortbestehens 103
5.3. Blasenkomponente der Beispiel-Simulation 108
5.4. Preis- und Fundamentalkomponente der Beispiel-Simulation 109
5.5. Simulierte STER-Prozesse 112

6.1. TAR-/MTAR-Realisationen mit symmetrischer und asymmetrischer Anpassung für $\rho_1 = 0.02$ und $\rho_2 = 0.98$ 121
6.2. TAR-/MTAR-Realisationen in Differenzen mit symmetrischer und asymmetrischer Anpassung für $\rho_1 = 0.02$ und $\rho_2 = 0.98$ 122
6.3. Histogrammdarstellung der Verteilungen der rekursiven Teststatistiken 131
6.4. Histogrammdarstellung der Verteilungen der rekursiven Teststatistiken der maximalen t-Statistik aus dem MTAR-Einheitswurzeltest 138
6.5. Histogrammdarstellung der Verteilungen der rekursiven Teststatistiken der minimalen t-Statistik aus dem MTAR-Einheitswurzeltest 139
6.6. Histogrammdarstellung der Verteilungen der rekursiven Teststatistiken der F-Statistik aus dem MTAR-Einheitswurzeltest 140

6.7. Residuen und Residuen in ersten Differenzen aus der Regression der logarithmierten Aktienpreise auf die logarithmierten Dividenden des Shiller-Datensatzes 146

6.8. Residuen und Residuen in ersten Differenzen aus der Regression der logarithmierten Aktienpreise auf die logarithmierten Dividenden des Shiller-Datensatzes 147

6.9. Rekursive Sequenzen der Teststatistiken aus dem MTAR-Einheitswurzeltest für den Zeitraum 1871 - 1995 154

6.10. Rekursive Sequenzen der Teststatistiken aus dem MTAR-Einheitswurzeltest für den Zeitraum 1925 - 1995 155

6.11. Rekursive Sequenzen der Teststatistiken aus dem MTAR-Einheitswurzeltest für den Zeitraum 1947 - 1982 156

6.12. Rekursive Sequenzen der Teststatistiken aus dem MTAR-Einheitswurzeltest für den Zeitraum 1947 - 1995 157

6.13. Rekursive Sequenzen der Teststatistiken aus dem MTAR-Einheitswurzeltest für den Zeitraum 1947 - 2002 158

7.1. Identifikation multipler Strukturbrüche und OLS-CUSUM-Tests für die erzeugten Prozesse nach Evans (1991) 180

7.2. Preise, Fundamentalwerte, Residuen und geglättete Regimewahrscheinlichkeiten für den DGP (1) 187

7.3. Preise, Fundamentalwerte, Residuen und geglättete Regimewahrscheinlichkeiten für den DGP (2) 187

7.4. Preise, Fundamentalwerte, Residuen und geglättete Regimewahrscheinlichkeiten für den DGP (3) 188

7.5. Preise, Fundamentalwerte, Residuen und geglättete Regimewahrscheinlichkeiten für den DGP (4a) 188

7.6. Preise, Fundamentalwerte, Residuen und geglättete Regimewahrscheinlichkeiten für den DGP (4b) 189

8.1. Geglättete Regimewahrscheinlichkeiten, Fundamentalprozeß und Preisprozeß für den Evans-Prozeß (1a) 220

8.2. Geglättete Regimewahrscheinlichkeiten, Fundamentalprozeß und Preisprozeß für den Evans-Prozeß (1b) 220

8.3. Geglättete Regimewahrscheinlichkeiten, Fundamentalprozeß und Preisprozeß für den Evans-Prozeß (1c) 221

8.4. Geglättete Regimewahrscheinlichkeiten, Fundamentalprozeß und Preisprozeß für den Evans-Prozeß (2a) 221
8.5. Geglättete Regimewahrscheinlichkeiten, Fundamentalprozeß und Preisprozeß für den Evans-Prozeß (2b) 222
8.6. Geglättete Regimewahrscheinlichkeiten, Fundamentalprozeß und Preisprozeß für den Evans-Prozeß (2c) 222
8.7. Geglättete Regimewahrscheinlichkeiten, Fundamentalprozeß und Preisprozeß für den Evans-Prozeß (3a) 223
8.8. Geglättete Regimewahrscheinlichkeiten, Fundamentalprozeß und Preisprozeß für den Evans-Prozeß (3b) 223
8.9. Geglättete Regimewahrscheinlichkeiten, Fundamentalprozeß und Preisprozeß für den Evans-Prozeß (3c) 224
8.10. Preise, Dividenden und geglättete Regimewahrscheinlichkeiten für die USA von 1871-2002. 224
8.11. Preise, Dividenden und geglättete Regimewahrscheinlichkeiten für die USA von 1871-1912. 225
8.12. Preise, Dividenden und geglättete Regimewahrscheinlichkeiten für die USA von 1913-1954. 225
8.13. Preise, Dividenden und geglättete Regimewahrscheinlichkeiten für die USA von 1955-2004. 226
8.14. Preise, Dividenden und geglättete Regimewahrscheinlichkeiten für Brasilien von 1994-2005. 226
8.15. Preise, Dividenden und geglättete Regimewahrscheinlichkeiten für Indonesien von 1990-2005. 227
8.16. Preise, Dividenden und geglättete Regimewahrscheinlichkeiten für Malaysia von 1986-2005. 227
8.17. Preise, Dividenden und geglättete Regimewahrscheinlichkeiten für Japan von 1973-2005. 228

Abkürzungsverzeichnis

ADF .... Augmented Dickey-Fuller Test
DGP .... Datengenerierender Prozeß
LL .... Log Likelihood
LR .... Likelihood Ratio
LTCM .... Long-Term Capital Management
MTAR .... Momentum Threshold Autoregressive Model
NYSE .... New York Stock Exchange
SEC .... Securities and Exchange Commission
TAR .... Threshold Autoregressive Model
VC .... Venture Capitalist

Kapitel 1.
Einleitung

In den vergangenen 35 Jahren wurden so viele Episoden anhaltender Vermögenspreisanstiege mit anschließenden Preiseinbrüchen beobachtet wie nie zuvor. Von dieser Entwicklung waren so unterschiedliche Märkte wie Aktien-, Immobilien- oder Rohstoffmärkte sowohl in Industriestaaten als auch in Entwicklungsökonomien betroffen. Derartige Entwicklungen hatten und haben verheerende Konsequenzen für die betroffenen Volkswirtschaften. Daher verwundert es nicht, daß die Suche nach den Ursachen solcher Entwicklungen Wissenschaftler und Politiker gleichermaßen interessiert.

Eine Episode, die nicht weit zurückliegt, ist der Zusammenbruch der Technologie- oder Internetblase in den USA sowie in Europa im Jahr 2001. Zwar ist mittlerweile die Erholung der deutschen Aktienmärkte deutlich zu erkennen, und einzelne Beobachter sprechen bereits wieder von Überbewertungen, aber Umfragen zufolge ist das Vertrauen großer Bevölkerungsteile, in Aktien zu investieren nachhaltig gestört. Die wünschenswerte Entwicklung einer breiten Aktienstreuung jenseits der institutionellen Anleger ist mit dem Zusammenbruch der Internetblase für einen langen Zeitraum beendet worden.

So ist die Entwicklung und der Zusammenbruch der Internetblase auch häufig Gegenstand der Ursachenforschung. Die Ansätze zur Erforschung der Ursachen sind dabei so vielfältig wie die Ursachen selbst. Mikroökonomen interessieren sich für diese Phänomene genauso wie Makroökonomen, Statistiker oder Psychologen. Demzufolge ist die Anzahl der Forschungsbeiträge in diesem Feld auch besonders hoch.

Zur besseren Einordnung der vorliegenden Arbeit in diesen Forschungszweig soll zunächst einmal eine grobe Unterteilung der Strömungen erfolgen.

Zum einen gibt es diejenigen Beiträge, die sich dem Phänomen des spekulativen Verhaltens aus einer rein theoretischen Perspektive nähern. Diese Beiträge modellieren meist eine oder mehrere unterschiedliche Klassen von Wirtschaftssubjekten (Agenten), deren Handlungen, die rational oder auch nicht rational sein können, zu Spekulationsblasen führen. Die verwendeten Methoden sind meist mikroökonomischer Natur und die entwickelten Modelle zeichnen sich darüberhinaus häufig durch einen hohen mathematischen Abstraktionsgrad aus, der zwar zu ausgesprochen eleganten Lösungen führen kann, deren empirische Überprüfbarkeit jedoch schwierig ist. Eine weitere Strömung, die sich in der letzten Zeit immer größerer Beliebtheit erfreut, sind Beiträge aus dem Feld der sogenannten Verhaltensökonomie (*behavioral economics*). Dort bedient man sich (dem Namen entsprechend) Methoden der Verhaltenswissenschaften und der Psychologie, um das Verhalten der Agenten zu erklären. Beide genannten Strömungen sind jedoch nicht Fokus dieser Arbeit.

Gegenstand dieser Arbeit ist vielmehr eine nicht minder umfangreiche Strömung, die sich weniger mit den Ursachen der Entstehung spekulativen Verhaltens beschäftigt, sondern versucht, spekulative Perioden oder auch das Platzen der Blasen mit Hilfe statistisch-ökonometrischer Verfahren zu identifizieren. Der zu testende Zusammenhang resultiert dabei aus vergleichsweise einfachen Bartwertmodellen, wie man sie in der einfachsten Form im Rahmen eines wirtschaftswissenschaftlichen Studiums für gewöhnlich kennenlernt. Auch wenn die Herleitung solcher Modelle in allgemeinen Gleichgewichtsmodellen formal anspruchsvoll sein kann, ergibt sich doch letztlich eine einfach zu testende empirische Beziehung, die gewöhnlich aus einer diskontierten Gewinngröße (meist der Dividenden) und einem Preis (meist einem Aktienindex) besteht.

Im Verlauf dieser Arbeit wird jedoch klar, daß es im Rahmen dieses vermeintlich einfach zu testenden empirischen Zusammenhangs alles andere als einfach ist, auf die Existenz spekulativer Komponenten zu testen, geschweige denn, diese genau zu identifizieren. Auch die rasante Entwicklung immer komplexerer statistisch-ökonometrischer Methoden hat nicht dazu geführt, daß spekulative Blasen zuverlässig identifiziert werden können, so daß es sich hier nach wie vor um ein lebendiges Forschungsfeld handelt. Hinzu kommt, daß auch andere Forschungsfelder unmittelbar von der Identifizierbarkeit spekulativer Blasen betroffen sind. Man denke in diesem Zusammenhang nur an die unter monetären Ökonomen hochaktuelle Frage, ob Zentralbanken aktiv auf spekulative Entwicklungen in Vermögenspreisen einwirken sollten oder nicht.

Das Hauptziel dieser Arbeit besteht in erster Linie in einer Ergänzung und Erweiterung der bestehenden statistisch-ökonometrischen Verfahren. Bisher widmen sich dabei viele Beiträge der Fragestellung, ob in einer gegebenen Stichprobe spekulative Blasen vorhanden sind. Die Identifikation der Blase selbst bzw. des Platzens der Blase erfolgt in vielen Beiträgen nicht. Dies ist selbstverständlich auch in erster Linie darauf zurückzuführen, daß viele Verfahren dies auch gar nicht leisten können.

In der Literatur der Zeitreihenökonometrie erfreuen sich in den letzten Jahren Modellansätze, welche die Existenz unterschiedlicher Regime berücksichtigen, immer größerer Beliebtheit. Die Implementation der Existenz verschiedener Regime erfolgt dabei auf unterschiedliche Art. Einige Modelle nutzen einen vergleichsweise einfachen Mechanismus, in dem sich bestimmte Parameter in Abhängigkeit eines Schwellenwertes ändern, andere Modelle hingegen greifen auf den komplexeren Mechanismus der *Markov-Regime-Switching*-Modelle zurück. Hier spielt die zeitliche Entwicklung der Regime eine Rolle. Im Verlaufe dieser Arbeit werden beide Arten von Regimen ausführlich behandelt.

Der Aufbau der Arbeit unter besonderer Berücksichtigung der Beiträge und Innovationen lautet wie folgt:

Kapitel 2 gibt einen historischen Überblick über spekulative Perioden, die in wissenschaftlichen Beiträgen immer wieder als Beispiele für spekulative Blasen angeführt werden. Neben der Beleuchtung der Hintergründe der jeweiligen Entstehung und des jeweiligen Zusammenbruchs dieser Episoden wird auch deutlich, daß die Klassifikation einer Episode als spekulative Blase je nach Bewertung der Umstände nicht unumstößlich ist.

Kapitel 3 erläutert vor allem das Barwertmodell in der gängigen Literatur zur Vermögenspreistheorie. Das Barwertmodell wird zum einen aus einer Renditedefinition und zum anderen aus einem mikroökonomischen Optimierungsansatz hergeleitet. Darüberhinaus wird beschrieben, wie das Barwertmodell nach Aufhebung einer sogenannten Transversalitätsbedingung um die Existenz rationaler Blasen erweitert werden kann.

Kapitel 4 beschreibt Tests auf spekulative Blasen, welche die Existenz unterschiedlicher Regime nicht berücksichtigen. Bei den hier beschriebenen Tests handelt es sich um Verfahren, die zwar schon etwas älteren Datums sind, gelegentlich aber dennoch Verwendung finden. Die mit diesen Verfahren verbundenen Nachteile werden ebenfalls beschrieben.

Kapitel 5 bildet die Brücke zu den Regime-basierten Modellen. Hier werden die im weiteren Verlauf der Arbeit verwendeten künstlichen Blasenprozesse erläutert. Des weiteren werden anhand dieser Prozesse die Mängel anderer Verfahren in der Identifikation unterschiedlicher Regime aufgezeigt.

Die Beiträge und Innovationen der Arbeit sind in den Kapiteln 6, 7 und 8 zu finden.

In Kapitel 6 wird ein bereits erprobtes Verfahren zur Identifikation spekulativer Blasen um die Berücksichtigung möglicher Strukturbrüche erweitert. Darüberhinaus wird dieses Verfahren, das ursprünglich nicht das Ziel verfolgt, den Zeitpunkt spekulativer Blasen zu identifizieren, sequentiell angewendet, um solche Zeitperioden besser erkennen zu können.

Die Berücksichtigung eines Strukturbruchs in einem MTAR-Einheitswurzeltest führt qualitativ zu keiner Änderung der Aussagen in der Untersuchung von Bohl und Siklos (2004). Allerdings erweist sich die Analyse der rekursiven Sequenzen der Teststatistiken als ein probates Mittel zur Identifikation des kollabierenden Regimes und in einigen Fällen sogar des explosiven Regimes. Nichtsdestotrotz ist auch dieses Verfahren nicht in der Lage, mehrfache Regimewechsel zuverlässig zu identifizieren. Dies kann das Verfahren jedoch auch nicht leisten und spricht nicht gegen die in diesem Kapitel erzielten Ergebnisse.

In Kapitel 7 wird auf Grundlage eines Einheitswurzeltests im *Markov-Regime-Switching*-Rahmen ein Kointegrationstest entwickelt. Es wird überprüft, ob dieser Test spekulative Blasen in künstlich erzeugten Blasenprozessen identifizieren kann. Insbesondere wird mittels der geglätteten Regimewahrscheinlichkeiten geprüft, ob moderat wachsende von explosiven Perioden abgegrenzt werden können. Bisherige Tests auf Grundlage eines *Markov-Regime-Switching*-Einheitswurzeltests haben lediglich explosive von kollabierenden Perioden abgegrenzt.

Der vorgeschlagene *Markov-Regime-Switching*-Kointegrationstest im Sinne von Engle und Granger (1987) führt in den betrachteten Fällen zu den erwarteten Testergebnissen. Die Untersuchung der geglätteten Regimewahrscheinlichkeiten führt zur korrekten Abgrenzung des moderat wachsenden Regimes vom explodierenden Regime. Dies ist ein Unterschied zu früheren Untersuchungen, in denen nur das kollabierende Regime identifiziert werden konnte.

In Kapitel 8 wird ein Verfahren, das bisher ausschließlich in der Konjunkturtheorie verwendet worden ist, zur Identifikation spekulativer Blasen verwendet. Hier wird die unbeobachtete spekulative Blase mit Hilfe eines Zustandsraummodells geschätzt. Dieses Modell wird um die Existenz unterschiedlicher Regime erweitert und mit Hilfe eines Kalman-Filter Verfahrens geschätzt. Es zeigt sich, daß dieses Verfahren auch zur Identifikation spekulativer Blasen geeignet ist.

Die Anwendung eines um *Markov-Regime-Switching* erweiterten Zustandsraummodells erweist sich als ein probates Mittel zur Identifikation spekulativer Blasen. Die Blasenkomponenten in den einzelnen Regimen sind signifikant voneinander verschieden, und die geglätteten Regimewahrscheinlichkeiten identifizieren sowohl die meisten der künstlich erzeugten kollabierenden Regime als auch eine ganze Reihe von kollabierenden Regimen in den untersuchten realen Datensätzen.

Im Anschluß an das Kapitel 8 erfolgt eine Zusammenfassung der Ergebnisse und ein Ausblick auf mögliche, weitergehende Forschungsthemen.

Kapitel 2.
Spekulative Blasen in Vergangenheit und Gegenwart

Das Ziel dieses einführenden Kapitels ist es, die Relevanz der Identifikation von Vermögenspreisblasen zu motivieren. Nach einem kurzen Abschnitt zur begrifflichen Bestimmung von Vermögenspreisblasen werden die Hintergründe der bekannteren Vermögenspreisblasen im Zeitverlauf beschrieben. Natürlich kann eine solche Beschreibung nur exemplarischer Natur sein. Eine weit detailliertere Aufstellung findet sich z.B. in Kindleberger (2005). Bei den hier behandelten Zeitperioden handelt es sich aber sicherlich um diejenigen, die in der gängigen Literatur besonders häufig erwähnt werden. Ein interessanter Aspekt der Beschreibung dieser Perioden ist, daß die Klassifizierung dieser Perioden als Blasenperioden keineswegs unumstritten ist. So wird man weiter unten sehen, daß selbst die in der gängigen Literatur so häufig zitierte *Tulipmania* von einigen Wissenschaftlern nicht als spekulative Blase angesehen wird. Eine empirische Untersuchung dieser Frage gestaltet sich jedoch aufgrund der mangelhaften Datenlage für diese Zeitperiode schwierig, so daß man sich auf die Wiedergabe verbaler Argumente beschränken muß.

Im Anschluß an die Darstellung ausgewählter spekulativer Perioden wird auf eine wissenschaftliche Debatte eingegangen, die man seit geraumer Zeit in vielen ökonomischen Forschungsbeiträgen findet, nämlich, ob es Aufgabe der Zentralbanken ist, aktiv auf die Entwicklung von Vermögenspreisen einzuwirken oder nicht. Ein Kernproblem dieser Debatte ist die Schwierigkeit, Abweichungen vom Fundamentalpreis eines Vermögensgegenstandes festzustellen. Insofern kann die vorliegende Arbeit mittelbar auch einen Beitrag zu dieser Fragestellung leisten. Ein weiterer Zweig der ökonomischen Forschung, den die vorliegende Arbeit indirekt betrifft, ist die Untersuchung sogenannter Ansteckungseffekte (*contagion effects*). Dieses Phänomen besteht in der Übertragung einer Finanzkrise von einem Land in ein anderes. Solche Finanzkrisen können zwar unterschiedliche Ursachen haben, wurden in der Vergangenheit jedoch häufig dadurch ausgelöst, daß spekulative Blasen platzten. Spekulatives Verhalten entsprechend zu erkennen ist also auch hier erstrebenswert. Der Abschnitt 2.3.2 widmet sich den Ansteckungseffekten.

Bekanntermaßen kommt es nicht nur auf Aktienmärkten regelmäßig zu spekulativen Entwicklungen. In der Vergangenheit ließen sich auch auf Devisen- und Immobilienmärkten immer wieder Phasen beobachten, die nicht durch sogenannte Fundamentalwerte erklärbar waren.[1] Die bekanntesten dieser Perioden in der jüngeren Vergangenheit werden daher in Abschnitt 2.4 angeführt.

2.1. Definition von Vermögenspreisblasen

Zunächst gilt es, den Begriff der Vermögenspreisblase näher zu erläutern. Eine häufig zitierte Definition geht auf Kindleberger (2005) zurück.[2] Er bezeichnet eine Vermögenspreisblase als

'an upward price movement over an extended range that then implodes'.

Eine etwas aussagekräftigere Definition findet sich im *New Palgrave: a Dictionary of Economics*. Dort schreibt Kindleberger:

'*A bubble may be defined loosely as a sharp rise in the price of an asset or a range of assets in a continuous process, with the initial rise generating expectations of further rises and attracting new buyers - generally speculators interested in profits from trading in the asset rather than its use or earnings capacity*'.

Diese Definition impliziert, daß es sich bei einer Blase um einen ungerechtfertigt hohen und steigenden Preis handelt. Dieser Preis wird von Investoren geschürt, die lediglich das Ziel haben, an andere Investoren zu einem höheren Preis zu verkaufen. Ökonomen versuchen dieser Definition für gewöhnlich etwas mehr Substanz zu verleihen, indem sie sie um eine Verbindung zwischen dem beobachteten Vermögenspreis und seinem

---

[1] Vgl. Rosser (2000) zum Begriff des Fundamentalwertes.
[2] Vgl. Siegel (2003).

Fundamentalwert erweitern. Der Fundamentalwert bezieht sich dabei auf diejenigen ökonomischen Faktoren wie Dividenden oder auch Diskontraten, die gemeinsam den Preis eines Vermögenswerts bestimmen. Garber (1990) merkt dazu an:

'The definition of bubbles most often used in economic research is that part of asset price movement that is unexplainable based on what we call fundamentals.'

Rosser (2000) geht bei dem Versuch, eine Vermögenspreisblase zu definieren, genauer auf den Begriff des Fundamentalwerts ein:

'A speculative bubble exists when the price of something does not equal its market fundamentals for some period of time for reasons other than random shocks. Fundamental is usually argued to be a long-run equilibrium consistent with a general equilibrium.'

Er deutet damit an, daß der Fundamentalwert den erwarteten Wert im langfristigen Gleichgewicht widerspiegeln sollte, jedoch zufälligen Schocks erlauben sollte, den Preis kurzfristig zu beeinflussen. An anderer Stelle räumt er ein, daß dieses Gleichgewicht jedoch üblicherweise nicht beobachtbar ist. Wie er sich ausdrückt, ist 'the most fundamental problem determining what is fundamental'.

2.2. Historische Vermögenspreisblasen

In diesem Abschnitt werden mehrere Perioden, die in der Literatur gerne als typische Beispiele für spekulative Blasen aufgeführt werden, näher beschrieben. Insbesondere wird auf die Hintergründe eingegangen, die tatsächlich oder angeblich zu spekulativen Entwicklungen geführt haben. Bezüglich der weiter zurückliegenden spekulativen Perioden der Tulipmania, der Mississippi-Spekulation sowie der Südseeblase wird auf die Arbeiten von Garber (1989),Garber (1990) sowie von Garber (2000) eingegangen.[3] Er erläutert, weshalb es sich bei den genannten Perioden möglicherweise gar nicht um spekulative Blasen gehandelt habe. Des weiteren werden die Zusammen-

---

[3] Das Buch *Famous First Bubbles* von Peter Garber (2000) ist eine der am häufigsten zitierten Quellen im Zusammenhang mit den Phänomenen der Tulipmania, der Mississippi-Spekulation sowie der Südsee-Blase. An dieser Stelle wird jedoch in erster Linie auf die Arbeiten dieses Autors aus den Jahren 1989 sowie 1990 Bezug genommen. Der Inhalt dieser Arbeiten unterscheidet sich nur unwesentlich vom Inhalt des genannten Buches aus dem Jahr 2000.

hänge jüngerer Blasenperioden wie dem Aktiencrash von 1929, dem schwarzen Montag von 1987 sowie die Entstehung der Internetblase erläutert und auf mögliche Gründe für das Platzen dieser Blasen eingegangen.

2.2.1. Tulipmania

Viele Arbeiten zum Phänomen der Tulipmania zitieren als Quelle eine kurze Beschreibung, die auf Mackay (1852) zurückgeht. Garber (1989) faßt den Inhalt dieser Quelle kurz zusammen und beleuchtet einige Aspekte dieser häufig zitierten Quelle kritisch. Im folgenden soll der Inhalt dieser Zusammenfassung kurz wiedergegeben werden:

Nach Einführung der Tulpen nach Europa aus der Türkei im 16. Jahrhundert wurden die Niederlande zu einem Zentrum der Züchtung neuer Tulpensorten. Durch Züchter und Blumenliebhaber entstand ein Markt für besonders seltene Züchtungen. Bald wurden einzelne Tulpenzwiebeln zu besonders hohen Preisen gehandelt. Besonders beliebt wurde dabei eine Sorte mit dem Namen Semper Augustus. Wie sich viel später herausstellte, entstand diese Sorte kurioserweise unwissentlich durch ein sogenanntes Mosaikvirus. Dieses Virus erzeugte ein bestimmtes Muster in den Blüten. Nur Zwiebeln, die von diesem Virus befallen waren, wurden von den Händlern nachgefragt. Die Preise bildeten sich dabei weniger an der Börse als vielmehr in zahlreichen Wirtshäusern. Der Handel vollzog sich entweder im Rahmen einer Auktion oder, indem beide Parteien ihren Preiswunsch auf einen Zettel notierten und jeweils gewählte Unterhändler sich daraufhin auf einen Preis einigten. Zu Beginn des Jahres 1634 traten auch Spekulanten in den Markt ein. Wie Mackay (1852) berichtet, erreichten die Preise einzelner Tulpenzwiebeln enorme Ausmaße. Beispielsweise heißt es, eine einzelne Zwiebel des Typs Semper Augustus sei zum Höhepunkt der spekulativen Phase zu einem Preis von 5.500 Gulden verkauft worden. Dies entspräche (im Jahr 1989) einem Wert von 50.000 Dollar in Gold bei einem Preis von 450 Dollar je Unze. Mackay (1852) nennt allerdings weder die Quellen der Preise für Tulpenzwiebeln noch die Beobachtungszeitpunkte. Zum Ende der spekulativen Phase beteiligten sich auch ausländische Geldgeber an diesen Spekulationsgeschäften und Menschen aller Gesellschaftsschichten verkauften eilig ihre Besitztümer, um an dem Tulpengeschäft teilnehmen zu können. Zu Beginn des Jahres 1636 entwickelte sich auch ein formaler Markt für Futures Geschäfte. Diese Art des Handels entwickelte sich zu der bevorzugten Handelsart bis zum Zusammenbruch des Marktes im Februar 1637. Schließlich und scheinbar ohne einen besonderen Anlaß endete die spekulative Phase, so daß auch die seltenen Zwiebeln zu einem Bruchteil der früheren Preise keine Abnehmer mehr fanden. Dies soll dann zu einer lang andauernden Rezession geführt haben. Mackay (1852) benennt zwar Preise als Indikator für das Ausmaß des Zusammenbruchs und zur Dokumentation der Fehlbepreisung zum Höhepunkt der spekulativen Periode. Allerdings handelt es sich dabei um Preise von Tulpenzwiebeln, die einem Zeitraum von bis zu 200 Jahre nach dem Zusammenbruch entstammen. Darüberhinaus erläutert Mackay (1852) auch nicht die gesamtwirtschaftliche Lage der Niederlande zum Zeitpunkt des Zusammenbruchs.

Garber (1989) gibt zu bedenken, daß die meisten Arbeiten, die sich mit der Spekulation um Tulpenblüten befassen, irrationales Verhalten der Marktteilnehmer voraussetzen. In der ökonomischen Fachliteratur finden sich die ersten Aufsätze zu diesem Phänomen in den 1950er Jahren im Zusammenhang mit der Entwicklung der Kapitalmarkttheorie. Später motivieren Autoren den Forschungszweig der Sonnenflecken-Literatur (*sunspots*) mit Hilfe der Tulipmania. Schließlich fand die Tulipmania Einzug in die Finanz-Literatur bei der Untersuchung von Finanzmarktanomalien wie rationalen Blasen (*bubbles*) und Modeerscheinungen (*fads*).

Soweit sich die Quellen der Arbeit von Mackay (1852) zurückverfolgen lassen, ergibt sich, daß sich dessen Informationen bezüglich dieser spekulativen Phase in erster Linie auf einen dokumentierten Dialog zwischen zwei Kaufleuten, Gaergoedt und Waermondt, beziehen. Hierbei handelt es sich um eine Reihe von Pamphleten, die als moralischer Angriff gegen Spekulation gedacht waren. Darin finden sich auch die von Mackay (1852) verwendeten Details über Märkte und Preise wieder.

Garber (1989) untersucht, ob es angebracht ist, tatsächlich von einer Tulipmania zu sprechen und kommt zu dem Schluß, daß hohe und zugleich schnell sinkende Preise für Tulpenzwiebeln nicht weiter ungewöhnlich sind. Vielmehr handelt es sich dabei um einen für die Tulpenindustrie typischen Preisverlauf. Zur Begründung führt er an, daß diese spekulative Periode in den wirtschaftshistorischen Aufzeichnung der damaligen Zeit kaum Erwähnung findet (und das, obwohl diese Zeit sonst sehr genau dokumentiert ist). Zum anderen widerspricht er der These, der Preisverfall sei über einen langen Zeitraum ein Indiz für die Irrationalität der Preisbildung gewesen. Die Preisentwicklung zwischen Januar 1637 und Februar 1637 betrachtet er jedoch isoliert und findet in dieser äußerst kurzen Periode sehr wohl Hinweise auf spekulatives Verhalten.

Wie kommt es also, daß man in den Dokumenten der damaligen Zeit keinen Hinweis auf volkswirtschaftliche Konsequenzen der spekulativen Periode findet? Zur Begründung führt Garber (1989) an, daß der langanhaltende Preisanstieg nur besonders seltene Tulpenzwiebeln betraf. Da dies bekannt war, hatte diese Entwicklung auch keine Auswirkungen auf den Anteil an landwirtschaftlicher Nutzfläche, der zur Züchtung von Tulpenzwiebeln verwendet wurde. Auch der besonders hohe Preisanstieg für gewöhnliche Tulpenzwiebeln zwischen 1636 und 1637 blieb ohne Konsequenzen für die landwirtschaftliche Nutzfläche: Schließlich begann dieser spekulative Preisanstieg erst, nachdem die Tulpenzwiebeln bereits in den Boden verpflanzt worden sind. Folglich bliebe als mögliche Konsequenz nur noch die Umverteilung von Vermögen. Garber (1989) kommt jedoch zu dem Ergebnis, daß auch dort nur geringfügige Folgen zu verzeichnen waren: Während der spekulativen Phase haben sich die Gebühren in den Kollegs bedingt durch die hohe Transaktionshäufigkeit oftmals gegenseitig aufgehoben. Nach dem Zusammenbruch gab es dann nur noch wenige Transaktionen in geringem Umfang.

Weiter beobachtet Garber, daß die wertvollen Tulpen der Jahre 1634 bis 1637 später entweder vom Markt verschwanden oder als gewöhnliche Tulpenzwiebeln (mit entsprechenden Preisen) angesehen wurden. Eine solche Preisentwicklung ließ sich auch zu späteren Zeitpunkten beobachten: Als Beispiele werden Preise für Tulpenzwiebeln und Hyazinthen im 18. Jahrhundert genannt. Der Preisverfall selbst ist auf die Ausweitung des Angebots bedingt durch die Vermehrung der Tulpenzwiebeln zurückzuführen. Zwar steigt der Bestand des Besitzers der ursprünglichen Zwiebel, jedoch kann der diskontierte Wert der Tulpenzwiebelverkäufe die extrem hohen Preise für die ersten Zwiebeln der Züchtung rechtfertigen. Auch die Höhe der Preise für einzelne Raritäten geht durchaus konform mit Preisen zu späteren Perioden. Allerdings bleibt der Preisanstieg in der kurzen Periode im Januar 1637 unerklärt. Während eines einzigen Monats wurde ein Preisanstieg bis um das zwanzigfache für gewöhnliche Tulpenzwiebeln registriert. Interessanterweise wurden nach Februar 1637 erst wieder im Jahr 1642 Preisnotierungen für gewöhnliche Tulpenzwiebeln durchgeführt. Für die Preisentwicklung in der Zeit dazwischen legt Garber (1989) als Vergleichswert den durchschnittlichen Preisrückgang pro Jahr aus dem Zeitraum von 1707 und 1739 zugrunde. Weiterhin ist bekannt, daß die Preise zwischen 1637 und 1642 um 76 Prozent jährlich zurückgegangen sind. Unter der Annahme, daß die Preise nach Februar 1637 zu dieser Vergleichsrate nachgegeben haben, schließt er darauf, daß der Preis durch den Zusammenbruch auf fünf Prozent des Höchststandes zurückgegangen sein muß. Legt man dem Preisverfall die Vergleichswerte aus dem 18. Jahrhundert zugrunde, so ließe sich ein Höchstpreis rechtfertigen, der zumindest höher ist als der tatsächliche im Januar 1637. Damit sieht es Garber (1989) als erwiesen an, daß die Preise für gewöhnliche Tulpenzwiebeln zumindest bis Januar 1637 als fundamental zu sehen sind.

Zusammenfassend kann man sagen, daß Garber (1989) unter Berücksichtigung der mangelhaften Datenlage zu dem Schluß kommt, daß es das Phänomen der Tulipmania für den größten Teil des fraglichen Zeitraums zwischen 1634 und 1637 nicht gegeben hat. Lediglich der letzte Monat des betrachteten Zeitraums verbleibt als eine mögliche Blase.

2.2.2. Die Mississippi-Spekulation

Die Mississippi-Spekulation ist unmittelbar mit dem Leben des Ökonomen John Law (1671 - 1729) verbunden. Law war nicht nur Ökonom, sondern auch Glücksspieler und kam auf diesem Wege zu nicht unbeträchtlichem Vermögen. Außerdem gelang es ihm den Regenten Frankreichs, Philipps von Orleans, zum Freund zu gewinnen. Der ermöglichte es Law im Jahre 1715, seine geldpolitischen Ideen in die Tat umzusetzen. Als Folge des Spanischen Erbfolgekriegs Ludwigs XIV. waren die Staatsfinanzen Frankreichs zur damaligen Zeit ausgesprochen marode. Law erhielt im Jahr 1716 die Erlaubnis zur Gründung einer privaten Notenbank, der Banque Generale. Im August 1717 gründete Law die Handelsgesellschaft Compagnie d'Occident (Mississippi-Kompanie), die das Monopol für den Handel mit den französischen Kolonien in Amerika erhielt. Das Kapital der Gesellschaft stammte hauptsächlich aus Staatsanleihen. Die Staatsanleihen wurden in sogenannte Rentes, die der Regierung einen reduzierten Zins anboten, umgewandelt. Law gelang es, für die Mississipi-Kompanie weitere gewinnträchtige Privilegien und Monopole zu erwerben. 1719 erwarb die Kompanie die Rechte an der königlichen Münze. Zur Finanzierung dieser Ausgabe gab Law 50.000 Aktien heraus. Zeichnen durften diese neue Aktien aber nur Personen, die bereits eine bestimmte Menge alter Aktien besaßen. In der Folge stiegen die Aktienpreise um fast das doppelte.

Im selben Jahr kaufte die Kompanie das Recht, sämtliche französischen indirekten Steuern zu erheben. Dies ging konform mit Laws Ansicht, die Wirtschaft profitiere von einem einfachen fiskalischen System. Gleichzeitig führt ein solches automatisch zu geringeren Kosten der Steuererhebung. Nur zwei Monate später übernahm Law auch die Erhebung der direkten Steuern. Der Aktienkurs war mittlerweile auf 3000 Livres gestiegen. Nach einem zusätzlichen Kauf von Schuldverschreibungen, die wiederum durch Ausgabe weiterer Aktien finanziert wurden, stieg der Aktienkurs schließlich auf 10.000 Livres im Oktober des Jahres 1719. Auf dem Höhepunkt seiner Karriere wurde Law 1720 mit dem Recht ausgestattet, sämtliche Regierungsfinanzen und Ausgaben sowie den Gelddruck der Banque Royale zu kontrollieren. Seine Position als Geschäftsführer bei der Mississippi Kompanie behielt er weiterhin bei.

Von 1719 an begann die Banque Royale die Geldmenge zur Finanzierung der Aktienkäufe zu erhöhen. Jede Ausweitung der Aktienmenge ging einher mit einer entsprechenden Geldmengenerhöhung. Bereits ab Januar 1720 fielen die Aktienpreise unter die Grenze von 10000 Livres, da zunehmend versucht wurde, Kapitalgewinne in Gold umzuwandeln. Law reagierte darauf, indem er Zahlungen von mehr als 100 Livres in Metallgeld untersagte und die Banknoten der Banque Royale zum gesetzlichen Zahlungsmittel für größere Beträge machte. Außerdem stützte die Kompanie den Kurs ihrer Aktien durch Banknoten, um höhere Kursverluste abzuwenden. Law selbst war der Auffassung, das hohe Kursniveau der Mississippi Kompanie sei durch deren Aussichten auf weiterhin hohe Gewinne gerechtfertigt. Er argumentierte, Aktien seien als Investition zu sehen, die man vornimmt, um das Papier zu halten und die Dividendenerträge zu erhalten. Diese seien höher als eine Anlage des Kapitals zum vorherrschenden Zinsniveau. Im März 1720 setzte Law den Aktienkurs auf 9000 Livres fest. Die Bank Royale intervenierte auf seine Veranlassung hin und tauschte ihre Banknoten direkt gegen die Wertpapiere. Um die Verkäufe der Aktienhalter absorbieren zu können, wurde so innerhalb eines Monats die im Umlauf befindliche Geldmenge verdoppelt. Natürlich führte dies auch zu einem entsprechenden Anstieg in der Inflationsrate: Die monatliche Inflationsrate von August 1719 bis September 1720 betrug 4 Prozent, mit einem Maximum von 23 Prozent im Januar 1720.

Ende Mai 1720 reduzierte Law den Kurs der Wertpapiere sukzessive von 9000 auf 5000 Livre. Gleichzeitig wurde der nominelle Wert der Banknoten halbiert. Bis zum Oktober 1720 waren die Banknoten im Umlauf in ihrem Wert um mehr als die Hälfte reduziert (im Vergleich zu ihrem Maximalwert), während gleichzeitig das Münzgeld wieder aufkam und bald den gleichen Stellenwert hatte wie zu Beginn des Jahres 1720. Somit ist klar, daß der Kursrückgang in erster Linie auf die Festsetzung der Kurse seitens der Notenbank sowie die durch Law veranlaßte monetäre Deflation zurückzuführen ist. Bis September 1721 fiel der Kurs der Mississippi Kompanie noch weiter auf 500 Livres. Dies entsprach in etwa dem Wert im Mai 1719.

Garber (1990) wirft die Frage auf, ob der Kursanstieg der Mississippi Kompanie tatsächlich als Blase bezeichnet werden kann. Schließlich sei der Anstieg die Reaktion auf Laws Programm zur Revitalisierung der französischen Ökonomie mittels finanzieller Innovation sowie fiskalischer Reformen. Garber (1990) führt an, daß Laws Theorie als durchaus plausibel zu bewerten ist. Er erwiesen sich als erfolgreicher Propagandist und für die Investoren war es ersichtlich, daß seine wirtschaftspolitischen Maßnahmen erfolgversprechend waren. Die Mississippi-Kompanie konnte beträchtliche Gewinne vorweisen, und dies spiegelte sich entsprechend im Kursverlauf des Papiers wider. Die späteren Kursverluste lassen sich nach Garber (1990) sogar noch einfacher erklären: Es handelt sich um eine einfache Reaktion auf einen radikalen Kurswechsel in der Geldpolitik. Die Wertpapiere der Kompanie waren unmittelbar mit der Banknotenemission der Banque Royale verbunden. Weiterhin sind die letzten Kursverluste durch Laws Machtverlust begründet und nicht durch das Platzen einer Blase. So zieht Garber

(1990) die Schlußfolgerung, daß es sich eindeutig nicht um das Platzen einer Blase gehandelt habe, da dieses Ereignis leicht durch Fundamentaldaten erklärt werden kann. Auch wenn die Investoren der damaligen Zeit davon überzeugt waren, sollten Ökonomen sich davon nicht irritieren lassen.

2.2.3. Die Südsee-Blase

So wie die Mississippi-Kompanie französische Schuldverschreibungen aufkaufte, tat die Südsee-Kompanie dies im Januar 1720 mit britischen Schuldverschreibungen.[4] Allerdings waren die Finanztransaktionen in diesem Fall weitaus einfacher gestrickt: Die Südsee-Kompanie war weder in Übernahmen anderer Unternehmen involviert noch nahm sie Regierungsaufgaben wie den Münzdruck oder Steuereintreibungen wahr. Die Höhe der übernommenen Staatsschulden betrug dabei 9 Millionen Pfund bei einer Verzinsung von 6 Prozent. Im Gegenzug erhielt die Südsee-Kompanie das Recht, eine Kapitalerhöhung durchzuführen. In den Folgemonaten übernahm das Unternehmen weitere Staatsverschuldungen und führte hintereinander mehrere Kapitalerhöhungen durch. Im Januar 1720 betrug der Kurs der Südsee-Kompanie-Aktie noch 120 Pfund bei einem Nennwert von 100 Pfund. Bereits im März desselben Jahres betrug der Aktienkurs dann 300 Pfund, Ende April bereits 400 Pfund. Ein Grund für den weiteren Kursanstieg der Südsee-Kompanie-Aktie war, daß Haltern von Obligationen mit unendlicher Laufzeit angeboten wurde, diese gegen Aktien der Kompanie einzutauschen. Der Tauschkurs war derartig attraktiv, daß es der Südsee Kompanie gelang, 64 Prozent der langfristigen Obligationen und 52 Prozent der kurzfristigen Obligationen zu absorbieren. Bald war offensichtlich, daß die Kompanie die meisten der ausstehenden Schuldverschreibungen erlangen würde. In der Folge stieg der Aktienkurs weiter auf 700 Pfund. Im Juni und August erfolgten weitere Kapitalerhöhungen, die den Kurs bis auf knapp 1000 Pfund in die Höhe schnellen ließen. Zuletzt wurden die übriggebliebenen Schuldverschreibungen wieder im Tausch gegen Aktien von den Anlegern erworben. Insgesamt gelang der Erwerb von 80 Prozent aller Schuldverschreibungen mit unendlicher Laufzeit sowie von 85 Prozent

---

[4] Dieser Abschnitt orientiert sich überwiegend an Garber (1990).

aller Schuldverschreibungen mit endlicher Laufzeit.
Schließlich brach der Kurs der Südsee-Kompanie-Aktie ein. Innerhalb nur eines Monats (September bis Oktober 1720) reduzierte sich der Kurs von 775 Pfund auf 290 Pfund. Der Marktwert aller Aktien betrug am 31. August 164 Millionen Pfund, am 1. Oktober nur noch 103 Millionen Pfund. Der Verlust fiel mehr als doppelt so hoch aus wie die Staatsverschuldung. Zwar gibt es keine einhellige Meinung über den Grund für den plötzlichen Kurseinbruch, oft wird jedoch eine aufkommende Liquiditätskrise dafür verantwortlich gemacht.

Mit dem vorangegangenen rasanten Kursanstieg der Südsee-Kompanie-Aktie ging ein starker Aufwärtstrend in den Werten anderer Gesellschaften einher. Darunter befand sich auch eine Reihe von Unternehmen, denen betrügerische Machenschaften nachgesagt wurden. Nichtsdestotrotz gab es auch viele Unternehmen, die sehr solide wirtschafteten und eine entsprechend attraktive Investition darstellten. Das Parlament beschloß, daß alle Unternehmen eine königliche Ernennung haben sollten ("Bubble Act"). Teil dieses Beschlusses war es auch, börsennotierten Unternehmen zu verbieten, sich außerhalb ihres ursprünglichen Geschäftsfelds zu bewegen. Als dieses Gesetz schließlich in Kraft trat und Mitbewerber der Südsee Kompanie traf, gerieten die Aktien der jeweiligen Unternehmen im August unter Druck. Viele der Aktien wurden jedoch auf Kredit gekauft, daher führte ein Verkauf der Aktien aller Unternehmen, auch der Südsee-Kompanie, zu einem Liquiditätsengpaß. Zusätzlich gab es mit dem Zusammenbruch der Mississipi-Kompanie im September 1720 sowie einer Spekulation in den Niederlanden auch international Liquiditätsengpässe. Folglich wurde aus England in diesem Zusammenhang spürbar Liquidität abgezogen. Darüberhinaus reagierten die Aktionäre sehr ungehalten auf die Kursverluste der Südsee-Kompanie. Das Parlament stellte sich gegen das Unternehmen und zwang es, Teile der Schuldverschreibungen an die *Bank of England* zu verkaufen. Das Parlament veranlaßte, das Vermögen einzelner Direktoren zu konfiszieren und dem Unternehmen zur Verfügung zu stellen. Weiterhin wurden die Aktien, die im Rahmen der verschiedenen Kapitalerhöhungen ausgegeben worden waren, neu verteilt, so daß die Verluste derjenigen Investoren, die bei den späteren Erhöhungen gekauft hatten, begrenzt werden sollten. Schließlich wurden dem Unternehmen noch die

Schulden für den Erwerb des Privilegs der Umwandlung von Staatsanleihen in Aktien in Höhe von 7,1 Millionen Pfund erlassen.

Garber (1990) rechnet den Marktwert der Aktien der Südsee-Kompanie gegen die regelmäßig zu erwartenden Gewinne sowie die eingegangenen Verbindlichkeiten. Er kommt zu dem Ergebnis, daß auf dem Höhepunkt des Kurswerts der Kurswert der Aktien das Nettovermögen des Unternehmens um mehr als das Fünffache überstieg. Andererseits gelte es jedoch zu berücksichtigen, daß es dem Unternehmen gelang, ausreichend Kreditmittel anzuwerben und zudem das Parlament auf seine Seite zu ziehen. Schließlich wurde das Projekt durch die aufkommende Liquiditätskrise und den damit verbundenen Vertrauensentzug des Parlaments noch während der Finanzierungsphase beendet. Garber (1990) sagt, daß sich die Spekulanten auf Grundlage der zur Verfügung stehenden ökonomischen Informationen richtig verhalten hätten und die Preise aufgrund ihrer veränderten Sichtweise bezüglich der Fundamentaldaten nach oben korrigiert hätten.

Garber (1990) betrachtet sowohl die Mississippi-Spekulation als auch die Südsee-Blase als ökonomische Experimente, die zwar ganz offensichtlich nicht gelungen sind, aber deren Akteure sich zumindest auf einen Erfolg einstellen mußten und sich somit durchaus rational verhalten hätten. Er schließt mit Unverständnis darüber, daß so viele Ökonomen das Fehlschlagen dieses Experiments als Evidenz für irrationales Verhalten der Investoren deuteten.

2.2.4. Der Aktiencrash von 1929

Angesichts der sich an den ersten Weltkrieg anschließenden Nachkriegsrezession überraschte die Stabilität und Dynamik der Wirtschaft in den 1920er Jahren auch viele zeitgenössische Beobachter.[5] Im Zeitraum von 1922 bis 1929 wuchs das US-amerikanische BSP mit einem jährlichen Durchschnitt von 4,7 Prozent bei einer Arbeitslosenquote von 3,7 Prozent. Das ungewöhnlich hohe Wachstum wird zum Teil auf neu entstandene Technologien sowie die Entwicklung neuer Managementmethoden zurückgeführt.[6]

---

[5] Dieser Abschnitt orientiert sich überwiegend an White (1990).
[6] Hierbei handelt es sich um eine Parallele zu der *New Economy* des amerikanischen Aktienmarkts der 1990er Jahre. White (2006) untersucht die Gemeinsamkeiten und Unterschiede der Aktienmarktentwicklungen der 1920er und 1990er Jahre im Detail.

Des weiteren waren die amerikanischen Kapitalmärkte einem Wandel unterlegen, der den finanziellen Bedürfnissen neu entstandener Unternehmen Rechnung trug. Die amerikanische Wirtschaft war damals durch ein hohes Maß an Regulierung gekennzeichnet, das die Vergabe von langfristigen Krediten ab einer gewissen Höhe erschwerte oder auch gänzlich verhinderte. In der Folge finanzierten viele Unternehmen größere Investitionen durch die Ausgabe von Unternehmensanleihen oder Aktien. Zwar erwarben viele Banken diese Unternehmensanleihen, jedoch war es ihnen untersagt, Aktien zu handeln oder zu erwerben. Zur Unterwanderung dieser Einschränkung wurden Tochtergesellschaften gegründet, die den Banken gestatteten, die gesamte Bandbreite von Aktivitäten des *Investment Bankings* bzw. des Broker Geschäfts abzudecken. Weiterhin wurden sogenannte *Investment Trusts* gegründet, die den heutigen Anlagefonds entsprachen. Dies erlaubte auch Kleininvestoren, denen das Kapital für ein breit gestreutes Aktienportfolio fehlte, die Möglichkeiten der Kapitalmärkte wahrzunehmen. Da Banken in dieser Zeit ihre klassische Rolle als Finanzintermediäre mehr und mehr verloren, taten sie neue Geschäftsfelder auf, wie z.B. den Verkauf von Versicherungen oder *Trusts*. Ihre Rolle verlagerte sich mehr zum Broker zwischen der sparenden Bevölkerung und der Industrie. Vielen der neuen Kleininvestoren fehlte es jedoch an Erfahrung im Aktienhandel und somit waren optimale Vorraussetzungen für die Entstehung einer Blase auf den Kapitalmärkten gegeben.

Zwar wird die Entwicklung auf den amerikanischen Kapitalmärkten Ende der 1920er Jahren von den meisten Ökonomen und Historikern für eine Blase gehalten. Dennoch gibt es auch Stimmen, die diese Periode als fundamental gerechtfertigt erachten. Irving Fisher beispielsweise war vom fundamentalen Anstieg in den Aktienkursen überzeugt und glaubte, daß sowohl Gewinne als auch Dividenden aufgrund veränderter ökonomischer Rahmenbedingungen weiter ansteigen würden. Mit veränderten Rahmenbedingungen sind hier systematische Anwendungen wissenschaftlicher Erkenntnisse in der Industrie, moderne Managementmethoden sowie Unternehmenszusammenschlüsse, die zu positiven Synergieeffekten führten, gemeint. Für fundamental gerechtfertigte Aktienkurse sprechen auch die überdurchschnittlich hohen Wachstumsraten von durchschnittlich 9 Prozent pro Jahr im Zeitraum von 1925 bis 1929. Bei einem weiter andauernden Wachstum in dieser Größenordnung wäre ein massiver Anstieg der Aktienkurse also durchaus mit den ökonomischen Rahmenbedingungen in Einklang zu bringen gewesen.

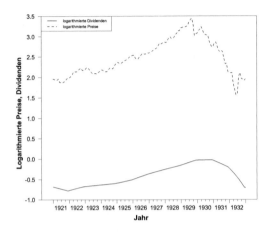

Abbildung 2.1.: Logarithmierte Aktienpreise und Dividenden von 1921 bis 1933

Allerdings gilt es einzuwenden, daß es trotz politischer Fehlentscheidungen seitens der US-Notenbank sowie des Kongresses im Rahmen eines normalen Konjunkturverlaufs wohl kaum zu solch dauerhaft hohen Wachstumsraten gekommen wäre. Betrachtet man den Verlauf des Dow-Jones-Index gemeinsam mit einem Dividendenindex im Zeitraum von 1922 bis 1929, so fällt auf, daß sich von 1922 bis 1927 Preise und Dividenden gemeinsam bewegen, während sich von 1928 an die Preise weit von den Dividenden entfernen (vgl. Abbildung 2.1) [7].

Interessant ist, daß offenbar auch einige Manager vom exorbitanten Kursanstieg irritiert waren, und daher in der Öffentlichkeit auf die Überbewertung hinwiesen. Aber weder der Hinweis von Insidern auf die Überbewertung noch das ausbleibende Dividendenwachstum vermochte die Kursrallye zu

---

[7] Als einer der Auslöser der Blase von 1929 gelten unerfahrene Neuinvestoren, die nur in ganz bestimmte von ihnen bevorzugten Aktien investierten. White und Rappoport (1994) untersuchen die Renditen einzelner Aktien vor dem Hintergrund, daß sich deren Preise in stärkerem Ausmaß gemeinsam bewegten als es durch die zugrundeliegenden Fundamentaldaten gerechtfertigt wäre. Sie kommen dabei zu dem Ergebnis, daß ein solches Verhalten bereits vor Beginn des Booms zu beobachten gewesen ist, während des Booms jedoch noch einmal stark zugenommen hat.

beenden.

Ein Erklärungsansatz für die anhaltende Kursexplosion war die Möglichkeit, Aktien auf Darlehensbasis zu erwerben. Der Weg zu dem geliehenen Kapital ging über die sogenannten Broker Darlehen: Dabei lieh der Broker dem Investor den gewünschten Betrag, indem er selbst das benötigte Kapital bei einer Bank aufnahm und das erworbene Aktienpaket als Hypothek hinterlegte. Eine detaillierte Beschreibung des Markts für Broker Darlehen findet sich in Rappoport und White (1991). Die Autoren der genannten Arbeit untersuchen, ob sich anhand der Entwicklung des Umfangs der aufgenommenen Broker Darlehen die Existenz einer spekulativen Blase nachweisen läßt.[8]

White (1990) betrachtet den Dow-Jones-Index gemeinsam mit den Broker Darlehen an der *New York Stock Exchange* (NYSE) und stellt fest, daß sich der Verlauf der beiden Zeitreihen nahezu identisch bewegt, insbesondere im Zeitraum der Boom-Phase. Es bleibt jedoch fraglich, wieso es eine derart lockere Kreditvergabe geben konnte, während zugleich die Geldpolitik derart restriktiv war. Die restriktive Geldpolitik der Fed resultierte genau aus der Sorge um hohe Kreditaufnahmen zwecks Spekulation. Da der Aktienboom offenbar jedoch eben dazu führte, versuchten die Zentralbanker die Vergabe von Krediten zu Spekulationszwecken zu verhindern. Solche Versuche erwiesen sich allerdings als unzweckmäßig, da sie nur dazu führten, daß mehr Darlehen von privaten Investoren, Unternehmen oder ausländischen Banken vergeben wurden.

Die Ursache für den Zusammenbruch des Aktienmarkts im Oktober 1929 liegt in veränderten Erwartungen künftiger Preisanstiege. Zu den hauptsächlich angeführten Gründen zählten übermäßige Aktienneuemissionen, Regulierungsmaßnahmen, der *Smoot-Hawley*-Zoll[9], ausländische Aktienmärkte sowie sinkende Broker-Darlehen. White (1990) zufolge hat jedoch keiner dieser Gründe den Ausschlag gegeben für einen solch drastischen Kursabfall. So ergibt sich bei näherer Betrachtung, daß der Umfang der Aktienneuemissionen im Vergleich zum Gesamtmarktwert im September 1929 nur einen Bruchteil ausmachte und somit - wenn überhaupt - nur zu

---

[8] Rappoport und White (1994) führen eine ähnliche Untersuchung auf der Grundlage von Optionspreisen durch.

[9] Der *Smoot-Hawley-Tariff-Act* belegte mehr als 3200 Güter, die in die USA importiert wurden, mit einem Zoll von effektiv 60 Prozent.

einem kleinen Teil zum Crash beigetragen haben kann. Zu den besonders gefragten Titeln gehörten Stromversorger. Gelegentlich wird behauptet, daß die Verweigerung eines Aktiensplits der Boston Edison seitens der Regulierungsbehörden am 11. Oktober ein Warnsignal an den Markt gewesen sein könnte. Wenn der Crash jedoch bei den Versorgerunternehmen begonnen hätte, so müßte man dies an der Reaktion des Dow-Jones-Index ablesen können. Dies ist aber nicht der Fall und somit handelt es sich auch nicht um einen relevanten Faktor für den Zusammenbruch des Markts.

Als eine der Hauptursachen für die große Depression gilt die Einführung des *Smoot-Hawley*-Zolls. Sofern dies richtig ist, sollte man erwarten, daß in erster Linie die Exportwirtschaft davon betroffen war. Die Binnenwirtschaft sowie die Importwirtschaft hingegen sollten von der Einführung des Zolls nicht betroffen sein bzw. sogar einen Vorteil davon haben. White (1990) zeigt jedoch, daß die drei genannten Wirtschaftszweige zum Zeitpunkt der Einführung des Zolls gleichermaßen in Mitleidenschaft gezogen wurden. Damit fällt auch dies als Auslöser für den Zusammenbruch des Marktes aus.

Andere Autoren sehen im Zusammenbruch des Finanzimperiums von Clarence Hatry in Großbritannien am 20. September 1929 einen Schock, der um einige Tage verzögert auch New York maßgeblich traf. Fisher kommt auf der Grundlage eines eigenen Aktienindexes zu diesem Schluß. Dieser zeigt, daß vor dem Kursverfall in New York die Kurse in London zum genannten Zeitpunkt deutlich sinken. Der Monatsindex des *Bankers-Magazine* jedoch ist bereits am 18. Oktober, also nach Hatry und vor dem *Wall-Street-Crash*, um 2,8 Prozent gefallen. Dies ist weit weniger als der von Fisher angegebene Verlust. Darüberhinaus macht der Kursverlust von American Railway mehr als die Hälfte dieses Prozentsatzes aus. White (1990) folgert, der Londoner Markt habe schlichtweg auf den New Yorker Markt reagiert.

Ein Blick auf die Aktienmärkte im Ausland zeigt, daß diese im Gegensatz zu späteren Boom-Phasen nicht denselben Trend aufwiesen wie die NYSE. So war beispielsweise der deutsche Aktienmarkt vom Beginn des Jahres 1928 an einem negativen Trend unterlegen. Verantwortlich dafür waren im wesentlichen ein wenig ausgeprägtes Engagement amerikanischer Investoren, die sich auf dem heimischen Markt bessere Renditechancen erhofften, sowie die kontraktive Geldpolitik der Reichsbank. Folglich handelt es sich bei dem schlechteren Abschneiden des deutschen Aktienmarkts um eine direkte Konsequenz aus dem boomenden Aktienmarkt in den USA (gleiches gilt auch für die anderen europäischen Länder). Die kontraktive Geldpolitik europäischer Zentralbanken resultierte aus dem hohen Zinsniveau in den USA, um der Kapitalflucht Einhalt zu gebieten. Die Broker-Darlehen jedoch blieben davon unberührt. Es war zwar ein Sinken des Darlehensvolumens am 23. Oktober zu beobachten, das sich jedoch im Rahmen von Schwankungen, wie sie zuvor auch beobachtet worden waren, bewegte. Dies kann somit auch nicht als Indikator für den Zusammenbruch des Marktes dienen.

Allerdings gab es Hinweise auf eine sich abzeichnende Rezession: Der Industrie-Produktionsindex der Fed fiel zum erstenmal im Juli 1929. In den beiden Folgemonaten war ein Rückgang in anderen Konjunkturindikatoren der Fed zu beobachten. Gemeinsam mit einem Anstieg des Realzinses verdichteten sich die Anzeichen einer aufkommenden Rezession. Dies reichte für viele Anleger aus, um ihre Erwartungen anzupassen. Anfang Oktober begann sich der Markt nach unten zu bewegen. Die Börsenmaklerbüros wurden durch den Anstieg des Handelsvolumens mit Ordern überhäuft. Nach und nach wurde es schwieriger, Preise überhaupt bestimmen zu können, so daß die Investoren ihre Positionen nicht mehr genau bestimmen konnten. Es kam zu Panikverkäufen am berüchtigten schwarzen Donnerstag und schwarzen Dienstag. Darüberhinaus drohte eine weitreichende Finanzkrise, als die Gläubigerbanken ihre Darlehen zurückzufordern begannen. Die Fed reagierte jedoch unmittelbar, indem sie ihren Mitgliederbanken gestattete, frei zum Diskontsatz Geld zu leihen. Damit wurde unmittelbarer Schaden über den Kapitalmarkt hinaus abgewendet. Allerdings gelang es nicht, die auf den Oktober 1929 folgende Weltwirtschaftskrise abzuwenden.

2.2.5. Der Börsencrash von 1987

Am Montag, den 17. Oktober 1987 fand der größte an einem einzelnen Handelstag beobachtete Kursverlust auf dem amerikanischen Aktienmarkt statt:[10] (Der darauffolgende Tag führte zu vergleichbaren Kursverlusten an vielen anderen Handelsplätzen der Welt.) Der Dow-Jones-Industrie-Index fiel um 22,6 Prozent. Ein derartiger Kursverlust kann nicht durch *News* des vorangegangenen Wochenendes erklärt werden. Zwar fand dieser Verlust vor dem Hintergrund sich verschlechternder ökonomischer Rahmenbedingungen statt, jedoch war dies bereits seit längerem bekannt und nicht an ein bestimmtes Ereignis gekoppelt. Sowohl die Effizienzmarkttheorie als auch die Geschichte besagen, daß Kapitalmärkte unmittelbar auf relevante *News* reagieren und nicht erst mit einer Verzögerung von möglicherweise mehreren Tagen. Auch wenn bis heute keine einhellige Meinung über den Auslöser dieses Crashs existiert, soll im folgenden dennoch auf die gängigen Erklärungsversuche eingegangen werden. Eine wichtige Rolle unter den möglichen Auslösern spielte der Handel mit sogenannten Portfolio Versicherungen (*portfolio insurances*): Hierbei handelte es sich um eine Handelsstrategie, die die Erkenntnisse aus der Optionspreistheorie nutzt. Es wird eine Grenze nach unten gesetzt, die vom Wert des *Investment*-Portfolios nicht unterschritten werden kann. Dieses Verfahren geht auf die beiden Ökonomen Leland und Rubinstein zurück.[11] Black, Scholes und Merton haben gezeigt, daß es unter bestimmten Bedingungen möglich ist, durch kontinuierliche Anpassung eines Portfolios, das aus einer Aktie und mehreren Anleihen besteht, perfekt den Wert einer Option nachzubilden. Dieses Portfolio wird auch replizierendes Portfolio genannt. Black, Scholes und Merton verwenden dieses replizierende Portfolio zur eindeutigen Bildung des arbitragefreien Preises einer Option. Im Unterschied zu Black, Scholes und Merton konzentrierten sich Leland und Rubinstein auf das replizierende Portfolio selbst: Die Idee war, das Portfolio zu sichern, indem man eine Put-Option kaufte, deren Ausübungspreis der gewünschten Untergrenze entsprach. Jedoch war zur damaligen Zeit der Handel mit Optionen nur eingeschränkt möglich. Beispielsweise bestand keine Möglichkeit, Optionen auf einen Aktienindex zu erwerben. Leland und Rubinstein benutzten das Optionspreismodell von Black, Scholes und Merton zur Nachbildung der gewünschten Put-Optionen. Das Modell leidet jedoch bekanntermaßen

---

[10] Dieser Abschnitt ist überwiegend an MacKenzie (1990) angelehnt.
[11] Die beiden Autoren haben sich auch nach dem *Crash* mit der Ursachenforschung auseinandergesetzt. Siehe dazu auch Leland und Rubinstein (1988).

2.2. Historische Vermögenspreisblasen

unter einer Reihe realitätsferner Annahmen. Bald gelang aber die Entwicklung von Optionspreismodellen, die nur noch einige dieser Annahmen benötigten, so daß Leland und Rubinstein ihre Idee Anfang der 1980er Jahre erfolgreich in die Praxis umsetzen konnten. Darüberhinaus vereinfachte der zur selben Zeit eingeführte Handel mit Index-Futures die Realisierung von Portfolio-Versicherungen. Bis Mitte der 1980er Jahre wurde die Absicherung per Portfolio-Versicherung sehr populär. Leland und Rubinstein äußerten Bedenken, sich nicht vollständig von den Annahmen der Black Scholes Welt gelöst zu haben. In der Konsequenz wäre bei einem plötzlichen Kurssturz nicht genug Zeit, das replizierende Portfolio anzupassen und die Portfolio Versicherung wäre nutzlos. Hinzu kam, daß in der Black-Scholes-Gleichung angenommen wird, Anpassungen des replizierenden Portfolios könnten den Kurs der darunter liegenden Aktie nicht beeinflussen. Bis Mitte der 1980er Jahre nahmen jedoch so vielen Investoren die Portfolio-Versicherung wahr, daß diese Annahme möglicherweise nicht mehr gegeben war. Bereits im September 1986 und im Januar 1987 kam es zu größeren Kursverlusten innerhalb eines Handelstags. Eine Untersuchung der *Securities and Exchange Commission* (SEC) ergab jedoch, daß es sich dabei um eine Reaktion der Investoren auf veränderte ökonomische Rahmenbedingungen gehandelt habe, und daß dies nicht aus dem Handel mit indexbezogenen Handelsstrategien resultierte. Rubinstein bezweifelte diese Haltung zwar, konnte jedoch nicht das Gegenteil beweisen. Der S&P 500-Index verdreifachte sich fast im Zeitraum zwischen 1982 und September 1987.

Eine ähnliche Entwicklung konnte auch in London und in noch stärkerem Maß in Tokyo beobachtet werden. Die schwierigen ökonomischen Rahmenbedingungen der 1970er Jahre wie beispielsweise hohe Inflationsraten, Ölschocks oder Gewerkschaftsmacht wurden in den 1980er Jahren durch liberalisierte Märkte, Monetarismus, die Reagan-Präsidentschaft, aggressives Finanzmanagement (z.B. die Ausgabe von *Junk*-Bonds) ersetzt.

Im Herbst des Jahres 1987 allerdings änderte sich die Stimmung. Die Politik Ronald Reagans hatte in den USA zu einem hohen Handelsdefizit sowie enormer Staatsverschuldung geführt. Der Dollar geriet unter Abwertungsdruck und es bestand die Befürchtung, die Fed erhöhe die Zinsen. Bereits am 14. Oktober führten enttäuschende Handelszahlen und ein Beschluß des Parlaments, Steuervergünstigungen im Zusammenhang mit Unternehmensübernahmen zu streichen, zu hohen Kursverlusten. An den beiden folgenden Handelstagen blieb der Markt hochgradig volatil. Der eigentliche Crash ereignete sich jedoch am Montag, den 19. Oktober. Der Dow Jones fiel an diesem Tag um 22,6 Prozent. Der Handel mit Aktien einiger Großkonzerne wie IBM oder General Motors mußte zwischenzeitlich sogar ausgesetzt werden, da es nicht möglich war, Käufer und Verkäufer zusammenzubringen. Die beiden wichtigsten Handelsplätze für Derivate (*Chicago Board Options Exchange* und *Chicago Mercantile Exchange*) mußten den Zusammenbruch der Clearing-Systeme befürchten. Trotzdem gelang es den meisten Portfolio-Versicherern, die maximalen Zielverluste ihrer Kunden nicht maßgeblich zu überschreiten. Die Frage, ob und inwiefern Portfolio-Versicherungen das Ausmaß der Kursverluste beeinflußt haben, kann nicht mit Sicherheit beantwortet werden.

Die Brady-Kommission sowie Kritiker der Portfolio-Versicherungen führen eine Reihe von Gründen dafür an: Portfolio-Versicherer verkauften Aktien und Futures nach anfänglichen Kursverlusten; Index-Arbitrage-Geschäfte verlagerten den Verkaufsdruck vom Futures- auf den Aktienmarkt; Überhänge noch nicht ausgeführter Portfolio Sicherungsverkäufe am Wochenende vom 17. bis 18. Oktober; gut informierte Händler, die die Notwendigkeit weiterer Verkäufe erkannt haben und infolge dessen bereits Verkaufsorder gegeben hatten.

All dies führte dann zu Kursverlusten, die wiederum weitere Verkäufe der Portfolio Versicherer bewirkten. Das Ausmaß der durch Portfolio-Versicherer veranlaßten Aktienverkäufe am 19. Oktober wurde von der Brady-Kommission mit 2 Milliarden Dollar beziffert, das der Futures-Verkäufe entsprach einem Aktienwert von 4 Milliarden Dollar. Dies waren 40 Prozent des Futures-Volumens. Auch wenn es schwierig ist, diese Zahlen zu bewerten, läßt sich folgender Vergleich anstellen: Der Gesamtwert der US Aktien vor dem Crash betrug 3,5 Billionen Dollar. Damit entsprachen die Verkäufe der Portfolio-Versicherer nicht mehr als 0,2 Prozent des gesamten Aktienwerts. Im Vergleich mit den gesamten Kursverlusten erscheint diese Zahl sehr gering.

Sollten die Kursverluste tatsächlich auf die automatischen Verkäufe der Portfolio-Versicherer zurückzuführen gewesen sein, so wäre eine schnelle

Erholung der Kurse zu erwarten gewesen. Dann nämlich, wenn die Marktteilnehmer genau diesen Automatismus erkannt hätten. Dies blieb jedoch zunächst aus, vielmehr kam es am Dienstag, dem 20. Oktober, zu weiteren drastischen Kursverlusten. Erst der Mittwoch brachte diesen Effekt. Die Kurse stiegen um 9,1 Prozent. Selbst das Ausmaß dieser Korrektur bleibt umstritten. Zwar sind 9,1 Prozent fast die Hälfte des Verlusts am Montag, aber bezieht man die Verluste der Vorwoche mit ein, ist diese Korrektur wiederum nicht besonders stark.

Abgesehen von dem Phänomen der Portfolio-Versicherer gibt es auch andere Erklärungsversuche für den Zusammenbruch des Aktienmarktes 1987. Robert Shiller führte unmittelbar nach dem Crash Interviews mit Investoren. Er fand heraus, daß 5,5 Prozent der institutionellen Investoren Portfolio-Versicherungen verwendeten. Genauso viele Investoren benutzten jedoch einfachere Strategien der Verlustbegrenzung, setzten etwa einen Schwellenwert, ab dem verkauft wird. Weiterhin verwendeten 10 Prozent der individuellen Investoren ebenfalls Strategien zur Verlustbegrenzung. Die Folge dieser einfachen Strategien entspricht den Portfolio-Versicherungen: Aktien werden verkauft, sobald die Preise fallen.

Viele Marktbeobachter sahen bereits vor dem 19. Oktober eine Reihe von Parallelen zu den Ereignissen des Jahres 1929.[12] So findet sich in der Ausgabe vom 19. Oktober des Wall Street Journals ein Artikel, in dem die Kursverläufe des Jahres 1929 denen des Jahres 1987 gegenübergestellt wurden. Legte man diese beiden Kursverläufe übereinander, so stand ein *Crash* unmittelbar bevor. Ein weiteres Ergebnis der Studie von Robert Shiller war, daß auch in den Monaten vor dem Oktober 1987 die Angst vor einem größeren *Crash* umherging. Auch der zunehmende Einsatz von Portfolio-Versicherungen kann als ein Indiz dafür angesehen werden. Die Angst vor einem größeren *Crash* zeigte sich auch in einem Anstieg der Renditevolatilitäten. Der Nachweis eines solchen Anstiegs wurde in den Untersuchungen von Schwert (1990) sowie Bates (1991) anhand von Optionspreisen sowie den Preisen für Index Futures erbracht.

---

[12] Siehe dazu auch White (1990).

2.2.6. New Economy und Internet Blase

Im Zeitraum von 1982 bis 1999 erhöhte sich der Kurswert US-amerikanischer Aktien um den Faktor 13.[13] Ihr Marktwert stieg von 60 Prozent des US-BIP im Jahre 1982 auf 300 Prozent des US BIP im Jahre 1999. Wenn man von einigen regionalen Ausnahmen absieht, ging damit ein lediglich moderater Anstieg der US Immobilienpreise einher.

Die US-Ökonomie boomte während der 1990er Jahre. Die Inflationsrate ging von über 6 Prozent zu Beginn der 1990er Jahre auf weniger als 2 Prozent am Ende der 1990er Jahre zurück. Im selben Zeitraum verringerte sich die Arbeitslosenquote von 8 Prozent auf 4 Prozent, das Wachstum vergrößerte sich von 2.5 Prozent auf 3.5 Prozent und die Produktivitätsrate stieg signifikant. Weiterhin wurde aus einem Haushaltsdefizit von 300 Milliarden Dollar ein Haushaltsüberschuß von 200 Milliarden Dollar. Auf der Negativseite war ein Handelsbilanzdefizit von 500 Milliarden Dollar zu verzeichnen. Darüberhinaus sank die Sparquote der Haushalte auf einen neuen Tiefstwert.

Das Kennzeichen dieser Boom-Phase war die sogenannte *New Economy*, und dabei spielten insbesondere die Informationstechnologie, Computer, die sogenannten *dot.coms* sowie die Hard- und Softwareindustrie eine wichtige Rolle.[14] Mit Hilfe von Risikokapitalgebern (*Venture Capitalists*) (VC) stand Unternehmern eine Institution zur finanziellen Umsetzung ihrer Ideen zur Verfügung. Diese VCs erwarben Anteile an noch jungen Unternehmen mit dem Ziel, zum Zeitpunkt deren Börsengangs einen Gewinn durch den Verkauf ihrer Aktienanteile zu erzielen. Aber nicht nur die VCs versprachen sich davon materielle Vorteile. Die Unternehmer erhofften sich durch erfolgreiche Innovationen erheblichen Wohlstand. Darüberhinaus gab es noch die Gruppe der Unternehmensberater und Investmentbanker, die Kapital aus den Börsengängen der jungen Unternehmen zu schlagen versuchten. Ein wichtiger Aspekt waren dabei die am ersten Handelstag erzielten Kursgewinne. Gelegentlich entstand der Eindruck, daß Investmentbanker versuchten, den Ausgabepreis möglichst niedrig zu halten, um die

---

[13] Dieser Abschnitt ist überwiegend an Kindleberger (2005) angelehnt.
[14] Auch der Boom in den 1920er Jahren wurde von zeitgenössischen Beobachtern auf eine New Economy zurückgeführt. Dieser Aspekt wird in einer Untersuchung von White (2006) aufgegriffen. Die unterschiedlichen Rahmenbedingungen der 1920er und der 1990er Jahre werden von Gordon (2005) näher untersucht.

Nachfrage nach den Papieren zu stimulieren und damit die Kurssteigerungen am ersten Handelstag zu maximieren. Es enstand ein sich selbst ernährendes System: Je höher der Kursgewinn am ersten Handelstag ausfiel, desto größer war die Zahl derjenigen Investoren, die von den Erstemissionen angezogen wurden. Mit steigender Nachfrage an Erstemissionen wuchs auch die Anzahl der die jungen Unternehmen unterstützenden VCs. Je mehr Kapital wiederum von den VCs bereitgestellt wurde, desto mehr junge Unternehmer versuchten jenseits der etablierten Unternehmen ihr Glück in der Selbständigkeit.

Im Dezember 1996 sprach der Präsident der amerikanischen Notenbank, Alan Greenspan, zum erstenmal von irrationalem Überschwang (*irrational exuberance*). Zu diesem Zeitpunkt befand sich der Dow Jones Index auf einem Stand von 6300 Punkten und der NASDAQ Index auf einem Stand von 1300 Punkten. Greenspan hatte den Ruf, in seinen Aussagen sehr umsichtig und vorsichtig zu sein. Daher ist anzunehmen, daß er eine solche Aussage erst bei Existenz einer maßgeblichen Überbewertung gemacht hat. Bis Ende Dezember 1999 befand sich der Dow Jones auf einem Niveau von 11700 Punkten und der NASDAQ bei 5400 Punkten. Damit belief sich zu diesem Zeitpunkt der Marktwert der NASDAQ Aktien bei 80 Prozent des Marktwertes aller an der NYSE gehandelten Aktien. In den späten 1990er Jahren waren es vor allem die Aktienpreise der *New Economy*-Unternehmen, die besonders hohe Zuwächse zu verzeichnen hatten. Bedingt durch die allgemeine Euphorie über die zukünftigen Gewinnaussichten, kam es aber auch zu Preisanstiegen bei Wertpapieren der Unternehmen der *Old Economy*.

Der Antriebsmotor der Finanzindustrie war jedoch die Entwicklung im Bereich der Informationstechnologie. Rechner wurden immer leistungsfähiger und gleichzeitig günstiger. Die Kosten für die Übermittlung und Speicherung von Daten sanken zusehends. Dabei trug die Entwicklung und Verbreitung des *World Wide Web* (WWW) sein übriges bei. Eine große Anzahl junger Unternehmen wurde im Bereich der Informationsverarbeitung gegründet und von den VCs finanziert. Die Gewinne der VCs wiederum waren so hoch, daß sich weitere Finanzquellen auftaten, als Beispiele seien hier vermögende Privatpersonen oder Universitäten genannt. Das Geschäft mit den Börsengängen junger Unternehmen nahm sehr zum Vorteil der beteiligten Investmentbanken enorme Ausmaße an. Darüberhinaus war die

Öffentlichkeit davon überzeugt, daß Aktienbesitz zu Wohlstand führte. Dennoch wird der Aktienmarktboom Mitte der 1990er Jahre nicht ausschließlich mit der allgemeinen Technologie-Euphorie begründet. Denn der Anstieg der Aktienpreise in den Jahren 1995 und 1996 kann auch auf zwei Aspekte der Mexiko-Krise im Jahr 1994 zurückgeführt werden. Zum einen gab es eine starke Abwertung des mexikanischen Pesos, der in der mexikanischen Handelsbilanz von einem Defizit von 20 Milliarden Dollar im Jahr 1994 zu einem Überschuß von 7 Milliarden Dollar im folgenden Jahr führte. In der US-amerikanischen Handelsbilanz kam es geradezu spiegelbildlich zu einem Anstieg des Defizits in Höhe von 25 Milliarden Dollar, da die USA der wichtigste Handelspartner Mexikos sind. Die Konsequenz dieser Veränderung in der mexikanischen Handelsbilanz war ein Kapitalzufluß in die USA und infolgedessen auch ein Anstieg der Aktienpreise. Hinzu kam, daß die Fed ihre Geldpolitik lockerte und damit die feste Geldpolitik des Jahres 1994 beendete.

Ein weiterer Umstand, der die Entstehung einer spekulativen Blase begünstigte, waren die Folgen der Asien-Krise im Sommer 1998, die Rußland-Krise sowie der Zusammenbruch des *Long-Term Capital Managements* (LTCM). Auch hier führte zunächst eine starke Abwertung der asiatischen Währungen zu einem Anstieg des US-Handelsbilanzdefizits von mehr als 150 Milliarden Dollar. Zusätzlich entschied sich die Fed, unter anderem als Reaktion auf den Zusammenbruch des LTCM, ein weiteres Mal die Geldpolitik zu lockern. In den zwölf Monaten nach dem Juni 1998 stieg der Marktwert der an der NYSE gehandelten Aktien von 9005 Milliarden Dollar auf 12.671 Milliarden Dollar. Dies entspricht einem Anstieg um 40 Prozent. Im selben Zeitraum stieg der Wert der NASDAQ-Aktien von 1777 Milliarden Dollar auf 3209 Milliarden Dollar. Dies wiederum entspricht einem Anstieg um 90 Prozent.

Der Kapitalzufluß in die USA führte zunächst zu einer Aufwertung des US-Dollar. Darüberhinaus stiegen die inländischen Investitionen, und es kam zu einem dramatischen Rückgang der heimischen Sparquote. Die sinkenden Preise für ausländische Güter bewirkten eine niedrigere US-Inflationsrate. Der Rückgang der heimischen Sparquote ging einher mit einem Anstieg der Konsumausgaben. Dies ist auch auf die durch die erhöhten Aktienpreise bedingten Vermögenseffekte zurückzuführen.

Im Lauf des Jahres 1999 kam hinzu, daß die meisten größeren Industrienationen geradezu besessen waren von dem sogenannten *Y2K* (Abkürzung für year 2000) Problem. Man glaubte, die Ökonomie drohe aufgrund des anstehenden Jahrtausendwechsels zusammenzubrechen, da viele Computer nicht in der Lage wären, das neue Datum ordnungsgemäß zu verarbeiten. Zur Veranlassung entsprechender Vorbereitungsmaßnahmen seitens der Unternehmen stellte die US-Notenbank den Banken zusätzliche Liquidität zur Verfügung. Als Reaktion darauf erhöhten die Banken ein weiteres Mal ihre Kredite.

Der Anstieg der Aktienpreise zog auch europäische Investoren an, so daß der US-Dollar auch gegen den Euro aufwertete. Aufgrund dessen und aufgrund einer weiteren Zunahme des Handelsbilanzdefizits ging die Teuerungsrate in den USA weiter zurück. Folglich sah die Fed auch keine Veranlassung, eine kontraktive Geldpolitik zu verfolgen. Mit Beginn des neuen Jahrtausends begann die Fed dem Markt Liquidität zu entziehen. Die Aktienpreise begannen zu sinken. Insgesamt ging der Aktienmarkt um 40 Prozent zurück und der Marktwert der an der NASDAQ gehandelten Aktien ging sogar um 80 Prozent zurück.

Auf Arbeiten, welche die Entstehung und das Platzen der Internet Blase näher untersucht haben wird in Abschnitt 3.3.3 im Zusammenhang mit der Entstehung spekulativer Blasen noch näher eingegangen.

2.3. Identifikation von Vermögenspreisblasen in anderen Forschungsbereichen

Die Identifikation spekulativer Blasen ist mittelbar auch für andere ökonomische Fragestellungen von Bedeutung. Durch Ereignisse der jüngeren Vergangenheit wie das Platzen der Internet-Blase oder auch die weitreichenden Folgen der Asien-Krise entstand eine Reihe von Forschungsbeiträgen, welche die Identifikation spekulativer Blasen zwar nicht unmittelbar zum Gegenstand haben, aber von zufriedenstellend funktionierenden Identifikationsverfahren maßgeblich profitieren können. Beispielhaft werden an dieser Stelle die Fragestellung des Zusammenhangs zwischen Geldpolitik und Vermögenspreisen sowie das Phänomen der Ansteckungseffekte skizziert.

2.3.1. Geldpolitik

In der jüngeren Vergangenheit gab es eine ganze Reihe von Forschungsbeiträgen zu der Fragestellung, inwieweit die Geldpolitik proaktiv oder reaktiv auf bestimmte Vermögenspreisentwicklungen antworten sollte. Die Zentralbanken präferieren immer noch eine reaktive Politik, während in der akademischen Literatur keine einheitliche Meinung über das adäquate Vorgehen existiert.[15] Einerseits wird argumentiert, daß eine Zentralbank, die der Preisstabilität verpflichtet ist, der Vermögenspreisentwicklung nur dann Aufmerksamkeit schenken sollte, wenn diese Veränderungen der Inflationserwartungen erkennen ließe. Die prominentesten Vertreter dieser Meinung sind Bernanke und Gertler (2000). Ihre Ergebnisse resultieren aus Simulationen unterschiedlicher Taylor Regeln[16] im Rahmen eines um quasi fixe Löhne und einen finanziellen Multiplikator (*financial accelerator*) erweiterten neukeynesianischen Modells. Eines ihrer Argumente lautet, daß die Stabilisierung von Vermögenspreisen schon deswegen schwierig ist, weil man nicht erkennen kann, ob eine gegebene Vermögenspreisänderung fundamental gerechtfertigte ist oder nicht.

Vehemente Verfechter einer proaktiven Geldpolitik hingegen sind Cecchetti, Genberg, Lipsky und Wadhwani (2000). Sie stimmen zwar mit Bernanke und Gertler (2000) darin überein, daß Zentralbanken bei einer proaktiven Politik gezwungen wären, die Blasenkomponente zu bestimmen, sind aber hinsichtlich der Durchführbarkeit zuversichtlicher. Sie argumentieren, daß auch andere Größen wie z.B. die Produktionslücke (*output gap*) schwierig zu bestimmen wären, diese Größe aber von Zentralbanken dennoch als Entscheidungsgrundlage für ihre Politik herangezogen würden. Darüberhinaus finden sie auf Basis von Simulationen des Bernanke-Gertler-Modells heraus, daß die Einbeziehung einer Vermögenspreisvariablen in die Taylor-Regeln wünschenswert sei. Bernanke und Gertler (2001) wiederum führen diese Ergebnisse auf Fehler im Vergleich der unterschiedlichen Politikregeln zurück. Die wissenschaftliche Debatte über die Vor- und Nachteile einer reaktiven bzw. proaktiven Geldpolitik ist jedoch längst nicht abgeschlossen. Methoden, welche die Identifikation der Blasenkomponente

---

[15] Vgl. Bordo und Jeanne (2002).
[16] Bei Taylor Regeln handelt es sich um Politikregeln für Zentralbanken. Insbesonderen wird in diesem Zusammenhang das Zinsniveau in in Abhängigkeit von der Produktionslücke festgelegt.

ermöglichen, können jedoch zumindest mittelbar auch auf diese Diskussion einen Einfluß haben.

2.3.2. Ansteckungseffekte

Es läßt sich oftmals beobachten, daß Finanzkrisen entweder in unterschiedlichen Ländern nahezu zeitgleich auftreten oder zunächst nur in einem Land auftreten und dann auf die Nachbarländer übergreifen.[17] Dieses Phänomen wird mit dem Begriff Ansteckungseffekt bezeichnet. Der Begriff Ansteckungseffekt wurde sehr vielfältig verwendet.[18]

Bei dem Prinzip der Arbitrage handelt es sich nur um eine der vielfältigen Verknüpfungen nationaler Märkte untereinander. Eine Implikation der Güterarbitrage ist, daß die Preisunterschiede identischer oder ähnlicher Güter in unterschiedlichen Ländern nicht die aus Transporten und Handelsbarrieren entstehenden Kosten übersteigen können. Die Verknüpfungen zwischen Gütermärkten in unterschiedlichen Ländern führen nur in begrenztem Umfang zu Handel.

Genau wie die Gütermärkte, sind auch die Wertpapiermärkte einzelner Länder miteinander verbunden, da die Preise international gehandelter Wertpapiere identisch sein müssen. Man kann beobachten, daß die Preise international gehandelter Wertpapiere gemeinsamen Auf- oder Abwährtsbewegungen folgen. So kann man auch beobachten, daß sich heimische Wertpapiere in dieselbe Richtung bewegen wie internationale Wertpapiere. Beispielsweise betrafen die Aktiencrashs von 1929 und 1987 die meisten Märkte zeitgleich. Interessanterweise waren Finanzmärkte während der 1920er Jahre ähnlich miteinander korreliert wie in späteren Jahrzehnten, obwohl das Ausmaß an Finanzmarktintegration weitaus geringer war als in den 1980er oder 1990er Jahren. In diesem Zusammenhang gilt es zweierlei zu bemerken: Zum einen sind die Korrelationen zwischen Aktienpreisbewegungen bei nur geringfügigen Änderungen der Aktienpreise gering und umgekehrt sind die Korrelationen dann hoch, wenn die Änderungen beträchtlich ausfallen. Zum anderen gilt, daß Änderungen der US-Aktienpreise eine weit gewichtigere Auswirkung auf Aktienprei-

---

[17] Dieser Abschnitt ist überwiegend an Kindleberger (2005) angelehnt.
[18] Zu den unterschiedlichen Definitionen siehe Pericoli und Sbracia (2003).

se in anderen Ländern haben als die Änderungen anderer Länder auf den US-Aktienmarkt. So setzte sich der Anstieg der US-Aktienpreise Anfang der 1990er Jahre trotz des Zusammenbruchs des japanischen Aktienmarkts fort, während der Zusammenbruch des US-Markts 2001 deutliche Auswirkungen auf die Märkte in Tokyo, London oder Frankfurt hatte. Die Mexiko-Krise der Jahre 1994 bis 1995 betraf sowohl Brasilien als auch Argentinien. Dies ist darauf zurückzuführen, daß US-Investoren ihr Engagement in sämtliche lateinamerikanische Wertpapiere merklich reduzierten.[19] Die Abwertung des thailändischen Baht im Juli 1997 führte zu Abwertungen der Währungen der nahe gelegenen asiatischen Staaten.

Boom- und Panikperioden werden von einem Land auf andere Länder durch verschiedene Kanäle übertragen. Dazu gehören Arbitragegeschäfte auf Güter- und Finanzmärkten sowie Geldbewegungen in unterschiedlichen Formen oder Kooperationen von Zentralbanken. Wertpapier- und Vermögensmärkte der einzelnen Länder sind durch Geldbewegungen miteinander verwoben. Die Ursachen für Kapitalbewegungen sind meistens realer Natur. Dazu können Kriege, Revolutionen, technische Innovationen, die Öffnung neuer Märkte, die Erschließung neuer Rohstoffquellen, aber auch Änderungen in Geld- oder Fiskalpolitik gehören. Auch die Gewissheit einer fehlbepreisten Währung hat Kapitalzu- oder -abflüsse zur Folge. Boom- und Panikperioden können auf vielerlei Arten international miteinander verknüpft sein. Beispielsweise führte der Anstieg der Immobilien- und Aktienpreise während der 1980er Jahre in Japan zu einem massiven Anstieg der Immobilienpreise auf Hawaii. Grund war die Bedeutung Hawaiis für Japaner als Tourismus-Ziel. Viele Japaner kauften ein Ferienhaus auf der Insel, so daß japanische Immobilienfirmen begannen, sich auf den Verkauf hawaiianischer Grundstücke zu spezialisieren. Mit dem Platzen der Immobilienblase in Japan endete auch der hawaiianische Immobilienboom und eine langanhaltende Phase der Stagnation begann.

Die Ostasienkrise mit ihren weitreichenden Folgen hatte ihren Ursprung am 02. Juli 1997, als Thailand seine Zahlungsunfähigkeit ausländischer Kredite erklärte. Nach Meinung der meisten Beobachter der Ostasienkrise liegt die Schuld bei den involvierten Ländern selbst, also Thailand, Indone-

---

[19] Herrera und Perry (2001) untersuchen die Entstehung und das Platzen von Aktienpreisblasen in Latein-Amerika.

sien, Malaysia und Südkorea. Aber auch Experten aus Regierungskreisen und der Privatwirtschaft, die den Ländern Deregulierungsmaßnahmen aufzwangen sowie Gläubiger und Schuldner werden verantwortlich gemacht. Bei ersteren sind es insbesondere diejenigen Banken und Investmenthäuser, die zunächst im Überfluß Devisen bereitstellten und diese dann genauso überstürzt verweigerten.[20]

Vor dem Hintergrund des rasanten Wachstums der ostasiatischen Tigerstaaten während der 1980er und 1990er Jahre erscheint die Asienkrise besonders unerwartet. Herdenverhalten unter den Tigerstaaten in Gestalt von hohen Kreditaufnahmen ausländischer Devisen, spekulative Immobilieninvestitionen und Bindung der eigenen Währung an den US-Dollar, was bei steigendem heimischem Preisniveau zu Überbewertung führte, werden gemeinhin für die Asienkrise verantwortlich gemacht. Dennoch unterschieden sich die Regierungen dieser Staaten voneinander. Die thailändische Regierung galt als ehrlich, schwach und unentschlossen. Die indonesische hingegen als korrupt, stark und entschlossen. Dementsprechend griffen die jeweiligen Staaten auch zu unterschiedlichen Politikmaßnahmen. Thailand beispielsweise verlor 24 Milliarden Dollar an Reserven bei dem Versuch, den Baht gegen spekulative Attacken zu verteidigen, bevor die Regierung sich dazu entschloß, eine Abwertung des Baht zuzulassen. Indonesien dagegen erlaubte eine Abwertung der Rupie unmittelbar nach Einsetzen der spekulativen Attacken. Malaysia wiederum beschuldigte ausländische Spekulanten, der prominenteste darunter George Soros, die sich weigerten, die Rupie leerzuverkaufen. Präsident Mahathir veranlaßte eine vorübergehende Einstellung der Rückzahlungen ausländischer Kredite. Der sich anschließende Übergang der Krise auf Rußland und Brasilien hatte überwiegend psychologische Gründe, da die Finanzmärkte erkannten, daß diese Länder ebenfalls hohe Schulden und überbewertete Währungen hatten und im Falle Rußlands eine korrupte Regierung. Der Wegfall des kommunistischen Systems während der frühen 1990er Jahre und zunehmende Privatisierung führte zu exzessiven Investitionen. Die Korruption führte zu einem hohen Abzug von Geld, das auf fragwürdige Weise erwirtschaftet worden war.

---

[20] Miller und Luangaram (1998) untersuchen, ob die Entstehung der Ostasienkrise auf *Bank Runs* oder auf das Platzen einer Blase zurückzuführen ist. Sie kommen dabei zu dem Ergebnis, daß beides eine Rolle gespielt hat und zu einer Abwertsspirale führte.

Der Aktienmarkt kollabierte am 11. August 1998, dem sechs Tage später eine Abwertung des Rubels folgte. Brasiliens Schwierigkeiten waren eine Konsequenz aus Deregulierungsmaßnahmen, einem hohen Fiskaldefizit, einem plötzlichen Stop von Kapitalzufluß und dem Verlust der asiatischen Exportmärkte.

2.4. Andere Vermögenspreise

Neben der klassischen Untersuchung von Aktienmärkten auf spekulative Blasen sind auch andere Märkte von nicht fundamentalen Entwicklungen betroffen. Im folgenden Abschnitt wird bespielhaft auf spekulative Blasen auf Währungsmärkten sowie auf Immobilienmärkte anhand der japanischen Immobilienblase während der 1980er Jahre eingegangen.

2.4.1. Wechselkurse

Plaza und Louvre Abkommen

Mitte der 1980er Jahre entstand durch die expansive Fiskalpolitik von US-Präsident Ronald Reagan ein ausuferndes Zwillingsdefizit in Staatshaushalt und Leistungsbilanz. Gleichzeitig hatte der Dollar kräftig aufgewertet. In der Spitze erreichte er im Februar 3,45 DM per US-Dollar. Um protektionistischen Bestrebungen im amerikanischen Kongreß vorzubeugen, einigten sich die Finanzminister der damaligen G-5 Staaten (USA, Frankreich, BRD, Japan und Großbritannien) im New Yorker Plaza-Hotel auf eine internationale Koordinierung der Wirtschaftspolitik. Dies beinhaltete vor allem eine Abwertung des Dollar gegenüber den wichtigsten anderen Währungen: dem britischen Pfund, der deutschen Mark sowie dem japanischen Yen. Ein solcher Schritt war neu: Eine koordinierte Intervention und eine damit verbundene Politik zur Stabilisierung der Wechselkurse hatte es vorher so noch nicht gegeben.

Ein weiteres Thema dieses Gipfeltreffens war die ausufernde Verschuldung der Länder Lateinamerikas. Die Märkte folgten den Vorgaben mehr als erwünscht: Bis Februar 1987 sackte der Dollar auf 1,80 DM ab, ähnlich stark gegenüber dem Yen. Dies provozierte Ängste der Europäer und Japaner um ihre Arbeitsplätze in der Export-Industrie. Daraufhin folgte mit dem Louvre-Abkommen im Februar 1987 ein weiterer Versuch einer makroökonomischen Koordinierung: Amerika verpflichtete sich, sein Etatdefizit von 3,9 Prozent des Sozialprodukts auf 2,3 Prozent zu reduzieren. Gleichzeitig sollten Japan und Deutschland durch expansive Geld- und Fiskalpolitik ihr Wirtschaftswachstum stimulieren. Auch dieser Versuch einer Steuerung schlug weitgehend fehl und wird manchmal für die teilweise noch andauernde Misere in Japan verantwortlich gemacht.

2.4.2. Immobilien

Japan 1986-1995

Die Immobilienblase der 1980er Jahre in Japan war so gewaltig, daß in Tokyo gelegentlich behauptet wurde, der Grundstückswert des kaiserlichen Palastes sei höher als der Marktwert des gesamten Grundbesitzes in Kalifornien.[21] Der Analyst, der diesen etwas marktschreierischen Vergleich anstellte, legte den Hektarpreis des dem Palast nahegelegenen Ginza Vergnügungsviertels zugrunde. Die dortigen Grundstückspreise waren die höchsten in ganz Tokyo. Die Vergleichsdaten für Kalifornien stammen aus den Haushaltsvermögensdaten der Fed. Unabhängig von der Qualität dieses Vergleichs läßt sich daraus ein kleiner Eindruck vom Ausmaß der Immobilienblase in Japan während der 1980er Jahre gewinnen. Allerdings darf darüber nicht übersehen werden, daß nicht nur der Immobilienmarkt Ende der 1980er Jahre in Japan deutlich überbewertet war. So war der Marktwert japanischer Aktien doppelt so hoch wie der Marktwert amerikanischer Aktien, obwohl das japanische BIP zur selben Zeit weniger als die Hälfte des US-amerikanischen BIPs ausmachte. Die Diskrepanzen im Kurs-/Gewinnverhältnis zwischen japanischen und amerikanischen Aktien waren sogar noch stärker ausgeprägt. Der Gesamtwert japanischer Grundstücke war doppelt so hoch wie der Gesamtwert amerikanischer Grundstücke, ob-

---

[21] Dieser Abschnitt ist überwiegend an Kindleberger (2005) angelehnt. Weitere Untersuchungen der japanischen Aktienpreis- und Immobilienblase finden sich unter anderem bei French und Poterba (1991) sowie bei Ito und Iwaisako (1995).

wohl die Fläche Japans nur 5 Prozent der Fläche der USA beträgt. Hinzu kommt noch, daß 80 Prozent der Fläche Japans aus Bergen besteht. Gemessen an Vermögensgegenständen und Einlagen gehörten japanische Banken zu den weltweit führenden. Sieben der weltweit zehn führenden Banken kamen aus Japan und das Kapital der größten japanischen Investment-Bank war größer als das Gesamtkapital der fünf größten US-Banken. Die Investitionen stiegen maßgeblich während der 1980er Jahre, da die Kapitalkosten mit steigenden Aktienkursen geringer wurden. Viele japanische Unternehmen gaben in US-Dollar notierte konvertierbare Bonds heraus. Diese konnten für eine vorher benannte Anzahl in Yen notierter Aktien in jedem der Bonds ausgebenden Unternehmen eingetauscht werden. Der Zins auf diese Bonds war sehr niedrig, da die Investoren sehr zuversichtlich bezüglich des anhaltenden Wachstums der japanischen Aktienpreise waren. Damit waren die Kapitalkosten für japanische Unternehmen ausgesprochen gering. Dies resultierte in einem Anstieg der Investitionen sowohl in die Gründung neuer Unternehmen als auch in den Aufkauf existierender amerikanischer und europäischer Unternehmen.

Vor dem Hintergrund der Niederlage der Japaner im zweiten Weltkrieg war das japanische Wachstum in den 1950er und 1960er Jahren enorm. Zwar wurden japanische Erzeugnisse in den unmittelbaren Nachkriegsjahren noch als schlechte Plagiate europäischer und amerikanischer Produkte belächelt, dies änderte sich aber recht zügig. Bis zu den 1980er Jahren gelang es Japan, den Rang der weltweit zweitwichtigsten Industriemacht inne zu haben. Es blieb nicht aus, daß Ökonomen nach Gründen für einen derartigen wirtschaftlichen Erfolg suchten. Zunächst gilt es festzustellen, daß die japanische Regierung aktiv in den Wettbewerbsprozeß eingriff, indem sie diejenigen Unternehmen, die in den jeweiligen Branchen besonders erfolgversprechend waren, zu identifizieren versuchte. Besonders interessant waren dabei natürlich die Branchen, die für den globalen Wettbewerb geeignet waren. Diese Unternehmen wurden gefördert, indem man ihnen günstige Kredite einräumte und die für sie relevanten heimischen Märkte mit protektionistischen Maßnahmen vor ausländischen Mitbewerbern schützte. Nicht zuletzt aufgrund vieler bürokratischen Hürden (die teilweise geradezu absurd waren) war es für europäische und amerikanische Unternehmen ausgesprochen schwierig, auf dem japanischen Markt

2.4. Andere Vermögenspreise

Fuß zu fassen.

Der heimische Konsum wurde stimuliert, indem Zinsen sowohl für Einlagen als auch für Kredite sehr niedrig gehalten wurden. Die Zinsen für Einlagen waren geringer als die Inflationsrate, um Sparen möglichst unattraktiv zu machen. Im Gegensatz zur real negativen Zinsentwicklung für Einlagen waren die Renditen für Immobilien und Aktien sehr hoch. Zu Beginn der 1980er Jahre wurden langsam und auf Druck der Amerikaner sowohl die bürokratischen Hürden für ausländische Investoren als auch die Bevorzugung heimischer Unternehmen abgebaut. Darüberhinaus wurde es auch japanischen Banken erlaubt, im Ausland Niederlassungen zu gründen. So kam es zusehends zu japanischen Käufen auf dem US-Immobilienmarkt. Als Folge des Abbaus von Finanzmarktregulierungen in Japan selbst wurden mehr Kredite an Unternehmen und Privatpersonen vergeben, die Immobilien erwerben oder neue Bürobauten errichten wollten. Die Erhöhung für diesen Zweck zur Verfügung gestellter Mittel führte zu einem rasanten Anstieg der Immobilienpreise. Bald nahmen Immobilienunternehmen einen maßgeblichen Anteil der an der *Tokyo Stock Exchange* gehandelten Unternehmen ein. Daraus folgte eine spiralförmige Entwicklung: Stieg der Wert des Immobilienbesitzes dieser Unternehmen, so wurden deren Aktien vermehrt nachgefragt und der Kurs stieg. Der Anstieg der Immobilienpreise löste einen Bauboom aus. Da japanische Banken selbst viele Immobilien besaßen und zudem zahlreiche Anteile an Unternehmen aus der Immobilienbranche hielten, waren die aus dem Immobilienboom entstehenden Wertzuwächse weit höher als die Einnahmen der Banken aus ihrem operativen Geschäft. Das Kapital der Banken stieg gewaltig und führte zu einer freizügigeren Vergabe von Krediten. Die Sicherheiten, die für die Kreditvergabe hinterlegt wurden, stammten oftmals aus Immobilienbesitz. Solange der Immobilienboom anhielt, bestand also kaum ein Ausfallrisiko. Die Ausweitung des Kreditangebots seitens der Banken wurde nicht nur von Immobilienfirmen dankend angenommen, um noch mehr Gewinne zu erwirtschaften, sondern auch von anderen Industriezweigen, die erkannt hatten, daß die Investition in Immobilien weit lukrativer war als ihre Kerngeschäfte. Hinzu kam, daß seit Mitte der 1980er Jahre der japanische Yen gegenüber anderen Währungen, insbesondere gegenüber dem US Dollar stark aufwertete. Zur Begrenzung der Aufwertung erhöhte die japanische Zentralbank massiv ihr Geldangebot. Die gestiegenen Reserven der Geschäftsbanken bei der Zentralbank erlaubten es japanischen Banken, ihre Kreditlinien zusätzlich auszuweiten. Auch diese Ausweitung des Kreditangebots wurde aufgrund des anhaltenden Wachstums bereitwillig angenommen. Die Immobilienpreise stiegen nun jährlich um 30 Prozent. Im Unterschied zum schnellen Wachstum der Immobilienpreise konnten die Mieten nicht rasch angepaßt werden. Die Folge war, daß der Mietzins unterhalb des Zinses für das geliehene Kapital lag. Zwar führte dies dazu, daß Investoren, die gegen Ende der 1980er Jahre Immobilienbesitz erworben hatten, einen negativen *Cash-Flow* aufwiesen, jedoch konnte man dem zunächst noch entgehen, indem man entweder die Kredite auf ein früher erworbenes Objekt erhöhte oder einfach zum höheren Wert verkaufte.

Mit dem steigenden Wert japanischer Aktien begannen auch Investoren aus den USA und aus Europa japanische Aktien zu erwerben. Darüberhinaus nahmen auch global investierende Portfolio Manager japanische Wertpapiere in ihre Portfolios auf. Die so erzielten Renditen waren dann besonders hoch, wenn auch der Yen in diese Portfolios mit einbezogen wurde.

Ende 1989 veranlasste die japanische Zentralbank, daß Banken ihr Wachstum in der Kreditvergabe für Immobilien zu begrenzen hatten. Damit gerieten diejenigen Investoren, die zuletzt Grundbesitz erworben hatten, in Schwierigkeiten. Die Zinszahlungen ihrer Kredite überwogen immer noch die erzielbaren Zinsen aus Vermietungen. Jedoch gelang es nun nicht mehr, die ausstehenden Zinszahlungen aus weiteren Kreditaufnahmen auf andere Grundstücke zu bestreiten. Folglich kam es mehr und mehr zu Notverkäufen. Sowohl die weit restriktiveren Kreditvergaben als auch die Notverkäufe führten zu einem Rückgang der Immobilienpreise. In der Konsequenz waren auch Aktienpreise von diesem Preisrückgang betroffen. 1990 waren Kursverluste von 30 Prozent an der Tokyoter Börse zu verzeichnen, 1991 ein Kursverlust von weiteren 30 Prozent. Die Verluste auf dem Aktien- und dem Immobilienmarkt führten nun dazu, daß das Kapital der Banken geringer wurde. Darüber hinaus bedingte der Kursrückgang der japanischen Aktien massive Portfolioumschichtungen hin zu US-Aktien. Schließlich waren zu Beginn des Jahres 2003 die Aktienpreise auf demselben Niveau wie 20 Jahre zuvor, obwohl die Ökonomie selbst weit größer war. Das Wachstum betrug nur noch geringfügig mehr als 1 Prozent. Das Platzen einer spekulativen Blase birgt grundsätzlich Deflationsgefahren. Die Investitionsausgaben in Japan gingen nicht nur aufgrund der jetzt höheren Kapitalkosten und der niedrigeren Gewinnerwartungen zurück, sondern auch weil der rasante Anstieg der Investitionsausgaben während der Boomphase zu einem erheblichen Kapazitätsüberschuß geführt hatten. Die Haushaltsausgaben gingen deutlich zurück, da die Sparquote aufgrund des durch die niedrigeren Aktienpreise bedingten Vermögensverlustes deutlich höher ausfiel. Die Anzahl der Konkurse stieg gewaltig und der Bankensektor hatte enorme Kreditausfälle zu beklagen. Noch schlimmer traf es Unternehmen, die sich auf die Vergabe von Immobilienkrediten spezialisiert hatten. Allerdings zogen die Einleger ihr angelegtes Geld nicht von den Banken ab, da darauf vertraut wurde, daß der Staat gegebenenfalls die Rolle des Refinanzierungsinstituts der letzten Instanz (*lender of last resort*) übernehmen würde. Die Banken selbst gingen dazu über, Kredite nur noch äußerst restriktiv zu vergeben. Insbesondere die Hinterlegung von Grundstückshypotheken gestaltete sich fortan sehr schwierig. Das Vertrauen der japanischen Bürger in die Stabilität ihres Bankensystems und ein Eingreifen des Staats im Zweifelsfall teilten ausländische Investoren jedoch nicht. Folglich wurden japanische Banken mit höheren Zinsen belastet als andere Banken. Die Signalwirkung dessen war fatal. Viele nicht-japanische Investoren zogen ihr Kapital von Tokyoter Banken ab und verlagerten es ins Ausland. Die Zinsen in Tokyo gingen merklich zurück und auch die japanischen Investoren begannen ihr Kapital als Reaktion auf die niedrigen Zinsen ins Ausland zu verlagern.

Aufgrund der schwachen Inlandsnachfrage versuchten viele japanische Unternehmen auf ausländischen Absatzmärkten Fuß zu fassen. In der Folge ging das Importwachstum stark zurück, während die Exporte boomten. Damit kam es zu einem Handelsbilanzüberschuß, der die anhaltende Kapitalflucht überstieg. Als Folge kam es zu einer Aufwertung des Yen, die wiederum fatal für die Exportbranche war. Ein Versuch, dem beizukommen, bestand darin, vermehrt in Niedriglohnländern wie China zu investieren. Dieser Anstieg der Investitionsausgaben der Exportindustrie war vorteilhaft für das Einkommenswachstum.

2.5. Zwischenfazit

Dieses einführende Kapitel verfolgte den Zweck, die Identifikation spekulativer Blasen zu motivieren. Dazu wurde zunächst der Begriff einer spekulativen Blase genauer beschrieben. Es hat sich gezeigt, daß keine einheitliche Definition einer spekulativen Blase existiert. Auch die Begriffsbestimmung des Fundamentalwerts fällt nicht notwendigerweise eindeutig aus. Hier werden Definitionen verwendet, die auf Kindleberger (2005) und Siegel (2003) zurückgehen. Für den weiteren Verlauf der vorliegenden Arbeit sind die verbalen Definitionen auch nur von untergeordneter Bedeutung, da die Bestimmung von Fundamentalwerten und spekulativen Blasen aus mathematischen Definitionen erfolgt.

Des weiteren wurde in diesem Kapitel die Entwicklung spekulativer Blasen im Zeitverlauf betrachtet und diejenigen Perioden skizziert, die in der gängigen Literatur am häufigsten Erwähnung finden und im weiteren Verlauf der Arbeit im Zusammenhang mit den vorgestellten Verfahren zur Identifikation spekulativer Blasen erneut herangezogen werden. Darüberhinaus wurden auch angrenzende Debatten wie beispielsweise die Diskussion um das Eingreifen seitens der Zentralbanken auf nicht fundamentale Preisentwicklungen diskutiert. Weitere Aspekte bildeten Ansteckungseffekte, spekulative Blasen auf Währungsmärkten sowie spekulative Blasen auf Immobilienmärkten.

Das sich nun anschließende Kapitel beschäftigt sich mit der Theorie der Bepreisung von Vermögenswerten (*asset pricing*). Diese Theorie stellt die Grundlage der zu testenden ökonomischen Zusammenhänge für alle folgenden Kapitel dieser Arbeit dar.

Kapitel 3.
Vermögenspreistheorie

In diesem Kapitel werden die Grundlagen der Vermögenspreistheorie beschrieben. Die Darstellung der Vermögenspreistheorie erfolgt sowohl in diskreter als auch in stetiger Sichtweise. Dabei wird zunächst das einfache Barwertmodell zur Beschreibung von Vermögenspreisen dargestellt. Dieses Modell kann auch in nutzentheoretisch fundierter Form hergeleitet werden. Diese Darstellung erfolgt in einem eigenen Abschnitt. Weiterhin wird häufig zwischen einer Modelldarstellung mit konstanten Renditen und einer Modelldarstellung mit zeitvariablen Renditen unterschieden. Im Regelfall wird eine Transversalitätsbedingung eingeführt, die zum Ausschluß spekulativer Blasen führt. Die spätere Aufhebung einer solchen Bedingung wird im Abschnitt zu rationalen Blasen behandelt. In diesem Zusammenhang wird dann wieder auf das Barwertmodell zurückgegriffen. Als Alternative wird dann noch das sogenannte intrinsische Blasenmodell von Froot und Obstfeld (1991) eingeführt. Hier ändert sich die spekulative Komponente ausschließlich aufgrund von Änderungen in den Fundamentalwerten.

In vielen gängigen Lehrbüchern gibt es im Zusammenhang mit der Darstellung der Vermögenspreistheorie einen Abschnitt, der theoretische Argumente zum Ausschluß spekulativer Blasen zum Gegenstand hat. Diese Argumente basieren auf Beiträgen aus den 1980er Jahren, die zumindest theoretisch die Existenz spekulativer Blasen ausschließen können. Mittlerweile existieren jedoch eine Reihe von Beiträgen, welche die Existenz spekulativer Blasen auch theoretisch herzuleiten vermögen. Sowohl die Argumente der Arbeiten älteren Datums als auch der Inhalt der neueren Beiträge werden in einem eigenen Abschnitt behandelt.

3.1. Vermögensbepreisung in diskreter Zeit

Der überwiegende Teil der Vermögenspreistheorie erfolgt in diskreter Zeit und wird daher auch ausführlicher behandelt als der später dargestellte Teil der zeitstetigen Vermögenspreistheorie. Zunächst wird das einfache Barwertmodell dargestellt, das später noch genauer in nutzentheoretisch fundierter Form beschrieben wird. Wie bereits erwähnt, erfolgt noch eine Unterteilung in eine Modelldarstellung mit konstanten erwarteten Renditen und eine Darstellung mit zeitvariablen erwarteten Renditen.

3.1.1. Das Barwertmodell von Vermögenspreisen

Im folgenden Abschnitt wird das Barwertmodell zur Ermittlung von Vermögenspreisen erläutert.[1] Dabei wird zunächst ein Modell mit konstanten erwarteten Renditen dargestellt und im Anschluß daran das komplexere Modell mit zeitvariablen Renditen. Im Anschluß an die Modellierung des Fundamentalwertes wird gezeigt, wie die jeweiligen Modelle um einen Term erweitert werden, der die spekulative Blase repräsentiert.[2]

Die Renditen eines Vermögenspreises ergeben sich aus der folgenden einfachen Formel:

$$R_{t+1} = \frac{P_{t+1} + D_{t+1}}{P_t} - 1. \tag{3.1}$$

R_{t+1} bezeichnet die Rendite einer Aktie von Periode t bis Periode $t+1$. P_t bezeichnet den Preis einer Aktie am Ende einer Periode. Der Kauf einer Aktie heute zum Preis P_t berechtigt den Käufer zum Erhalt der Dividende D_{t+1}, nicht jedoch zum Erhalt der Dividende D_t.

Alternativ kann man auch die logarithmierte Rendite verwenden:[3]

$$r_{t+1} = \log(1 + R_{t+1}). \tag{3.2}$$

---

[1] Dieses wird gelegentlich auch als diskontiertes *Cash-Flow* Modell bezeichnet.
[2] Die Ausführungen der folgenden beiden Abschnitte sind überwiegend an Campbell, Lo und MacKinlay (1997) angelehnt.
[3] Wie allgemein üblich, werden mit Kleinbuchstaben logarithmierte Größen gekennzeichnet.

Das lineare Modell mit konstanten erwarteten Renditen

In diesem Abschnitt wird zunächst davon ausgegangen, daß die erwartete Aktienrendite konstant R beträgt:

$$E_t[R_{t+1}] = R. \tag{3.3}$$

Bildet man Erwartungen über Gleichung (3.1) und formt man unter Verwendung von Gleichung (3.3) um, so ergibt sich:

$$P_t = E_t \left[\frac{P_{t+1} + D_{t+1}}{1 + R} \right]. \tag{3.4}$$

Dieses Modell wird gelegentlich auch als Martingalmodell oder *Random Walk* Modell bezeichnet.[4] Die Lösung dieser Differenzengleichung erhält man durch Vorwärtsiteration, indem zukünftige Preise wiederholt ersetzt werden. Nach k-periodiger Vorwärtsiterierung erhält man:

$$P_t = E_t \left[\sum_{i=1}^{K} \left(\frac{1}{1+R} \right)^i D_{t+i} \right] + E_t \left[\left(\frac{1}{1+R} \right)^K P_{t+K} \right]. \tag{3.5}$$

Der zweite Term der rechten Seite ist der erwartete diskontierte Wert einer Aktie in K Perioden von heute an. Nimmt man vereinfachend an, daß der erwartete diskontierte Preis in der Zukunft gegen Null geht, also:

$$\lim_{K \to \infty} E_t P_{t+K}/(1+R)^K = 0, \tag{3.6}$$

so läßt sich der Aktienpreis als Barwert der künftigen diskontierten Dividenden darstellen:

$$P_t = P_{D_t} = E_t \left[\sum_{i=1}^{K} \left(\frac{1}{1+R} \right)^i D_{t+i} \right]. \tag{3.7}$$

Die rechte Seite dieser Gleichung wird häufig als Fundamentalwert eines Aktienpreises bezeichnet.[5] In Abschnitt (3.3) dieses Kapitels werden Mo-

---

[4] Obwohl es sich bei dem Aktienpreis selbst in Gleichung (3.4) nicht um ein Martingal handelt, ist der diskontierte Wert eines Portfolios mit reinvestierten Dividenden ein Martingal. Vgl. dazu Samuelson (1965).

[5] Allerdings gilt dieser Ausdruck lediglich unter der Einschränkung einer konstanten Diskontrate.

delle rationaler Blasen (basierend auf den Arbeiten von Blanchard und Watson (1982) und Froot und Obstfeld (1991)) vorgestellt, die die Gültigkeit dieses Ausdrucks zeitweilig aufheben.

Einen unrealistischen Spezialfall erhält man, wenn angenommen wird, daß die Dividenden mit einer konstanten Rate G wachsen (die geringer als R sein muß, um den Aktienpreis endlich zu halten):

$$E_t[D_{t+i}] = (1+G)E_t[D_{t+i-1}] = (1+G)^i D_t. \qquad (3.8)$$

Setzt man (3.8) in (3.7) ein, erhält man das bekannte Gordon (1962) Wachstums-Modell für den Preis einer Aktie mit einer konstanten Diskontrate R und einer Dividenden Wachstumsrate G, wobei $G < R$ ist:

$$P_t = \frac{E_t[D_{t+1}]}{R-G} = \frac{(1+G)D_t}{R-G}. \qquad (3.9)$$

Laut diesem Ausdruck wird der Aktienpreis durch zukünftige Dividenden, die Diskontrate sowie die erwartete Wachstumsrate der Dividende bestimmt. Heaton und Lucas (2000) verwenden diesen Ausdruck zur Bewertung der Schwankungen von Aktienpreisen relativ zu Dividenden Ende der 1990er Jahre in den USA. Problematisch ist hier jedoch die Annahme eines konstanten Dividendenwachstums sowie einer konstanten Diskontrate. Somit kann die Gordon-Bewertungsformel lediglich einen groben Indikator für Preisschwankungen in einem so volatilen Umfeld wie den Kapitalmärkten darstellen. Bis zum Ende der 1970er Jahre waren viele Finanzökonomen der Auffassung, Gleichung (3.7) sei zumindest zur Beschreibung der Aktienpreisbestimmung von aggregierten Märkten gut geeignet. Dieser Ansicht wurde jedoch zuerst von LeRoy und Porter (1981) sowie von Shiller (1981) widersprochen. Deren Arbeiten unterstellen, daß sowohl Aktienpreise als auch Dividenden trendstationär seien. Kleidon (1986) sowie Marsh und Merton (1986) erwiderten darauf, daß Aktienpreise Einheitswurzelprozessen folgten. Campbell und Shiller (1988b) und Campbell und Shiller (1988c) sowie West (1988) fanden auch bei Berücksichtigung eines Einheitswurzelprozesses Anzeichen für ein Ausmaß an Volatilität in Vermögenspreisen, das nicht mit rationalen Prognosen des künftigen Fundamentalwerts vereinbar ist (*excess volatility*).[6]

Modell mit zeitvariablen Renditen

Im vorherigen Abschnitt wurde angenommen, daß erwartete Aktienrenditen über die Zeit hinweg konstant sind. Dies mag zwar analytisch angenehme Eigenschaften haben, ist jedoch unplausibel. Wesentlich schwieriger ist es mit Barwertmodellen umzugehen, wenn die erwarteten Aktienrenditen zeitvariabel sind, da dann die Beziehung zwischen Preisen und Renditen nicht-linear wird. Ein möglicher Lösungsweg stellt die Verwendung loglinearer Approximationen dar.[7] Loglineare Modelle bilden einen buchhalterischen Rahmen: Auf Preise, die heute hoch sind, müssen hohe Dividenden, niedrige Renditen oder eine Kombination aus beiden in der Zukunft folgen. Investoren müssen dann eine Kombination aus hohen Dividenden und geringen Renditen erwarten, damit deren Erwartungen mit dem beobachteten Preis übereinstimmen.

Die loglineare Annäherung beginnt mit der Definition der logarithmierten Aktienrendite r_{t+1}:

$$\begin{aligned} r_{t+1} &= \log(P_{t+1} + D_{t+1}) - \log(P_t) \\ &= \log\left(\frac{P_{t+1} + D_{t+1}}{P_t}\right) \\ &= \log\left(\frac{P_{t+1}}{P_t} + \frac{D_{t+1}}{P_t}\right) \\ &= \log\left(\frac{P_{t+1}}{P_t}\left(1 + \frac{D_{t+1}}{P_{t+1}}\right)\right) \\ &= \log\left(\frac{P_{t+1}}{P_t}\right) + \log\left(1 + \frac{D_{t+1}}{P_{t+1}}\right) \\ &= \log\left(\frac{P_{t+1}}{P_t}\right) + \log\left(1 + e^{\log\left(\frac{D_{t+1}}{P_{t+1}}\right)}\right) \\ &= p_{t+1} - p_t + \log\left(1 + e^{d_{t+1} - p_{t+1}}\right). \end{aligned}$$ (3.10)

Der letzte Term auf der rechten Seite der Gleichung ist eine nicht-lineare Funktion des logarithmierten Dividenden-Preis Verhältnisses, $f(d_{t+1} - p_{t+1})$. Mit Hilfe einer Taylor-Expansion erster Ordnung kann diese Gleichung an-

---

[6] Vgl. Campbell (2000).
[7] Dieser Ansatz geht auf Campbell und Shiller (1988c) zurück.

genähert werden:

$$f(x_{t+1}) \approx f(\bar{x}) + f'(\bar{x})(x_{t+1} - \bar{x}). \quad (3.11)$$

Setzt man diese Approximation in Gleichung (3.10) ein, so erhält man:

$$r_{t+1} \approx k + \rho p_{t+1} + (1 - \rho)d_{t+1} - p_t. \quad (3.12)$$

wobei ρ und k Linearisierungsparameter sind.[8] ρ ist definiert als $\rho = 1/(1 + \exp(\overline{d-p}))$, wobei $\overline{(d-p)}$ das durchschnittliche logarithmierte Dividenden-Preis Verhältnis ist und $k = -\log(\rho) - (1-\rho)\log(1/\rho - 1)$. Wenn das Dividenden-Preis-Verhältnis konstant ist, dann gilt: $\rho = 1/(1 + D/P)$. Nun wird noch die folgende Transversalitätsbedingung eingeführt:

$$\lim_{j \to \infty} \rho^j p_{t+j} = 0. \quad (3.13)$$

Der diskontierte und logarithmierte Aktienkurs soll in der Grenzbetrachtung also gleich Null sein. Dies führt zu[9]

$$p_t = \frac{k}{1-\rho} + \sum_{j=0}^{\infty} \rho^j \left[(1-\rho)d_{t+1+j} - r_{t+1+j}\right]. \quad (3.14)$$

Diese Gleichung erhält man durch Vorwärtsiterierung unter Beachtung der Bedingung (3.13). Sie gilt nicht nur ex post, sondern auch ex ante:

$$p_t = \frac{k}{1-\rho} + E_t \left[\sum_{j=0}^{\infty} \rho^j \left[(1-\rho)d_{t+1+j} - r_{t+1+j}\right]\right]. \quad (3.15)$$

Diese Gleichung kann als dynamische Generalisierung des Gordon-Wachstumsmodells aufgefaßt werden. Wie das ursprüngliche Gordon-Modell, so fordert auch dieses Modell, daß Aktienpreise entweder dann hoch sind, wenn Dividenden zu einer niedrigen Rate diskontiert werden oder plötzlich ansteigen. Allerdings spielt es nun eine Rolle, für wie lange das entsprechende Dividendenwachstum oder die niedrige Diskontierung erwartet werden. Umgeformt in die Darstellung des logarithmierten Dividenden-Preis-Verhält-

---

[8] Die exakten Umformungen befinden sich im Anhang.
[9] Die exakten Umformungen befinden sich im Anhang.

nisses lautet Gleichung (3.15):[10]

$$d_t - p_t = -\frac{k}{1-\rho} + E_t \left[\sum_{j=0}^{\infty} \rho^j \left(-\Delta d_{t+1+j} + r_{t+1+j} \right) \right]. \quad (3.16)$$

Das Dividenden-Preis-Verhältnis ist hoch, wenn erwartet wird, daß die Dividenden nur langsam ansteigen oder wenn die erwarteten Aktienrenditen hoch sind. Die Form der Darstellung in Gleichung (3.16) ist nützlich, wenn die Dividenden einem loglinearen Einheitswurzel-Prozeß folgen, so daß logarithmierte Preise und Dividenden nicht stationär sind. In diesem Fall sind die Änderungen in den logarithmierten Dividenden stationär. Unter der Voraussetzung, daß die erwartete Aktienrendite stationär ist, ist das logarithmierte Dividenden-Preis-Verhältnis aus Gleichung (3.16) stationär. Somit sind logarithmierte Aktienpreise und Dividenden kointegriert und die stationäre Linearkombination dieser Variablen beinhaltet keine unbekannten Parameter (gemeint ist R aus dem einfachen Modell), da es lediglich das logarithmierte Verhältnis ist. Diese einfache Struktur macht das loglineare Modell einfacher als ein lineares kointegriertes Modell.[11]

3.1.2. Nutzentheoretisch fundierte Darstellung des Barwertmodells

Die bisherige Darstellungsform des Barwertmodells basierte lediglich auf Renditedefinitionen. Die Präferenzen einzelner Wirtschaftssubjekte bzw. Agenten blieben unberücksichtigt. Im folgenden wird gezeigt, wie sich das Barwertmodell auch aus nutzentheoretischen Überlegungen verbunden mit Annahmen an das Risikoverhalten der einzelnen Akteure herleiten läßt. Die hier gezeigte mikroökonomische Fundierung des Barwertmodells findet sich in Cochrane (2001) sowie in detaillierterer Form in Ljungqvist und Sargent (2000).[12]

---

[10] Die exakten Umformungen befinden sich im Anhang.
[11] Zum einfachen linearen kointegrierten Modell siehe Campbell, Lo und MacKinlay (1997), S. 257.
[12] Vgl. weiterhin zu dieser Darstellung die grundlegenden Arbeiten von Obstfeld und Rogoff (1983) sowie von Flood, Hodrick und Kaplan (1986).

Asset Euler Gleichungen

Ausgangspunkt ist das Optimierungsproblem eines einzelnen Wirtschaftssubjekts (Agent).[13] Er verfügt zum Zeitpunkt t über ein Vermögen der Höhe $A_t > 0$, und setzt dieses zur Maximierung seines erwarteten Nutzens über den gesamten Lebenszyklus ein:

$$E_t \sum_{j=0}^{\infty} \beta^t u(C_{t+j}), \quad 0 < \beta < 1, \qquad (3.17)$$

wobei E_t den Erwartungsoperator bedingt auf den Informationsstand zum Zeitpunkt t, β eine subjektive Diskontrate und C_{t+j} den Konsum des Agenten in Periode $t+j$ bezeichnen. Die Nutzenfunktion $u(\cdot)$ ist konkav, streng monoton steigend und mindestens zweimal stetig differenzierbar. Dabei beinhaltet die Annahme der strengen Monotonie die Präferenz für mehr Konsum, und die Konkavität den sinkenden Grenznutzen einer zusätzlichen Konsumeinheit. Die Diskontierung der Zukunft in Form des subjektiven Diskontfaktors β zeigt, daß der Agent gegenwärtigen Konsum zukünftigem Konsum vorzieht. Die Krümmung der Nutzenfunktion spiegelt sowohl die Risikoaversion des Agenten als auch den Wunsch, intertemporale Substitution vermeiden zu wollen, wider: Der Agent bevorzugt einen Konsumstrom, der sowohl über die Zeit hinweg konstant als auch unabhängig vom Zustand der Natur ist.[14] Zur Finanzierung des zukünftigen Konsums kann der Agent sowohl Wertpapiere mit festem Zinssatz (Bonds) als auch Aktien halten. Einperiodige Bonds erzielen einen risikofreien Brutto-Real-Zins der Höhe R_t. Weiterhin sei L_t die Brutto-Auszahlung der vom Agenten im Zeitraum t bis $t+1$ gehaltenen Bonds. Diese seien in Periode $t+1$ fällig und haben zum Zeitpunkt t einen Wert in Höhe von $R_t^{-1} L_t$. Wenn der Agent zur Aufnahme von Liquidität Bonds herausgibt, führt dies zu einem negativen Wert von L_t. Der Aktienbestand des Agenten wird mit s_t bezeichnet. Ein negativer Wert von s_t bezeichnet dabei eine Leerverkaufs-Position. Darüberhinaus ist die Kreditaufnahme des Agenten nur bis zu einem bestimmten Schwellenwert möglich. Es gelte: $L_t \geq -b_b$ sowie $s_t \geq -b_s$, wobei $b_b \geq 0$ und $b_s \geq 0$. b_b bezeichnet den Bondbestand und b_s den Bestand an Aktien. Der Besitz

---

[13] Vgl. Ljungqvist und Sargent (2000).
[14] Zur Spezifikation der Nutzenfunktion vgl. Cochrane (2001), S. 7.

einer Aktie berechtigt zum Bezug des stochastischen Dividendenstroms D_t. Sei P_t der Preis der Aktie zum Zeitpunkt t (ohne Dividende). Dann lautet die Budgetbeschränkung des Agenten:

$$C_t + R_t^{-1} L_t + P_t S_t \leq A_t. \tag{3.18}$$

Das Vermögen des Agenten in der Folgeperiode beträgt somit:

$$A_{t+1} = L_t + (P_{t+1} + D_{t+1}) S_t. \tag{3.19}$$

Damit kann das Maximierungsproblem des Agenten als ein dynamisches Programmierungsproblem mit A_t sowie den aktuellen und vergangenen D als Zustandsvariablen sowie den Kontrollvariablen L_t und S_t formuliert werden. Die inneren Lösungen der mit den Kontrollvariablen L_t und S_t verbundenen Euler-Gleichungen lauten:[15]

$$u'(C_t) R_t^{-1} = E_t \beta u'(C_{t+1}), \tag{3.20}$$

$$u'(C_t) P_t = E_t \beta (D_{t+1} + P_{t+1}) u'(C_{t+1}). \tag{3.21}$$

Gleichung (3.21) beinhaltet mit $u'(C_t) P_t$ den Nutzenverlust, der mit dem Kauf einer zusätzlichen Einheit des Vermögenswertes verbunden ist. $E_t \beta (D_{t+1} + P_{t+1}) u'(C_{t+1})$ entspricht dem Anstieg im diskontierten und erwarteten Nutzen, den der Agent durch eine zusätzliche Auszahlungseinheit zum Zeitpunkt $t+1$ erhält. Der Agent kauft oder verkauft den Vermögenswert solange, bis der marginale Verlust dem marginalen Gewinn entspricht.[16] Aus Gleichung (3.21) folgt durch Division durch $u'(C_t)$ folgende zentrale Vermögenspreisformel:

$$E_t \beta (D_{t+1} + P_{t+1}) \frac{u'(C_{t+1})}{u'(C_t)} = P_t. \tag{3.22}$$

Mit Hilfe dieser Gleichung läßt sich der zu erwartende Marktpreis bei Kenntnis der Auszahlungen $D_{t+1} + P_{t+1}$ der Folgeperiode sowie der Konsumentscheidung C_t, C_{t+1} des Agenten bestimmen. Darüberhinaus muß im

---

[15] Die Euler-Gleichungen entsprechen den Bedingungen erster Ordnung.
[16] Vgl. Cochrane (2001), S. 7.

Optimum die Gültigkeit der folgenden Transversalitätsbedingungen gewährleistet sein:

$$\lim_{k \to \infty} E_t \beta^k u'(C_{t+k}) R_{t+k}^{-1} L_{t+k} = 0, \qquad (3.23)$$

$$\lim_{k \to \infty} E_t \beta^k u'(C_{t+k}) P_{t+k} s_{t+k} = 0. \qquad (3.24)$$

Die Gültigkeit dieser beiden Bedingungen kann wie folgt begründet werden. Sollte die linke Seite von einer der beiden Bedingungen strikt positiv sein, so entspricht dies einer Überakkumulation von Vermögensgegenständen seitens des Agenten. Er kann in diesem Fall durch eine Erhöhung des gegenwärtigen Konsums seinen Nutzen über die Lebenszeit erhöhen. Ist der Lebenszeitraum begrenzt, so wäre sein Vermögensbestand am Ende des Lebens positiv und somit nicht optimal. Ist die linke Seite einer der Bedingungen hingegen strikt negativ, so bedeutet dies, daß der Agent seinen Konsum durch Verschuldung zu finanzieren versucht. Dies wird ihm jedoch nicht gelingen, da aus eben genannten Gründen kein anderer Agent die Gegenposition dazu einnehmen wird.[17]

Martingaltheorie von Konsum und Aktienpreisen

In diesem Abschnitt werden einige Annahmen bzgl. R_t und $u'(C_t)$ getroffen. Es handelt sich um sehr restriktive Annahmen, die zwar oftmals nicht empirisch nachgewiesen werden können, jedoch in der ökonomischen Theorie weite Verbreitung gefunden haben. Zunächst soll lediglich angenommen werden, daß der risikolose Zinssatz R_t über die Zeit hinweg konstant sei. Dann gilt für Gleichung (3.20):

$$E_t u'(C_{t+1}) = (\beta R)^{-1} u'(C_t). \qquad (3.25)$$

Dies entspricht dem Ergebnis von Hall (1978), daß der Grenznutzen des Konsums einem linearen, univariaten Markov-Prozeß erster Ordnung entspricht. Sobald der verzögerte Wert $u'(C_t)$ einbezogen wurde, ist keine andere Variable in der Informationsmenge Granger kausal für $u'(C_{t+1})$. Mit der folgenden Nutzenfunktion mit konstanter relativer Risikoaversion

---

[17] Vgl. Ljungqvist und Sargent (2000), S. 245.

3.1. Vermögensbepreisung in diskreter Zeit

$u(C_t) = \frac{C_t^{1-\gamma}}{1-\gamma}$ wird obige Gleichung zu:

$$(\beta R)^{-1} = E_t \left(\frac{C_{t+1}}{C_t}\right)^{-\gamma}.$$

Effiziente Kapitalmärkte setzen voraus, daß Aktienpreise einem Martingal folgen. Wie man anhand der Euler-Gleichung (3.21) erkennen kann, müssen eine Reihe von Vereinfachungen vorgenommen werden, um die Martingaleigenschaft für Aktienpreise zu erzielen. Die Euler Gleichung

$$E_t \beta (D_{t+1} + P_{t+1}) \frac{u'(C_{t+1})}{u'(C_t)} = P_t$$

kann durch Ausnutzung folgenden Zusammenhangs geeignet umgeformt werden: Für zwei beliebige Zufallsvariablen X,Y gilt: $E(XY) = E(X)E(Y) + \text{Cov}(X,Y)$, wobei $\text{Cov}(X,Y) = E(X - E(X))(Y - E(Y))$. Wendet man diesen Zusammenhang auf die obige Formel an, so folgt:

$$\beta E_t (D_{t+1} + P_{t+1}) E_t \frac{u'(C_{t+1})}{u'(C_t)} + \beta \text{ cov}\left[(D_{t+1} + P_{t+1}), \frac{u'(C_{t+1})}{u'(C_t)}\right] = P_t. \quad (3.26)$$

Um ein Martingal zu erhalten, sind nun zweierlei Annahmen erforderlich: Zum einen muß angenommen werden, daß $\frac{u'(C_{t+1})}{u'(C_t)}$ konstant sei, und zum anderen muss gelten:

$$\text{cov}\left[(D_{t+1} + P_{t+1}), \frac{u'(C_{t+1})}{u'(C_t)}\right] = 0.$$

Dies sind offensichtlich ausgesprochen restriktive Bedingungen, die nur unter speziellen Umständen aufrecht erhalten werden können. Eine ausreichende Annahme ist hier Risikoneutralität der Agenten zu unterstellen, so daß $u(C_t)$ linear in C_t ist und $u'(C_t)$ unabhängig von C_t wird. In diesem Fall wird Gleichung (3.26) zu:

$$E_t \beta (D_{t+1} + P_{t+1}) = P_t. \quad (3.27)$$

Bei diesem Ausdruck handelt es sich um eine stochastische Differenzengleichung mit der folgenden Lösungsmenge:

$$P_t = E_t \sum_{j=1}^{\infty} \beta^j D_{t+j} + \xi_t \left(\frac{1}{\beta}\right)^t, \qquad (3.28)$$

wobei es sich bei ξ_t um einen Zufallsprozeß handelt, für den $E_t \xi_{t+1} = \xi_t$ gilt.[18] Gleichung (3.28) beschreibt den Aktienpreis P_t als eine Summe diskontierter erwarteter zukünftiger Dividenden sowie einer Blasenkomponente, die in keinem Zusammenhang zu den Fundamentalwerten steht. Im Lucas Vermögenspreismodell, das im folgenden Abschnitt beschrieben wird, ist dieser Term immer Null.

Vermögensbepreisung im allgemeinen Gleichgewichtsmodell

Im vorhergehenden Abschnitt blieb ungeklärt, wie der konstante risikolose Zins R zustande kommt. Jetzt soll die Vermögensbepreisung im Rahmen eines allgemeinen Gleichgewichtsmodells mit repräsentativen Agenten beschrieben werden. Dieses Modell wurde von Lucas (1978) entwickelt. Dazu wird eine Ökonomie mit einer großen Anzahl identischer Agenten mit Präferenzen wie in Gleichung (3.17) beschrieben unterstellt. Das einzige Gebrauchsgut (*durable*) in dieser Ökonomie ist eine Menge identischer Bäume (*Lucas trees*). Jeder Agent in dieser Ökonomie verfügt über einen dieser Bäume. Zu Beginn der Periode t wirft jeder dieser Bäume Früchte bzw. Dividenden der Höhe d_t ab. Die Früchte selbst sind verderblich, bei den Bäumen hingegen handelt es sich um Gebrauchsgüter. Das Leben eines Agenten beginnt zum Zeitpunkt Null jeweils mit einer Anfangsausstattung in Höhe eines Baums. Die Agenten maximieren ihren Nutzen gemäß Gleichung (3.17) unter Beachtung der Budgetbeschränkungen (3.18) und (3.19) sowie der Transversalitätsbedingungen (3.23) und (3.24). Im Gleichgewicht sind die Vermögenspreise markträumend. In diesem Fall bedeutet es, daß der Gesamtbestand festverzinslicher Wertpapiere in der Ökonomie Null beträgt und die Gesamtmenge der gehaltenen Aktien der Zahl der zur Verfügung stehenden Aktien entspricht. Annahmegemäß existiert je Baum

---

[18] Folglich handelt es sich bei ξ_t um ein Martingal.

eine Aktie. Im Rahmen dieses Modells kann von einem repräsentativen Agenten ausgegangen werden, da sich die Agenten hinsichtlich Präferenzen und Ausstattungen gleichen. Demnach maximiert ein Planer auch den Term $E_0 \sum_{t=0}^{\infty} \beta^t u(C_t)$ unter der Nebenbedingung $C_t \leq D_t$. Offensichtlich befindet sich das Optimum dann an der Stelle $C_t = D_t$. Nach Einsetzen dieser Werte in die Euler-Gleichungen (3.20) und (3.21) erhält man die folgenden Ausdrücke für den risikolosen Zins und den Aktienpreis:

$$u'(D_t)R_t^{-1} = E_t \beta u'(D_{t+1}), \tag{3.29}$$

$$u'(D_t)P_t = E_t \beta (D_{t+1} + P_{t+1})u'(D_{t+1}). \tag{3.30}$$

Löst man Gleichung (3.30) rekursiv, erhält man folgenden Ausdruck für den Aktienpreis im Gleichgewicht:

$$u'(D_t)P_t = E_t \sum_{j=1}^{\infty} \beta^j u'(D_{t+j})D_{t+j} + E_t \lim_{k \to \infty} \beta^k u'(D_{t+k})P_{t+k}. \tag{3.31}$$

Gleichgewichtige Aktienpreise sollen mit dem Markträumungsprinzip in Einklang stehen. Hier bedeutet dies, daß Agenten freiwillig ihre Ausstattung an Bäumen beibehalten. Folglich muß der letzte Term in oben stehender Gleichung gleich Null sein. Falls dieser Term positiv ist, bedeutet dies, daß der Grenznutzen eines Aktienverkaufs $u'(C_t)P_t$ die Grenzkosten die Aktie für immer zu halten und den künftigen Dividendenstrom, $E_t \sum_{j=1}^{\infty} \beta^j u'(D_{t+j})D_{t+j}$ zu konsumieren, übersteigt. In der Folge würden alle Agenten ihre Aktien verkaufen, und der Preis würde fallen. Umgekehrt gilt natürlich, daß ein negativer Term dazu führte, daß alle Agenten Aktien akkumulieren wollten und der Preis steigen würde. Daraus folgt für den gleichgewichtigen Preis:

$$P_t = E_t \sum_{j=1}^{\infty} \beta^j \frac{u'(D_{t+j})}{u'(D_t)} D_{t+j}. \tag{3.32}$$

Es handelt sich hierbei um eine Verallgemeinerung der Gleichung (3.28). Auch hier entspricht der Aktienpreis dem diskontieren erwarteten Dividendenstrom, jedoch sind die Diskontraten stochastisch und ändern sich im Zeitverlauf.

3.2. Vermögensbepreisung in stetiger Zeit

Alternativ zur Darstellung der Vermögenspreistheorie mit Hilfe stochastischer Differenzengleichungen in diskreter Zeit ist es oftmals sinnvoll, sich der Darstellung stochastischer Differentialgleichungen in stetiger Zeit zu bedienen.[19]

Eine Aktie habe einen Preis $p(t)$ zu jedem Zeitpunkt und eine Auszahlung der Rate $D_t dt$. Die stetige Rendite beträgt:

$$\frac{dP_t}{P_t} + \frac{D_t}{P_t}dt.$$

Der Preis eines riskanten Vermögenswertes wird als Diffusionsprozeß modelliert, z.B.:

$$\frac{dP_t}{P_t} = \mu(\cdot)dt + \sigma(\cdot)dz.$$

Die Notation dz beschreibt Inkremente eines Standard-Wiener-Prozesses (etwa $z_{t+\Delta} - z_t \sim N(0,\Delta)$). Die Notation $(\cdot)$ stehe dafür, daß der Drift sowie die Diffusionen Funktionen der Zeit und der Zustandsvariablen seien. In diesem Diffusionsmodell sind die Inkremente dz normalverteilt. Dennoch bedeutet die Abhängigkeit von μ und σ von Zustandsvariablen, daß die Verteilung der Preise $f(P_{t+\Delta}|I_t)$ nicht normal zu sein braucht.

Ein risikoloses Wertpapier hat einen konstanten Preis von Eins und erbringt die sichere Verzinsung als Dividende:

$$P = 1, \quad D_t = R_t. \tag{3.33}$$

Alternativ wird keine Dividende ausgezahlt, jedoch steigt der Preis deterministisch mit der sicheren Verzinsung als Zuwachsrate:

$$\frac{dP_t}{P_t} = R_t dt. \tag{3.34}$$

Als nächstes gilt es, die Bedingungen erster Ordnung in stetiger Zeit aus-

---

[19] Vgl. Cochrane (2001), S. 28 f.

zudrücken. Die Nutzenfunktion lautet:

$$U(\{C_t\}) = E \int_{t=0}^{\infty} e^{-\delta t} u(C_t) dt.$$

Nun wird angenommen, daß ein Investor ein Wertpapier mit Preis P_t und Dividendenstrom D_t erwirbt. Genau wie bei der Ableitung der Barwert- Preis- Beziehung in diskreter Zeit ergibt die Bedingung erster Ordnung für dieses Problem die unendliche Perioden Version der Vermögenspreisgleichung:

$$P_t u'(C_t) = E_t \int_{s=0}^{\infty} e^{-\delta s} u'(C_{t+s}) D_{t+s} ds. \tag{3.35}$$

Eine Einheit des Wertpapiers führt zur Auszahlung des Dividendenstroms D_t, also $D_t\,dt$ Einheiten des Numeraire-Konsumguts in einem Zeitintervall dt. Das Wertpapier kostet P_t Einheiten des Konsumguts. Der Agent finanziert den Kauf von ξ Einheiten des Wertpapiers durch Konsumreduktion von e_t zu $C_t = e_t - \xi P_t/dt$ während des Intervalls dt. Der daraus resultierende Nutzenverlust beträgt: $u'(C_t)(e_t - C_t)dt = u'(C_t)\xi P_t$. Der Zuwachs ist die rechte Seite der oben stehenden Gleichung multipliziert mit ξ. Bei obiger Gleichung handelt es sich also um das Äquivalent in stetiger Zeit des Ausdrucks:

$$P_t = E_t \sum_{j=0}^{\infty} \beta_t \frac{u'(C_{t+j})}{u'(C_t)} D_{t+j}.$$

Division durch $u'(C_t)$ ist in stetiger Zeit nicht möglich, da das Verhältnis aus $\frac{u'(C_{t+\Delta})}{u'(C_t)}$ nicht für kleine Zeitintervalle definiert ist. Statt dessen kann man jedoch das Niveau des Grenznutzens betrachten. Daher wird der Diskontfaktor in stetiger Zeit folgendermaßen definiert:

$$\Lambda_t = e^{-\delta t} u'(C_t).$$

Die Vermögenspreisgleichung ergibt sich dann folgendermaßen:

$$P_t \Lambda_t = E_t \int_{s=0}^{\infty} \Lambda_{t+s} D_{t+s} ds. \tag{3.36}$$

Das Äquivalent zu der einperiodigen Vermögenspreisgleichung lautet:

$$0 = \Lambda_t D_t dt + E_t[d(\Lambda_t P_t)]. \tag{3.37}$$

Zur Herleitung dieses Ausdrucks wird in Gleichung (3.36) zunächst die Differenz zwischen t und $t + \Delta$ gebildet:

$$P_t \Lambda_t = E_t \int_{s=0}^{\Delta} \Lambda_{t+s} D_{t+s} ds + E_t[\Lambda_{t+\Delta} P_{t+\Delta}]. \tag{3.38}$$

Für kleine Δ kann der Term unter dem Integral folgendermaßen approximiert werden:

$$P_t \Lambda_t \approx \Lambda_t D_t \Delta + E_t[\Lambda_{t+\Delta} P_{t+\Delta}]. \tag{3.39}$$

Nun werden Differenzen eingeführt:

$$P_t \Lambda_t \approx \Lambda_t D_t \Delta + E_t[\Lambda_t P_t + (\Lambda_{t+\Delta} P_{t+\Delta} - \Lambda_t P_t)]. \tag{3.40}$$

Subtrahiert man auf beiden Seiten $P_t \Lambda_t$, so ergibt sich:

$$0 \approx \Lambda_t D_t \Delta + E_t[\Lambda_{t+\Delta} P_{t+\Delta} - \Lambda_t P_t]. \tag{3.41}$$

Wenn Δ gegen Null geht, so folgt:

$$0 = \Lambda_t D_t dt + E_t[d(\Lambda_t P_t)]. \tag{3.42}$$

Dies entspricht der obenstehenden einperiodigen Vermögenspreisgleichung. Ein offensichtlicher Unterschied zwischen den Darstellungen der einperiodigen Vermögenspreisgleichungen in stetiger und diskreter Form ist das Fehlen der Preiskomponente auf der linken Seite von Gleichung (3.42). Dennoch ist die Preiskomponente selbstverständlich vorhanden. Sie verbirgt sich lediglich in dem Differenzenterm. Ohne die Berücksichtigung einer Konstanten Λ und den Dividenden gilt $0 = E_t(dP_t) = E_t(P_{t+\Delta} - P_t)$, so daß der Preis die Martingaleigenschaft besitzt.

3.3. Rationale Blasen

Bisher wurde in der Darstellung der Vermögenspreismodelle die Existenz einer spekulativen Komponente ausdrücklich ignoriert. Der Preis einer Aktie entsprach ausschließlich einer fundamentalen Komponente in Form eines Auszahlungs- bzw. Dividendenstroms. Nicht fundamentale Komponenten wurden formal durch die Existenz einer Transversalitätsbedingung ausgeschlossen. Darüberhinaus wurden auch ökonomische Argumente für die Nicht-Existenz spekulativer Blasen angeführt. Nichtsdestotrotz können in bestimmten Perioden immer wieder Preise beobachtet werden, die ganz offensichtlich nicht im Einklang mit rein fundamentalen Bewertungsmethoden stehen. In diesem Abschnitt werden Modelle vorgestellt, die die Gültigkeit der Transversalitätsbedingung aufheben. Bei den hier genannten Blasen handelt es sich um sogenannte rationale Blasen, da diese mit rationalen Erwartungen vereinbar sind.

3.3.1. Blasen im Barwertmodell

Gibt man die Konvergenzannahme in Gleichung (3.6) auf, so existiert eine unendliche Anzahl von Lösungen für P_{D_t}. Jede dieser Lösungen kann dann folgendermaßen beschrieben werden:

$$P_t = P_{D_t} + B_t. \tag{3.43}$$

Der Term P_{D_t} wird mit Fundamentalwert bezeichnet, und der Term B_t wird als rationale Blase bezeichnet. Rational deswegen, weil der Term mit rationalen Erwartungen und konstanten erwarteten Renditen in Einklang zu bringen ist.

Dem dynamischen Verhalten des Blasenterms B_t müssen jedoch einige Restriktionen auferlegt werden, damit Gleichung (3.43) Gleichung (3.4) genügen kann. Diese Restriktionen werden durch die Aufzeigung eines möglichen Widerspruchs bestimmt.[20] Dies geschieht durch die Annahme, daß (3.43) eine gültige Lösung für (3.4) sei, und dies stellt dann eine Einschränkung der Dynamik von B_t dar. Begonnen wird mit einer Verschie-

---

[20] Vgl. Cuthbertson (1996).

bung des Zeitindexes um eine Periode nach vorne bei gleichzeitiger Anwendung des Erwartungsoperators zum Zeitpunkt t:

$$\begin{aligned}E_t P_{t+1} &= E_t[\beta E_{t+1}D_{t+2} + \beta^2 E_{t+1}D_{t+3} + \cdots + B_{t+1}] \\ &= [\beta E_{t+1}D_{t+2} + \beta^2 E_{t+1}D_{t+3} + \cdots + B_{t+1}],\end{aligned} \quad (3.44)$$

wobei das Gesetz zur wiederholten Anwendung des Erwartungsoperators, $E_t(E_{t+1}D_{t+j}) = E_t D_{t+j}$, angewendet wurde. Setzt man den Term $\delta(E_t P_{t+1} + E_t D_{t+1})$ der rechten Seite von Gleichung (3.4) in obige Gleichung ein, so erhält man:

$$\delta[E_t D_{t+1} + E_t P_{t+1}] = \beta E_t D_{t+1} + [\beta^2 E_t D_{t+2} + \beta^3 E_t D_{t+3} + \cdots + \beta E_t B_{t+1}]. \quad (3.45)$$

Setzt man nun die Definition von P_{D_t} aus (3.7) in die rechte Seite der obigen Gleichung ein, so ergibt sich:

$$\delta[E_t D_{t+1} + E_t P_{t+1}] = P_{D_t} + \beta E_t B_{t+1}. \quad (3.46)$$

Dies ist offenbar ein Widerspruch, da nicht sowohl (3.43) als auch (3.46) Lösungen für (3.4) sein können. Jedoch können diese Lösungen äquivalent sein, wenn gilt:

$$E_t B_{t+1} = B_t/\beta = (1+R)B_t \quad (3.47)$$

Aus dieser Gleichung folgt dann:

$$E_t B_{t+m} = \frac{B_t}{\beta^m}. \quad (3.48)$$

Damit gilt, daß sich B_t wie ein Martingal verhalten muß. Die beste Prognose aller zukünftigen Werte der Blasenkomponente hängt einzig vom heutigen Wert der Blase ab. Damit ist für $B_t \neq 0$ die Transversalitätsbedingung verletzt und da B_t willkürlich ist, ist der Aktienpreis in Gleichung (3.43) nicht eindeutig. Bei der Blase handelt es sich um eine gültige Lösung unter der Voraussetzung, daß die Blase mit der von den Investoren geforderten Rendite wächst.[21] Die Marktteilnehmer interessiert es nicht, daß sie für die Blasenkomponente bezahlen, da diese die geforderte Rendite abwirft.

---

[21] Aus (3.47) folgt $E(B_{t+1}/B_t) - 1 = R$.

3.3. Rationale Blasen

Allerdings wissen die Marktteilnehmer auch nicht, welchen Teil des Preises die Blasenkomponente ausmacht: Die Blase ist nicht beobachtbar, und es handelt sich um eine sich selbst erfüllende Erwartung. Betrachtet sei ein einfacher Fall mit konstanten erwarteten Dividenden und einem Wert $B_t = b$ (> 0) der Blase zum Zeitpunkt t. Die Blase sei deterministisch und wachse mit der Rate R, so daß $E_t B_{t+m} = (1+R)^m b$. Wenn die Blase einmal existiert, ergibt sich für den Aktienpreis aus (3.43) in Periode $t + m$ bei konstanten Dividenden:

$$P_{t+m} = \frac{\beta D}{(1-\beta)} + b(1+R)^m. \quad (3.49)$$

Obwohl die Fundamentalwerte (also hier die Dividenden) einen konstanten Preis erwarten lassen, folgt aus der Existenz der Blase ein stetiger Anstieg des Preises, da $(1 + R) > 1$. In diesem Beispiel wird die Blase zu einem ansteigenden Anteil des tatsächlichen Preises, da die Blase wächst, der Fundamentalwert jedoch konstant ist. Tatsächlich ist es jedoch so, daß auch bei nicht konstanten Dividenden der Aktienpreis mit einem Faktor wächst, der geringer ist als die Wachstumsrate der Blase, da für die Zahlung der Dividenden gilt:

$$(E_t P_{t+1}/P_t) - 1 = R - E_t D_{t+1}/P_t. \quad (3.50)$$

Dieses einfache Modell rationaler Blasen ist von Blanchard und Watson (1982) um die Wahrscheinlichkeit des Platzens der Blase erweitert worden:

$$B_{t+1} = \begin{cases} \left(\frac{1+R}{\pi}\right) B_t + \zeta_{t+1}, & \text{mit WS } \pi \\ \zeta_{t+1}, & \text{mit WS } 1-\pi \end{cases}. \quad (3.51)$$

Dies genügt dem Zusammenhang in Gleichung (3.48), wenn gewährleistet ist, daß der Schock ζ_{t+1} im Erwartungswert Null beträgt. Dieses Blasenmodell unterstellt eine konstante Wahrscheinlichkeit $1 - \pi$, daß es zum Platzen der Blase kommt. Sollte die Blase nicht platzen, sondern weiter wachsen, so tut sie dies mit der Rate $\frac{1+R}{\pi} - 1$. Diese ist größer als R und soll für das Risiko des Platzens kompensieren. Die durchschnittliche Dauer bis zum Platzen der Blase beträgt $(1-\pi)^{-1}$.[22] Dieses einfache Modell wird später zur Generierung künstlicher Blasenprozesse in Kapitel 5 wieder aufgegriffen.

3.3.2. Das intrinsische Blasen-Modell von Froot und Obstfeld

In der bisherigen Darstellung rationaler Blasen erschien der Blasenterm als Alternativlösung in der Euler-Gleichung zur Bestimmung des Aktienpreises. Froot und Obstfeld (1991) beschreiben eine andere Art des Blasenphänomens. Dieses wird als intrinsisches Blasenmodell bezeichnet. Die spekulative Komponente ändert sich ausschließlich durch Änderungen in den exogenen Bestimmungsgrößen des Fundamentalpreises. Intrinsische Blasen sind deterministische Funktionen der Fundamentalwerte. Diese Art von Blasen führen dazu, daß stabile und hochgradig persistente Fundamentalwerte zu eben solchen Über- oder Unterbewertungen führen. Vermögenspreise können darüberhinaus aufgrund dieser Blasen auf Veränderungen in den Fundamentalwerten überreagieren. In diesem Modell werden die realen Aktienpreise zu den realen Dividendenzahlungen in Verbindung gesetzt. Dabei ist die erwartete Rendite konstant. Sei P_t der reale Aktienpreis zum Anfang der Periode t und D_t die reale Dividende je Aktie über die Periode t sowie r der konstante Realzins. Dann ergibt sich für den Aktienpreis:

$$P_t = e^{-r} E_t(D_t + P_{t+1}). \quad (3.52)$$

Die Lösung für den Barwert von P_t werde mit P_t^{PV} bezeichnet und lautet:

$$P_t^{PV} = \sum_{s=t}^{\infty} e^{-r(s-t+1)} E_t(D_s). \quad (3.53)$$

Gleichung (3.53) ist eine spezielle Lösung für Gleichung (3.52). Der Aktienpreis entspricht dem gegenwärtigen diskontierten Wert erwarteter künftiger

---

[22] Blanchard und Watson (1982) bemerken, daß dieses Modell zur besseren Abbildung bestimmter Eigenschaften von Blasen beispielsweise so verfeinert werden könnte, daß die Wahrscheinlichkeit des Platzens eine Funktion von der Dauer der Blase ist oder auch davon, wie weit sich der Preis bereits vom Fundamentalwert entfernt hat. Falls π für eine gewisse Zeitspanne ansteigt, wächst B_t exponential abnehmend. Sinkt π, führt die höhere Wahrscheinlichkeit eines Crash zu einer Beschleunigung, während die Blase weiter besteht.

3.3. Rationale Blasen

Dividendenzahlungen. Froot und Obstfeld (1991) nehmen an, daß der Barwert in (3.52) immer existiert, d.h., daß die stetig zusammengesetzte Wachstumsrate der erwarteten Dividende kleiner als r ist. Gleichung (3.52) kann durch Anwendung der Transversalitätsbedingung

$$\lim_{s \to \infty} e^{-rs} E_t(P_s) = 0 \qquad (3.54)$$

hergeleitet werden. Es läßt sich zeigen, daß sukzessives Vorwärtseinsetzen in (3.52) zu (3.53) führt.
Sei $\{B_t\}_{t=0}^{\infty}$ eine beliebige Folge von Zufallsvariablen mit

$$B_t = e^{-r} E_t(B_{t+1}). \qquad (3.55)$$

Dann ist $P_t = P_t^{PV} + B_t$ eine Lösung für Gleichung (3.52) im Sinne einer Summe aus Barwert und Blasenterm. Dabei impliziert (3.55), daß P_t die Transversalitätsbedingung verletzt, wenn $B_t \neq 0$.
Man geht davon aus, daß rationale Blasen gelegentlich von Variablen abhängen, die nicht mit dem eigentlichen Bewertungsproblem in Verbindung stehen. Andere Blasen jedoch hängen nur von den exogen gegebenen Fundamentalwerten der Vermögenspreise ab. Solche Blasen werden als intrinsisch bezeichnet, da ihre Dynamik nur von den Fundamentalwerten abhängt. Eine solche intrinsische Blase wird konstruiert, indem man eine nicht-lineare Funktion der Fundamentalwerte findet, die Gleichung (3.55) erfüllt. In dem hier gegebenen Aktienpreismodell mit nur einem stochastischen Fundamentalfaktor (dem Dividendenprozeß) hängen intrinsische Blasen auch lediglich von Dividenden ab.
Um zu sehen, wie eine intrinsische Blase aussehen könnte, nehmen Froot und Obstfeld (1991) folgenden datengenerierenden Prozeß für die logarithmierten Dividenden an:

$$d_{t+1} = \mu + d_t + \xi_{t+1}, \qquad (3.56)$$

wobei μ das Trendwachstum der Dividenden, d_t die logarithmierte Dividende zum Zeitpunkt t und ξ_{t+1} eine normalverteilte Zufallsvariable mit Erwartungswert Null und Varianz σ^2 ist. Benutzt man diese Gleichung und nimmt weiterhin an, daß die Dividende der Periode t bekannt ist, wenn P_t

gesetzt wird, so erkennt man, daß der Barwert des Aktienpreises in (3.53) sich proportional zu den Dividenden verhält:

$$P_t^{PV} = \kappa D_t, \qquad (3.57)$$

wobei $\kappa = (e^r - e^{\mu+\sigma^2/2})^{-1}$. Gleichung (3.57) kann man auch als stochastische Version des Gordon-Bewertungs-Modells von Aktienpreisen sehen, welches besagt, daß $P_t^{PV} = (e^r - e^\mu)^{-1} D_t$ (bei Sicherheit). Die Annahme, daß die Summe in (3.53) konvergiert, impliziert, daß $r > \mu + \sigma^2/2$ gilt. Weiterhin definieren Froot und Obstfeld (1991) eine Funktion $B(D_t)$ als

$$B(D_t) = c D_t^\lambda, \qquad (3.58)$$

wobei λ aus folgender Gleichung resultiert:

$$\lambda^2 \sigma^2 / 2 + \lambda \mu - r = 0 \qquad (3.59)$$

und c eine beliebige Konstante ist. Man kann leicht zeigen, daß Gleichung (3.58) der Gleichung (3.55) genügt.
Summiert man Barwert und Blasenterm in (3.58) auf, erhält man die Aktienpreisgleichung:

$$P(D_t) = P_t^{PV} + B(D_t) = \kappa D_t + c D_t^\lambda. \qquad (3.60)$$

Obwohl Gleichung (3.60) für $c \neq 0$ eine Blase enthält und somit die Transversalitätsbedingung verletzt, wird sie ausschließlich durch Fundamentaldaten bewegt: $P(D_t)$ ist eine Funktion der Dividenden und hängt nicht von der Zeit oder von anderen Variablen ab. Daher kann $B(D_t)$ als intrinsische Blase bezeichnet werden.
Die Ungleichung $r > \mu + \sigma^2/2$ kann ausgenutzt werden, um zu zeigen, daß λ immer größer als eins sein muß. Dieses nicht lineare Verhalten erlaubt $B(D_t)$ in Erwartung der Rate r anzusteigen. Froot und Obstfeld (1991) nehmen an, daß $c > 0$ ist, so daß Aktienpreise nicht negativ sein können.

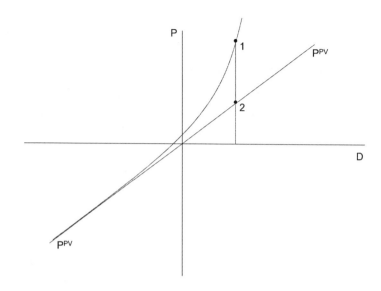

Abbildung 3.1.: Preis-Pfad einer intrinsischen Blase

Wie alle rationalen Blasen, so hängen auch intrinsische Blasen von sich selbst erfüllenden Erwartungen ab. Allerdings werden diese nicht durch exogene Variablen getrieben, sondern durch die nicht lineare Form der Preislösung selbst. Abbildung 3.1 zeigt die Lösungsmenge für Gleichung (3.60). Die Gerade bezeichnet die Barwertlösung (3.57). Diese Lösung impliziert, daß $E_t(P_{t+1}/P_t) = e^{\mu+\sigma^2/2} < e^r$. Aufgrund von Jensens Ungleichung genügt Punkt 1 auf dem Blasenpfad der Bedingung (3.52). Am Punkt ist die folgende Innovation in den Dividenden symmetrisch um Null verteilt, jedoch wird vom Markt geglaubt, daß die relevante Preisfunktion die dargestellte Form hat, bedeutet, daß der erwartete Anstieg im Aktienpreis und somit der aktuelle Preis am Punkt 1 höher liegt als am entsprechenden Punkt 2 auf der Geraden. Wie verhalten sich intrinsische Blasen und wieso sind sie besonders geeignet Blasenprozesse abzubilden? Intrinsische Blasen sind in der Lage, die Überreaktion von Aktienpreisen auf Dividendenänderungen abzubilden. Im Rahmen dieser Arbeit wird in

Kapitel 5 zur Erzeugung künstlicher Blasenprozesse noch weiter auf empirische Eigenschaften intrinsischer Blasenprozesse eingegangen.

3.3.3. Entstehung spekulativer Blasen

Es gibt eine ganze Reihe von Arbeiten älteren Datums, die sich mit dem Ausschluß der Entstehung spekulativer Blasen beschäftigen. Eine genaue Übersicht dieser Literatur findet sich bei Camerer (1989). Hier soll zunächst kurz auf die ökonomischen Aspekte eingegangen werden, die sich auch heute noch in den gängigen Lehrbüchern finden.[23]. Die dort vorgebrachten Argumente gehen überwiegend auf Arbeiten von Tirole (1982) sowie Tirole (1985) zurück. Der Inhalt dieser Arbeiten wird weiter unten skizziert. Inzwischen gibt es aber eine Reihe von Arbeiten, welche die Möglichkeit der Existenz spekulativer Blasen auch theoretisch herzuleiten vermögen. Auf den Inhalt dieser Arbeiten wird ebenfalls weiter unten eingegangen.

Campbell, Lo und MacKinlay (1997) geben eine Reihe von ökonomischen Gründen an, spekulative Blasen auszuschließen. Diese sollen im folgenden kurz beschrieben werden. Anhand des Beispiels von Öl argumentieren sie, daß es eine obere Grenze für den Preis von Öl gebe. Denn wenn Öl beispielsweise so teuer werde, daß es günstiger wäre, vollständig zu Solarenergie überzugehen, so würde dies auch geschehen. Dies allerdings ist dann auch der Grund dafür, daß spekulative Blasen kein Phänomen von Gütermärkten sind.

Ein weiteres Argument ist, daß die Existenz einer beschränkten Haftungsregelung die Existenz negativer Blasen ausschließt. Denn beschränkte Haftung bedeutet, daß man durch Halten eines Vermögensgegenstands niemals mehr verlieren kann, als man ursprünglich für den Gegenstand gezahlt hat. Mit anderen Worten kann man nicht für Schulden haftbar gemacht werden, die durch das Halten des Vermögensgegenstandes entstanden sind. Um nun die Existenz einer negativen Blase zu ermöglichen, müßte es einen negativen erwarteten Preis zu irgendeinem zukünftigen Zeitpunkt geben. Dies ist nicht möglich, und somit kann es auch keine negativen Blasen geben. Als Beispiel werden die Aktionäre von Swissair nach dem Absturz über

---

[23] Siehe Campbell, Lo und MacKinlay (1997).

Nova Scotia genannt: Es ist denkbar, daß die Familien der Opfer so hohe Schadenersatzforderungen stellten, daß der Nettowert des Unternehmens negativ wird. Allerdings ist es nicht möglich, daß die Aktienhalter diese Forderungen aus eigener Tasche zahlten. Damit ist der maximal mögliche Schaden aus Sicht der Aktionäre, daß der Kurs der Swissair Aktie auf Null fiele.

Diba und Grossman (1988b) führen an, daß jede Blase, die heute existiert, bereits seit Einführung des Aktienhandels existiert haben müßte. Denn sofern die Blasenkomponente jemals den Wert Null gehabt hat, ist ihr erwarteter zukünftiger Wert ebenfalls Null. Im Falle der Existenz negativer Blasen, so wäre dies unproblematisch. Denn der erwartete zukünftige Wert könnte Null werden, da es positive Wahrscheinlichkeiten sowohl für positive wie auch für negative Blasen gebe. Da wie oben beschrieben negative Blasen jedoch ausgeschlossen worden sind, kann die Blasenkomponente nur den Wert Null haben, da ihr erwarteter zukünftiger Wert mit Wahrscheinlichkeit 1 Null ist.

Ein wichtiger Beitrag in diesem Zusammenhang geht auf Tirole (1982) zurück. Er zeigt, daß unter der Annahme einer begrenzten Lebensdauer der Agenten und einer zeitdiskreten Betrachtungsweise Aktienpreise nicht von ihren Fundamentalwerten abweichen können, wenn sich die Akteure rational verhalten.[24] Zur Erklärung führt Tirole (1982) drei Gründe an: Erstens kann bei einer diskreten und endlichen Anzahl von Zeitpunkten eine Blase erst gar nicht entstehen, da die Blase sich selbst auflösen würde. Zur Erläuterung sei angenommen, daß mit T das Enddatum der Ökonomie bezeichnet sei. Zum Zeitpunkt $T-1$ wären die Agenten nicht gewillt den Vermögensgegenstand zu erwerben, wenn der Preis höher als der diskontierte Wert seiner Auszahlung zum Zeitpunkt T wäre, da dies zu einem Verlust führte. Insofern kann zum Zeitpunkt $T-1$ keine Blase existieren. Durch Rückwärtsinduktion kann man so leicht zeigen, daß zu keinem Zeitpunkt eine Blase existieren kann. Zweitens geht mit Ende des Zeithorizonts die Wahrscheinlichkeit den Vermögensgegenstand verkaufen

---

[24] Im Zusammenhang mit Modellen, die eine unbegrenzte Lebensdauer der Agenten unterstellen, wurden rationale Blasen als Erklärungen für die Existenz von Papiergeld angeführt. Beispiele sind unter anderem Samuelson (1958), Wallace (1978), Blanchard (1979), Blanchard und Watson (1982) sowie Tirole (1985). Allerdings wird in diesen Modellen nicht erklärt, weshalb Blasen entstehen. Der Anfang sowie das Ende werden als exogen angenommen.

zu können gegen null und Händler würden den Vermögensgegenstand nur halten, wenn dessen Preis unendlich hoch wäre. Da der Wert der Summe aller Vermögensgegenstände jedoch endlich ist, gäbe es einen Zeitpunkt, zu dem der Preispfad, der zur Aufrechterhaltung der Blase notwendig wäre, die Summe aller Vermögensgegenstände in der Ökonomie überträfe. Zu diesem Zeitpunkt käme es zum Platzen der Blase. Kurz davor wäre jedoch wiederum kein Händler bereit den Vermögensgegenstand zu kaufen. Auch hier kann wieder mittels Rückwärtsinduktion argumentiert werden, daß eine Blase gar nicht erst entstehen kann. Schließlich gilt, daß nicht alle der endlichen Anzahl von Händlern rational erwarten können, einen Gewinn zu erzielen. Denn diese wissen, daß es sich bei der Blase um einen Null-Summen Spiel handelt. Falls die Händler risiko-avers sind, müssen sich einige strikt schlechter stellen, da sie Risiko tragen und nicht jeder mit einer positiven erwarteten Rendite rechnen kann.

Darüber hinaus argumentiert Tirole (1982) mit Hilfe der Möglichkeit von Leerverkäufen. Denn die Möglichkeit, Leerverkäufe von Vermögensgegenständen vorzunehmen, eröffnet im Fall von Blasen Arbitragemöglichkeiten. Ein Vermögensgegenstand mit einer Blasenkomponente hat einen Preis, der oberhalb des Fundamentalwertes liegt. Ein endlos lange lebender Agent könnte den überteuerten Vermögensgegenstand leerverkaufen zum Preis p_t und den Dividendenstrom $\{d_{t+1}\}$ bezahlen. Der daraus resultierende Gewinn ist die Größe des Blasenterms. Indem Arbitrageure diesen Zusammenhang ausnutzten, würde solange Druck auf den Preis der Blasenkomponente ausgeübt, bis der Wert der Blasenkomponente Null ist. Tirole (1985) hat gezeigt, daß dies auch dann gilt, wenn die Lebensdauer der Agenten endlich ist.

Die Ergebnisse von Tirole (1982) verdeutlichen die Schwierigkeiten von Theorien, die auf den Standardannahmen beruhen und dennoch konsistent mit der Entstehung rationaler Blasen sind.

Die im folgenden skizzierten neueren Beiträge zur Entstehung spekulativer Blasen gehen alle davon aus, daß die Akteure nicht die Möglichkeit haben Leerverkäufe zu tätigen.

Agentenprobleme

Ein alternativer Ansatz geht auf die Arbeiten von Allen und Gorton (1993) sowie von Allen und Gale (2000) zurück: Hier wird die Annahme einer rationalen Erwartungsbildung zwar beibehalten, jedoch wird eine asymmetrische Informationsstruktur unterstellt. In der Arbeit von Allen und Gorton (1993) wird ein Agentenproblem zwischen Investoren auf der einen Seite und Portfolio-Managern auf der anderen Seite modelliert. Aus der asymmetrischen Informationsverteilung resultiert in diesem Fall eine Abweichung zwischen Aktienpreis und Fundamentalwert. Im Modell von Allen und Gorton (1993) werden Handlungen eines Teils der Portfoliomanager nicht durch neue Informationen, Liquiditätsschocks oder ähnliches verursacht, sondern Portfolio-Manager blähen die Portfolios ihrer Kunden auf in der Hoffnung Spekulationsgewinne zu erzielen. Es wird unterschieden zwischen guten und schlechten Portfolio-Managern. Gute Portfolio-Manager sind in der Lage unterbewertete Unternehmen zu erkennen und deren Anteile entsprechend dem Portfolio beizufügen. Schlechte Portfolio-Manager hingegen sind dazu nicht in der Lage. Die Investoren andererseits können nicht beobachten, ob sie ihr Geld den schlechten oder den guten Portfolio-Managern anvertrauen. Märkte sind demnach hier nicht in der strengen Form informationseffizient.

Allen und Gale (2000) greifen die Beobachtung auf, daß vielen Finanzkrisen eine Phase der Finanzliberalisierung und Kreditexpansion vorauseilt. Dieser Phase folgt meist ein rasantes Wachstum der Aktien- und Immobilienpreise. An irgendeinem Punkt platzt die Blase und es folgt mit einiger Verzögerung eine Bankenkrise. Im Unterschied zu der erwähnten Arbeit von Allen und Gorton (1993) zeigen Allen und Gale (2000) nicht nur, daß spekulative Blasen aufgrund von asymmetrischen Informationen und Agentenproblemen auftreten können. Sie entwickeln darüber hinaus ein Modell, das die Rolle der Banken als Intermediäre für Agentenprobleme und somit für die Entstehung spekulativer Blasen verantwortlich macht. Insbesondere zeigen sie, daß die Möglichkeit für Investoren Geld zu leihen, um dieses in bereits existierende Vermögensgegenstände zu investieren, die Risikoübertragung zu einer über den Fundamentalwert hinaus gehenden Bepreisung der riskanten Vermögensgegenstände führt, so daß eine spekulative Blase entsteht. Weiterhin untersuchen sie die Rolle der Kreditausweitung in der Entstehung rationaler Blasen. Die Kreditausweitung hat zweierlei Wirkung auf die Risikoübertragung: Zum einen werden Investoren darin bestärkt riskante Investitionen zu tätigen und damit hat die Kreditausweitung eine unmittelbare Wirkung auf die Vermögenspreise. Weiterhin führt die Antizipation einer künftigen Kreditausweitung zu einem Anstieg der heutigen Vermögenspreise und es zeigt sich im Modell, daß dies die Wahrscheinlichkeit einer Krise erhöht. Allen und Gale (2000) betonen, daß die Unsicherheit bezüglich der künftigen Entwicklung der Kreditvergabe und die daraus folgende Interaktion mit dem Agentenproblem bei den Intermediären das Ausmaß der Vermögenspreisblasen bestimmt.

Gemeinsam ist beiden Modellen die Bedeutung der begrenzten Haftbarkeit der Schuldner für die Entstehung des Agentenproblems: Im Modell von Allen und Gale (2000) unterliegen die Schuldner lediglich einer begrenzten Haftbarkeit, während es im Modell von Allen und Gorton (1993) die Portfolio-Manager sind, die nur begrenzt haftbar gemacht werden können: Denn diese müssen schlimmstenfalls mit einer Kündigung rechnen.

Lack of common knowledge

Einen anderen Ansatz zur Erklärung der Entstehung spekulativer Blasen bei rationaler Erwartungsbildung wird von Allen, Morris und Postlewaite (1993) vorgetragen:[25] Die Autoren zeigen im Rahmen eines allgemeinen Gleichgewichtsmodells bei endlichem Zeithorizont, daß spekulative Blasen aufgrund der Existenz privater Informationen (*private information*) auftreten können. Demzufolge ist es nicht allgemein bekannt, daß jeder glaubt, die Aktienpreise fielen. So kommt es, daß zwar allen Agenten die Existenz der Blase bewußt ist, jeder einzelne jedoch glaubt zu einem höheren Preis an eine andere Person verkaufen zu können bevor der wahre Wert der Aktien allen Marktteilnehmern bekannt wird. Eine Konsequenz daraus ist, daß alle Agenten zwar wissen, daß die Blase platzen wird, über den Zeitpunkt des Platzens jedoch Unsicherheit besteht. Weiterhin sind die Agenten nicht über die Handelsaktivitäten der anderen Agenten informiert: Man kennt le-

---

[25] Insbesondere versagt in dem dort vorgestellten Modell das von Tirole (1982) gegen die Entstehung rationaler Blasen vorgebrachte Argument der Rückwärtsinduktion.

diglich die eigenen Handelsaktivitäten, nicht jedoch diejenigen der anderen Marktteilnehmer.

Im Modell von Allen, Morris und Postlewaite (1993) halten Agenten einen überpreisten Vermögensgegenstand weil sie denken, daß andere Agenten den Vermögensgegenstand für noch wertvoller halten. Es ist folglich plausibel nicht nur anzunehmen, daß die Agenten glauben, die Vermögensgegenstände seien zu hoch bepreist, sondern daß sie glauben, daß die meisten anderen Leute glaubten, die Vermögensgegenstände seien überpreist. Dies führt zu der Fragestellung, ob eine Blase existieren kann, wenn jeder weiß, daß der Vermögensgegenstand überpreist ist, jeder weiß, daß jeder andere weiß, daß der Vermögensgegenstand überpreist ist und so weiter.

Hieraus entwickelt sich die Frage, ob Blasen höherer Ordnung möglich sind. Dieser Frage wird in den Arbeiten von Morris, Postlewaite und Shin (1995) sowie von Conlon (2004) nachgegangen. Zur Verdeutlichung sei hier erwähnt, daß es um die Frage geht, ob die Existenz spekulativer Blasen auch dann möglich ist, wenn die Agenten sich darüber im klaren sind, daß auch andere Agenten von der Existenz einer spekulativen Blase überzeugt sind. Dies bedeutet, daß die Existenz spekulativer Blasen robust gegenüber einer Modellwelt mit Agenten ist, die Informationen bezüglich der Meinungen anderer Agenten haben.

Darüber hinaus zeigt Conlon (2004), daß die Entstehung spekulativer Blasen auch dann möglich ist, wenn die Handelsaktivitäten der Agenten allgemein bekannt sind. Außerdem genügen in letztgenannter Arbeit zwei Agenten um ein Blasenmodell mit endlichem Zeithorizont zu generieren, während in der Arbeit von Allen, Morris und Postlewaite (1993) drei Agenten existieren müssen. Die übliche Annahme der Existenz von Leerverkaufsrestriktionen bleibt jedoch auch im Modell von Conlon (2004) bestehen.

Eine weitere Arbeit, die ebenfalls in die Kategorie *Lack of common knowledge* einzuordnen ist, ist die Arbeit von Abreu und Brunnermeier (2003). Allerdings wird hier von der Annahme ausschließlich rational handelnder Agenten abgesehen. Statt dessen ist diese Arbeit denjenigen Modellen zuzuordnen, in denen rationale Agenten (in diesem Fall handelt es sich um Arbitrageure) mit begrenzt rational handelnden Händlern interagieren. Die rationalen Arbitrageure wissen zwar, daß der Markt zu irgondeinem Zeitpunkt zusammenbrechen wird, versuchen jedoch möglichst lange die Blase zu nutzen und entsprechend hohe Renditen zu erzielen. Aufgrund der Schwierigkeit den optimalen Zeitpunkt des Marktaustritts zu bestimmen, kommt es zu unterschiedlich gewählten Marktaustrittszeitpunkten seitens der Arbitrageure. Diese unterschiedlichen Marktaustrittsstrategien und der daraus folgende Synchronisationsmangel nährt die spekulative Blase. Die Blase platzt schließlich sobald eine ausreichend hohe Anzahl von Händlern aus dem Markt austritt. Das Modell von Abreu und Brunnermeier (2003) betont zwei Elemente: Zum einen die Ausbreitung der Meinungen unter rationalen Arbitrageuren und zum anderen den Koordinationsbedarf. Dieser Ansatz beinhaltet sowohl Kooperations- als auch Wettbewerbselemente. Kooperation insofern, als daß zumindest ein bestimmter Anteil an Arbitrageuren notwendig ist um die Blase zum Platzen zu bringen und Wettbewerb insofern, als daß höchstens ein bestimmter Anteil vor dem Platzen der Blase aus dem Markt austreten kann. Im Gleichgewicht bleiben Arbitrageure solange im Markt, bis die subjektive Wahrscheinlichkeit des Platzens in der folgenden Handelsrunde ausreichend hoch ist. Dabei machen Arbitrageure, die kurz vor dem Platzen der Blase aus dem Markt austreten den höchsten Gewinn, während Akteure, die aus dem Markt erst nach dem Platzen der Blase austreten, Verluste zu verzeichnen haben.

Selbstüberschätzung

Ein weiterer Grund, der in der jüngeren *Finance* Literatur für die Entstehung spekulativer Blasen verantwortlich gemacht wird ist die Selbstüberschätzung (*overconfidence*) der Akteure. Mit Selbstüberschätzung ist hier gemeint, daß ein Agent seinen Informationsstand für besser hält als er es tatsächlich ist. Die Selbstüberschätzung führt in diesen Modellen zu unterschiedlichen Einschätzungen der Agenten bezüglich des Fundamentalwerts eines Vermögensgegenstands (*disagreement*). Modelle, welche die Existenz spekulativer Blasen auf das Phänomen der Selbstüberschätzung zurückführen, sind insbesondere in den Arbeiten von Scheinkman und Xiong (2003) sowie von Hong, Scheinkman und Xiong (2006) zu finden. In der erstgenannten Arbeit haben Agenten eine Zahlungsbereitschaft für die Vermögensgegenstände, die über ihre eigene Einschätzung der zukünftigen Dividendenentwicklung hinaus gehen. Sie glauben dabei in der Zukunft einen Käufer finden zu können, der eine noch höhere Zahlungsbereitschaft für den Vermögensgegenstand hat. Dieses Verhalten führt zur Entstehung der spekulativen Blase auch dann wenn nur geringfügige Unterschiede in den Einschätzungen bestehen. Im Gleichgewicht gehen die Blasen mit einem hohen Handelsvolumen und einer hohen Volatilität einher. Der Aspekt des Zusammenhangs zwischen Blasen und Handelsvolumen wird im Modell von Scheinkman und Xiong (2003) besonders betont. Eine Erweiterung zu diesem Modell stellt die Arbeit von Hong, Scheinkman und Xiong (2006) dar. Hier wird der Zusammenhang zwischen Aktienstreubesitz und spekulativen Blasen untersucht. Auch hier existieren unterschiedliche Einschätzungen aufgrund von Selbstüberschätzung. Jedoch werden in diesem Modell solche Aktien untersucht, die einer sogenannten Lockup Sperrfrist unterliegen. Diese Aktien dürfen nur nach Ablauf dieser Periode von den Besitzern gehandelt werden. Die Existenz einer solchen Restriktion führt dann zu einem eingeschränkten Streubesitz. Auch hier entsteht die spekulative Blase, da der Preis über die Einschätzungen von Optimisten hinausgeht. Zusätzlich hängt der Umfang der Blase von der Aktienstreuung ab, da die Investoren einen Anstieg des Streubesitzes mit Ablauf der Sperrfristen erwarten und über den Umfang der Insider Verkäufe spekulieren. Die Autoren können zeigen, daß in Übereinstimmung mit der Internet-Blase die Blase sowie die Volatilität mit dem Umfang des Streubesitzes abnehmen und die Preise bei Ablauf der Sperrfrist fallen. Die Autoren grenzen auch hier ihr Modell spekulativer Blasen deutlich von den Modellen von Allen und Gorton (1993) ab und betonen daß diese Modelle nicht in der Lage wären den Zusammenhang zwischen Aktienstreuung und Entstehung der Blase zu erklären.

Im Zusammenhang mit der Entstehung spekulativer Blasen aufgrund der Existenz von Sperrfristen ist an dieser Stelle noch die Arbeit von Ofek und Richardson (2003) zu nennen. Die Autoren interpretieren die Existenz von Sperrfristen als besonders stringente Form einer Leerverkaufsrestriktion und zeigen, daß der Ablauf der Sperrfrist entsprechend zur Aufhebung dieser Restriktion und schließlich zum Platzen der Internetblase geführt hat.

Aufgabe der Rationalitätsannahme

Wie bereits in der Einleitung dieser Arbeit erwähnt, widmet sich ein immer größerer Anteil der jüngeren *Finance* Literatur der Aufgabe der Annahme des rationalen Verhaltens der Finanzmarktakteure. Statt dessen wird auf ein Investitionsverhalten abgezielt, das mit Hilfe psychologischer Argumente motiviert wird. Da es sich hierbei um einen eigenständigen Zweig der *Finance* Literatur handelt, soll an dieser Stelle nicht weiter darauf eingegangen werden. Statt dessen sei auf die Arbeit von Hirshleifer (2001) verwiesen, die einen guten Überblick über diesen Zweig bietet.

3.4. Zwischenfazit

In diesem Kapitel wurden die Grundlagen der Vermögenspreistheorie beschrieben. Das einfache Barwertmodell zur Beschreibung von Vermögenspreisen wurde dargestellt. Dabei wurde zwischen einer Modelldarstellung mit konstanten Renditen und einer Modelldarstellung mit zweitvariablen Renditen unterschieden. Die Nicht-Existenz einer spekulativen Komponente wurde durch die Einführung einer sogenannten Transversalitätsbedingung sichergestellt. Durch die Einführung von rationalen Blasen wird die Transversalitätsbedingung verletzt und Preise entfernen sich von ihren Fundamentalwerten. Eine alternative Methode, spekulative Komponenten zu implementieren, ist das intrinsische Blasenmodell von Froot und Obstfeld (1991). Hier ändert sich die spekulative Komponente ausschließlich durch Änderungen in den Fundamentalwerten. Im folgenden Kapitel werden Verfahren der ersten Generation zum Testen auf Existenz spekulativer Blasen vorgestellt. Es handelt sich um Verfahren der ersten Generation, da diese Methoden die besondere Natur von spekulativen Prozessen ignorieren. Dennoch ist die Vorstellung dieser Verfahren zum Verständnis späterer Kapitel unerläßlich. Die Berücksichtigung der besonderen Natur von spekulativen Prozessen erfolgt mit der Arbeit von Evans (1991), die im vierten Kapitel im Zusammenhang mit der Erzeugung künstlicher Blasenprozesse erläutert wird. Darüberhinaus findet in dieser ersten Generation von Tests auch keine Berücksichtigung unterschiedlicher Regime statt. Solche Verfahren werden im weiteren Verlauf dieser Arbeit beschrieben und entwickelt.

Kapitel 4.

Testverfahren ohne Berücksichtigung unterschiedlicher Regime

Das Ziel dieses Kapitels besteht darin, einen Überblick über die Testverfahren der ersten Generation auf Existenz spekulativer Phasen zu geben. Die hier dargestellten Verfahren gehen nicht ausdrücklich von der Existenz unterschiedlicher Regime aus. Dennoch ist die Darstellung dieser Verfahren relevant für die im weiteren Verlauf der Arbeit dargestellten Verfahren bei Berücksichtigung unterschiedlicher Regime.

Der wohl erste Versuch eines empirischen Tests auf spekulative Blasen wurde von Flood und Garber (1980) entwickelt. Wie man weiter unten sehen wird, suchen die Autoren nach einer Spekulationsblase im Preisniveau während der Zeit der Hyperinflation in Deutschland. Das Testverfahren selbst weist allerdings eine Reihe von methodischen Problemen auf. Diese Probleme konnten in späteren Arbeiten von Burmeister und Wall (1982) sowie von Flood, Garber und Scott (1984) auch nur in geringem Umfang behoben werden, so daß diese ersten Tests nicht geeignet erscheinen.

Einen weiteren Ansatz bilden die sogenannten Varianzschranken-Tests, die eng mit den Arbeiten von Shiller (1981) sowie LeRoy und Porter (1981) verbunden sind. Diese basieren darauf, daß die Varianz des letztlich realisierten Preises höher sein sollte als die Varianz rationaler Preise bei vollständiger Voraussicht. Auch hier wird man jedoch sehen, daß es methodische Gründe dafür gibt, daß auch diese Tests nicht dazu geeignet sind, spekulative Blasen zu identifizieren.

Des weiteren erfolgt eine Darstellung der vektorautoregressiven Verfahren von Campbell und Shiller (1987) sowie von Campbell und Shiller (1988b). Es wird gezeigt, daß mit Hilfe dieser Ansätze der Anteil der Blase gemessen werden kann. Abschließend wird noch der Spezifikationstest von West (1987) vorgestellt.

4.1. Testverfahren ohne explizite Berücksichtigung von Blasen in der Alternative

4.1.1. Erste empirische Tests

Eines der ersten Testverfahren zur Identifikation spekulativer Blasen wurde von Flood und Garber (1980) entwickelt. Die beiden Autoren untersuchten spekulative Blasen im Rahmen eines monetären Modells zur Zeit der Hyperinflation in Deutschland. Das dort untersuchte Modell besteht aus einer Geldnachfragegleichung, einer Geldangebotsregel und einem daraus resultierenden Gleichgewicht auf dem Geldmarkt.[1] Die Gleichung für das Geldmarktgleichgewicht lautet wie folgt:[2]

$$m_t - p_t = \beta - \alpha[E_t(p_{t+1}) - p_t] + v_t, \text{ mit } \alpha > 0, \quad (4.1)$$

wobei das (logarithmierte) nominale Geldangebot mit m_t und das (logarithmierte) Preisniveau mit p_t bezeichnet wird. Die rechte Seite der Gleichung besagt, daß die reale Geldhaltung durch Inflationserwartungen bedingt von einem konstanten Niveau β abweicht. Die Inflationserwartungen reduzieren dabei die Geldnachfrage. Darüberhinaus wird die Geldnachfrage auch durch andere Determinanten beeinflusst, die in der Störgröße v_t zusammengefaßt werden. Bei α handelt es sich um einen Elastizitätsparameter der Geldnachfrage bzgl. der Inflationserwartungen. Die Lösung des Fundamentalwertes für das Preisniveau erfolgt analog zu den bisher dargestellten Fundamentalwerten für Aktienpreise. Dazu wird Gleichung (4.1) nach p_t aufgelöst. Die Rolle der Dividenden wird durch einen Wert $k_t = (m_t - \beta - v_t)/(1 + \alpha)$ übernommen. Dieser spiegelt die Relation zwischen Geldangebot und Geldnachfrage wider. Der Term $\alpha/(1 + \alpha)$ entspricht $1/(1 + R)$. Damit folgt für die Marktfundamentallösung:

$$p_t = \sum_{i=0}^{\infty} [\alpha/(1 + \alpha)]^i E_t(k_{t+i}). \quad (4.2)$$

---

[1] Die Betrachtung erfolgt in Logarithmen.
[2] Die Darstellung des Gleichgewichts entspricht derjenigen in Flood und Hodrick (1990). Auf eine detaillierte Herleitung wird an dieser Stelle verzichtet, stattdessen sei auf die Originalarbeit von Flood und Garber (1980) verwiesen.

Gleichung (4.2) besagt, daß das Preisniveau zu jedem Zeitpunkt durch den diskontierten Erwartungswert derjenigen Faktoren, die das Geldangebot relativ zur Geldnachfrage beeinflussen, bestimmt wird. Wie im einfachen Barwertmodell, kann die Marktfundamentalgleichung um einen Blasenterm ergänzt werden. Die Entwicklung der Blase verläuft dabei wie folgt:

$$E_t(B_{t+1}) = [1 + (1/\alpha)]B_t, \qquad (4.3)$$

wobei es sich bei $1 + (1/\alpha)$ um den Kehrwert von $\alpha/(1 + \alpha)$ handelt. Wie man sieht, wächst die Blase hier nicht um den realen Zinssatz, sondern vielmehr um den Faktor $(1/\alpha)$. Flood und Garber (1980) stellen eine Schätzgleichung für die Inflationsrate auf. Dabei wird der logarithmierte Preis um einen nicht-stochastischen Blasenprozeß ergänzt. Folglich genügt der Blasenprozeß dem Zusammenhang $B_t = B_0[1 + (1/\alpha)]^t$. Die Nullhypothese $B_0 = 0$ testet auf Nichtvorhandensein spekulativerBlasen. Die Schätzgleichung lautet wie folgt:

$$p_t - p_{t-1} = \delta_0 + \delta_1\mu_{t-1} + \cdots + \delta_k\mu_{t-k} + B_0[1 + (1/\alpha)]^t + \epsilon_t, \qquad (4.4)$$

wobei es sich bei μ_t um die Geldmengenwachstumsrate handelt. Flood und Garber (1980) können die Nullhypothese, daß $B_0 = 0$ ist, nicht ablehnen. Sie erwähnen jedoch eine Reihe von Schwächen dieses Verfahrens. Zum einen wird die Geldmenge als exogen angenommen, und somit werden Wechselwirkungen vergangener Inflation auf das aktuelle Geldangebot ausgeschlossen. Ein solcher Mechanismus ist beispielsweise denkbar, wenn der Staat zur Finanzierung von Staatsausgaben Geld druckt. Darüberhinaus ist der in diesem Ansatz unterstellte Blasenprozeß deterministischer und nicht stochastischer Natur.

Burmeister und Wall (1982) berücksichtigen die genannten Schwächen im Vorgehen von Flood und Garber (1980) folgendermaßen: Im Ansatz von Burmeister und Wall (1982) hängt das Geldmengenwachstum vom vergangenen Geldmengenwachstum sowie der vergangenen Inflation ab, und somit wird die Exogenitätsannahme aufgehoben. Der Blasenterm erhält eine stochastische Komponente, indem die Varianz der Innovation im Blasenterm von Null verschieden ist. Obwohl sowohl in der Arbeit von Flood und

Garber (1980) als auch in dem Beitrag von Burmeister und Wall (1982) konsistente Parameterschätzungen der Blasenterme erzeugt werden, kann von einem zufriedenstellenden Test auf spekulative Blasen nicht die Rede sein. Der Grund dafür ist der mit dem Parameter B_0 (dem Initialwert der spekulativen Blase) verbundene Regressor $[1 + (1/\alpha)]^t$. Wie man in Gleichung (4.4) unmittelbar sieht, explodiert dieser förmlich mit steigendem t. Dies erfolgt so schnell, daß der Informationsgehalt der letzten Beobachtung (wenn man diesen anteilig zum Informationsgehalt aller davor liegenden Beobachtungen betrachtet) niemals gegen Null geht. Damit kann man ziemlich leicht die Konsistenz des Schätzers für B_0 zeigen. Jedoch ergeben sich beträchtliche Schwierigkeiten im Zusammenhang mit Hypothesentests bzgl. B_0. Aufgrund der Dominanz der letzten zurückliegenden Beobachtung, sind die üblichen Konvergenzbedingungen verletzt.

Der erste Versuch, diese asymptotischen Probleme zu umgehen, wurde von Flood, Garber und Scott (1984) unternommen. Die Autoren dieser Arbeit untersuchen eine Reihe von Ländern, die nach dem ersten Weltkrieg von einer Hyperinflation betroffen waren. Sie untersuchen die Hypothese, daß keine spekulativen Blasen aufgetreten sind, in einem Panelrahmen. Die asymptotischen Verteilungseigenschaften des Blasenterms erhalten sie, indem die hypothetische Grenze in der Querschnittsdimension erreicht wird. Man nimmt dabei nicht an, daß die Anzahl an Zeitpunkten gegen unendlich geht, sondern vielmehr, daß die Anzahl der untersuchten Länder gegen unendlich geht. Leider untersuchen die Autoren nur drei simultan auftretende Hyperinflationen. Die Annahme einer großen Stichprobe ist demnach nicht unumstritten.

4.1.2. Varianzschranken-Tests

Varianzschranken-Tests (*variance bounds*) gehören zu den ersten Tests des Barwertmodells überhaupt und testen in erster Linie auf die Gültigkeit des Barwertmodells und nicht explizit auf die Existenz spekulativer Blasen. Diese Tests sind mit den nahezu zeitgleich veröffentlichten Arbeiten von Shiller (1981) sowie LeRoy und Porter (1981) verbunden. Die unterschiedlichen Varianzschranken-Tests basieren alle darauf, daß die Varianz einer betrachteten Variablen größer oder gleich der Varianz ihrer bedingten Erwartung sein muß. Letztere muß wiederum größer oder gleich einer Prognose sein, die auf der Varianz einer Teilmenge der Informationsmenge der Agenten basiert. Während mit Hilfe des Tests von Shiller (1981) lediglich Punktschätzer der Varianzen ermittelt werden, betrachten LeRoy und Porter (1981) Aktienpreise und Dividenden als einen bivariaten Prozeß und erzeugen so Schätzungen der Varianzen mit den entsprechenden Standardfehlern. Hier sei zunächst kurz das Testverfahren von Shiller (1981) umrissen. Im Anschluß daran wird das Verfahren von Flood, Hodrick und Kaplan (1986) erläutert. Dieses zeigt, wie die Existenz spekulativer Blasen theoretisch zu einer Verletzung der Varianzschranken führen kann. Bei beiden Ansätzen gilt unter der Nullhypothese das Barwertmodell, so daß der Aktienpreis den aufsummierten und abdiskontierten zukünftigen erwarteten Dividenden entspricht:[3]

$$P_t = E_t \left[\sum_{i=1}^{\infty} \left(\frac{1}{1+R} \right)^i D_{t+i} \right].$$

Weiterhin wird der sogenannte *ex post*-rationale Preis betrachtet. Dabei handelt es sich um denjenigen Preis, der sich bei Kenntnis des zukünftigen Marktfundamentalwertes ohne Existenz von Blasen ergeben würde. Der *ex post*-rationale Preis lautet:

$$P_t^* = \sum_{i=1}^{\infty} \left(\frac{1}{1+R} \right)^i D_{t+i}. \qquad (4.5)$$

Hierbei gilt es zu beachten, daß es sich bei dem *ex post*-rationalen Preis um ein theoretisches Konstrukt handelt. Obwohl er einen Index t erhält, befindet er sich weder in der Informationsmenge der Agenten noch in derjenigen des Ökonometrikers. Die theoretische Beziehung, welche die Basis vieler Varianzschrankentests bildet, lautet wie folgt:

$$P_t^* = P_t + u_t, \qquad (4.6)$$

wobei es sich bei $u_t = \sum_{i=1}^{\infty} \left(\frac{1}{1+R} \right)^i [D_{t+i} - E_t(D_{t+i})]$ um die Abweichung des Barwertes der Dividenden von ihrem bedingten Erwartungswert (be-

---

[3] Vgl. Gleichung (3.7) im vorherigen Kapitel.

dingt auf den Zeitpunkt t) handelt. P_t ist nichts anderes als eine optimale Prognose für P_t^*, so daß u_t auch als Prognosefehler aufgefaßt werden kann. Für eine optimale Prognose gilt dann, daß der Prognosefehler u_t mit der Prognose selbst unkorreliert ist. Demnach beträgt die Kovarianz zwischen P_t und u_t Null. Da die Summe der Varianzen zweier unkorrelierter Zufallsvariablen der Summe ihrer Einzelvarianzen entspricht, ergibt sich:

$$\text{Var}(P_t^*) = \text{Var}(P_t) + \text{Var}(u_t). \tag{4.7}$$

Aufgrund der Nicht-Negativität der Varianzen folgt, daß:

$$\text{Var}(P_t) \leq \text{Var}(P_t^*). \tag{4.8}$$

Bei Gültigkeit der Marktfundamentalhypothese aus Gleichung (3.7) beinhaltet die obige Gleichung eine obere Schranke für die Varianz der beobachteten Preise. Der *ex post* rationale Preis sollte mindestens genauso volatil sein wie die tatsächlich beobachteten Preise, da die beobachteten Preise auf den erwarteten Dividenden basieren und daher keine Variation beinhalten, die durch zukünftige Prognosefehler der *ex post*-Preise verursacht wird.

Wird die Gültigkeit dieser oberen Schranke durch die Daten nicht bestätigt, kann das Barwertmodell verworfen werden.

Die Idee des Varianzschrankentests ist zwar einfach, jedoch gestaltet sich die Implementierung dieses Verfahrens wesentlich schwieriger. Denn P_t^* kann aufgrund der unendlichen Summe der Dividenden nicht beobachtet werden. In empirischen Anwendungen behilft man sich durch Approximation eines Endwertes für P_T^*, wobei es sich bei T um den letzten zur Verfügung stehenden Beobachtungszeitpunkt handelt. Für den Endwert verwendet Shiller (1981) das Stichprobenmittel des trendbereinigten Realpreises. Shiller's Test zeigt, daß die tatsächliche Preisvolatilität die durch die Varianz des *ex-post* rationalen Preises bestimmte Schranke deutlich überschreitet. Shiller (1981) bezweifelt aufgrund seiner Ergebnisse das Barwertmodell selbst, ohne die hohe Preisvolatilität auf die Existenz spekulativer Blasen zurückzuführen. In späteren Veröffentlichungen von Tirole (1985) und Blanchard und Watson (1982) wird jedoch die Vermutung geäußert, die Verletzung der oberen Varianzschranke sei auf die Existenz spekulativer Blasen zurückzuführen. Weiter unten wird man jedoch sehen, daß Varianzschrankentests nicht zur Identifikation spekulativer Blasen geeignet sind. Flavin (1983) zeigt, daß die Verwendung des Preismittelwertes als *ex post*-rationaler Endwert zu einer übermäßigen Ablehnung der Nullhypothese führt. Dieser Mangel kann zwar behoben werden, indem der letzte beobachtete Preis als Endwert verwendet wird. Damit wird der aktuelle Preis zum Erwartungswert des *ex post*-rationalen Preises.

Jedoch sind mit diesem Verfahren noch schwerwiegendere Probleme verbunden: Kleidon (1986) zeigt, daß auch Daten, die aus dem Barwertmodell heraus generiert wurden, die obere Varianzschranke verletzen, wenn die zugrundeliegenden Daten nicht-stationärer Natur sind. Auch Marsh und Merton (1986) zeigen die Unfähigkeit der Varianzschrankentests auf, wenn Dividenden und Aktienpreise nicht stationär sind. Die in diesen Arbeiten geäußerte Kritik bezieht sich auf die Fähigkeit mit Hilfe der Varianzschrankentests das Barwertmodell zu verwerfen. Mankiw, Romer und Shapiro (1985) bemerken jedoch, daß Varianzschrankentests generell nicht zur Identifikation spekulativer Blasen geeignet sind.

Flood, Hodrick und Kaplan (1986) zeigen, wie die Existenz spekulativer Blasen theoretisch zu einer Verletzung der Varianzschranken führen kann. Im Unterschied zu vorher gilt nun für den *ex post*-rationalen Preis folgender Zusammenhang:

$$P_t^* = P_t + u_t - B_t. \tag{4.9}$$

Jetzt folgt aus der Konstruktion, daß die u_t weder mit P_t noch mit B_t korreliert sind, jedoch P_t und B_t miteinander korreliert sein können.

Die Entwicklung des Blasenterms B_t erfolgt gemäß Gleichung (3.47). Für den Wert des Blasenterms zum Zeitpunkt T gilt:

$$B_T = \left(\frac{1}{1+R}\right)^{-(T-t)} b_t + \sum_{i=1}^{T-t} \left(\frac{1}{1+R}\right)^{-i} v_{t+i}, \tag{4.10}$$

wobei es sich bei v_t um i.i.d. $N(0, \sigma^2)$-Innovationen handelt.

Bildet man auf beiden Seiten der Gleichung (4.9) die Varianzen, so folgt:

$$\operatorname{Var}(P_t^*) = \operatorname{Var}(P_t) + \operatorname{Var}(u_t) + \operatorname{Var}(B_t) - 2\operatorname{cov}(P_t, B_t). \tag{4.11}$$

Dies folgt aus der bedingten Unkorreliertheit zwischen u_t und P_t sowie zwischen u_t und B_t. Nimmt man vorübergehend an, es wäre möglich, ein gutes Maß für die Varianz sowohl des *ex post*-rationalen Preises P_t^* als auch des Marktpreises P_t zu entwickeln. Weiterhin sei angenommen, der *ex post*-rationale Preis habe eine geringere Varianz als der Marktpreis. Da die Varianzen sowohl von u_t als auch von B_t positiv sind, kann ein solches Ergebnis nur dergestalt in den Modellrahmen implementiert werden, daß die bedingte Kovarianz zwischen B_t und P_t positiv sein muß. Stimmen also sowohl das Modell als auch die Messungen der Varianz des *ex post*-rationalen Preises und des Marktpreises, so kann man bei einem Ergebnis von $\text{Var}(P_t) > \text{Var}(P_t^*)$ auf die Existenz spekulativer Blasen schließen. Wie vorher gestaltet sich auch hier die Konstruktion einer beobachtbaren Größe für P_t^* als schwierig. Und wie zuvor auch schon wird in diesem Zusammenhang auf eine Approximation zurückgegriffen, die mit $\hat{P}_t$ bezeichnet wird. Da man beobachtete Preise und Dividenden für eine Stichprobe $t = 0, 1, .., T$ zur Verfügung hat, wird an Stelle von P_t^* folgendes Maß verwendet:

$$\hat{P}_t = \sum_{i=1}^{T-t} \left(\frac{1}{1+R}\right)^i D_{t+i} + \left(\frac{1}{1+R}\right)^{T-t} D_T, \quad t = 0, 1, ..., T-1. \quad (4.12)$$

Aus den Gleichungen (4.5) und (4.12) folgt für den Zusammenhang zwischen $\hat{P}_t$ und P_t^*:

$$\hat{P}_t = P_t^* - \left(\frac{1}{1+R}\right)^{T-t} P_T^* + \left(\frac{1}{1+R}\right)^{T-t} P_T. \quad (4.13)$$

Dies impliziert aus (4.9), daß

$$\hat{P}_t = P_t^* + \left(\frac{1}{1+R}\right)^{T-t} (B_T - u_T). \quad (4.14)$$

u_T entspricht der Innovation im Barwert der Dividende im Zeitraum von T bis in die Unendlichkeit. Damit ist u_T mit allen Elementen der Informationsmenge zum Zeitpunkt T unkorreliert. Dies beinhaltet auch die Informationsmenge des Zeitpunkts t. B_T hingegen hängt von der Entwicklung der stochastischen Blase zwischen t und T ab und ist somit nicht unkorreliert

mit der Informationsmenge zum Zeitpunkt t.
Wenn man Gleichung (4.14) nach P_t^* auflöst und das Ergebnis in (4.9) einsetzt, erhält man nach geringfügigen Umstellungen:

$$\hat{P}_t = P_t + w_t, \qquad (4.15)$$

wobei

$$w_t = \left(u_t - \left(\frac{1}{1+R}\right)^{T-t} u_T\right) + \left(\left(\frac{1}{1+R}\right)^{T-t} B_T - B_t\right). \qquad (4.16)$$

Gleichung (4.15) ist das empirische Gegenstück zu Gleichung (4.9) und bildet die Basis des Varianzschrankentests. Bildet man wieder auf beiden Seiten von Gleichung (4.15) die Varianzen, so führt dies zu:

$$\mathrm{Var}(\hat{P}_t) = \mathrm{Var}(P_t) + \mathrm{Var}(w_t) + 2\mathrm{cov}(P_t, w_t). \qquad (4.17)$$

Die Innovationskovarianz in dieser Gleichung beträgt Null. Der Grund dafür ist in der Natur des zusammengesetzten Störterms w_t zu suchen. Zunächst sind sowohl u_t als auch u_T nicht mit P_t korreliert, da sich P_t in der Informationsmenge zum Zeitpunkt t (einer Untermenge der Informationsmenge zum Zeitpunkt T) befindet. Der zweite und wichtigere Punkt ist, daß der Term $\left(\frac{1}{1+R}\right)^{T-t} B_T - B_t$ ebenfalls mit der Informationsmenge zum Zeitpunkt t unkorreliert ist. Dies folgt aus Gleichung (4.10), da $\left(\frac{1}{1+R}\right)^{T-t} B_T - B_t = \sum_{i=1}^{T-t} \left(\frac{1}{1+R}\right)^{-i} v_{t+i}$. Dies ist unkorreliert zu allen Informationsmengen des Zeitpunkts t, inklusive P_t. Somit ist $\mathrm{cov}(P_t, w_t) = 0$. Damit nimmt Gleichung (4.17) die folgende Form an:

$$\mathrm{Var}(\hat{P}_t) = \mathrm{Var}(P_t) + \mathrm{Var}(w_t). \qquad (4.18)$$

Daraus folgt aufgrund der Nicht-Negativität von $\mathrm{Var}(w_t)$, daß

$$\mathrm{Var}(\hat{P}_t) \geq \mathrm{Var}(P_t). \qquad (4.19)$$

4.1.3. Test auf Basis von Vektorautoregressionen

Die hier dargestellten Verfahren zur Messung der Blasenkomponente wurden von Campbell und Shiller (1987) sowie von Campbell und Shiller (1988b) entwickelt. Obwohl die Entwicklung dieser Verfahren bereits einige Zeit zurückliegt, finden sie in neueren wissenschaftlichen Beiträgen noch Verwendung. Beispiele hierfür sind van Norden und Schaller (1996) sowie Schaller und van Norden (1997). Beide Verfahren beruhen auf einer vektorautoregressiven Schätzung des Barwertmodells. Während das erste hier dargestellte Verfahren eine konstante Diskontrate unterstellt, läßt der zweite Ansatz eine variable Entwicklung der Diskontrate zu.

Vektorautoregression I

Dieses Verfahren erlaubt eine Änderung des erwarteten Dividendenwachstums im Zeitverlauf. Darüberhinaus ermöglicht es, diejenigen Informationen über das zukünftige Dividendenwachstum zu verwenden, die den Marktteilnehmern zugänglich sind. Der Ansatz geht auf Campbell und Shiller (1987) zurück, die einen vektorautoregressiven (VAR) Ansatz zur Schätzung des Barwertmodells von Aktienpreisen vorschlagen. Mit Hilfe einer geringfügigen Änderung kann dieses Verfahren zur Schätzung des Blasenterms verwendet werden.[4]

Zunächst sei noch einmal die einfache Gleichung zur Bestimmung des Barwertes betrachtet (vgl. Gleichung (3.7)):

$$P_t = P_{D_t} = E_t \left[\sum_{i=1}^{K} \left(\frac{1}{1+R} \right)^i D_{t+i} \right].$$

Nun wird noch eine Innovation im Aktienpreis definiert:

$$\xi_t = P_t - E_{t-1} P_t. \qquad (4.20)$$

Die ökonomische Interpretation dieser Größe entspricht der Überschußrendite für Aktien multipliziert mit dem Marktpreis.

Bei Gültigkeit des Barwertmodells kann eine optimale Prognose künftiger

---

[4] Vgl. Schaller und van Norden (1997).

4.1. Testverfahren ohne explizite Berücksichtigung von Blasen in der Alternative

Dividendenänderungen mittels einer linearen Funktion aktueller Preise und Dividenden abgegeben werden. Eine solche Funktion wird auch als *Spread* bezeichnet. Dies gilt, da der aktuelle Preis sämtliche verfügbaren Informationen enthält, so daß Innovationen (also Überschußrenditen) unvorhersagbar werden. Campbell und Shiller (1987) definieren den *Spread* im Zusammenhang mit Aktienkursen als die Differenz zwischen dem Preis und einem Vielfachen der aktuellen Dividenden:[5]

$$S_t = P_t - \left(\frac{1+R}{R}\right) D_t. \qquad (4.21)$$

Das Barwertmodell impliziert zwei unterschiedliche Interpretationen des *Spreads*. Man kann leicht zeigen, daß S_t eine optimale lineare Prognose für S_t^* darstellt, wobei S_t^* einen gewichteten Durchschnitt künftiger Dividendenänderungen darstellt:

$$S_t = E_t S_t^* + c, \qquad (4.22)$$

mit

$$S_t^* = \frac{1+R}{R} \sum_{i=1}^{\infty} \left(\frac{1}{1+R}\right)^i \Delta D_{t+i}, \qquad (4.23)$$

sowie

$$S_t = \left(\frac{\delta}{1-\delta}\right) E_t \Delta Y_{t+1} + c. \qquad (4.24)$$

Gleichung (4.22) besagt, daß es sich bei dem *Spread* um eine Konstante plus der optimalen Prognose von S_t^* handelt. S_t^* ist dabei ein gewichteter Durchschnitt künftiger Dividendenänderungen. Gleichung (4.24) hingegen besagt, daß der *Spread* linear in der optimalen Prognose einer Dividendenänderung ist.

Es gibt eine Reihe von Untersuchungen, die zum Ergebnis der Prognostizierbarkeit von Überschußrenditen kommen. Dieses Ergebnis wird gewöhnlich auf zweierlei Arten interpretiert. Fama und French (1988) betonen, daß Finanzmärkte zwar rational und effizient sind, sich Diskontraten jedoch prognostizieren lassen. Poterba und Summers (1988) hingegen argumentieren, daß es Irrationalität in Form von spekulativen Blasen oder

---

[5] Im Zusammenhang mit der Zinsstruktur handelt es sich bei dem *Spread* um die Differenz zwischen langfristigen und kurzfristigen Zinsen.

auch *fads* auf Finanzmärkten gibt.[6] Bei Gültigkeit der ersten Interpretation kann eine bessere Schätzung des Fundamentalpreises erzielt werden, wenn man die in den vergangenen Dividenden und Preisen enthaltene Information verwendet, welche die Renditen prognostizierbar machen. Bei Gültigkeit der zweiten Interpretation ist dies jedoch nicht der Fall. Hier kommt man zu verzerrten Ergebnissen, da man dem Fundamentalpreis einen Teil der Prognostizierbarkeit beimißt, die aus der Existenz von *fads* oder Blasen resultiert.

Der zusätzliche Informationsgewinn aus den vergangenen Dividendenänderungen und Aktienpreisen kann durch Schätzung folgender VAR-Repräsentation für ΔD_t sowie S_t genutzt werden:[7]

$$\begin{bmatrix} \Delta D_t \\ S_t \end{bmatrix} = \begin{bmatrix} a(L) & b(L) \\ c(L) & d(L) \end{bmatrix} \begin{bmatrix} \Delta D_{t-1} \\ S_{t-1} \end{bmatrix} + \begin{bmatrix} u_{1t} \\ u_{2t} \end{bmatrix}, \quad (4.25)$$

wobei die Polynome in dem *Lag*-Operator der Ordnung p entsprechen. Dieses VAR kann für die Prognose von ΔD_t verwendet werden. Es beinhaltet die Variable S_t, bei der es sich (wie bereits erwähnt) um eine optimale Prognose des Barwertes der künftigen Dividendenänderungen handelt. Falls $b(L)$ Null ist, so hängen Dividendenänderungen lediglich von vergangenen Dividendenänderungen ab. Falls die Marktteilnehmer über Informationen verfügen, die über die Historie der Dividenden (die sich in den vergangenen Preisen und damit in S wiederspiegelt) hinausgehen, so verfügt S über einen zusätzlichen Erklärungsgehalt.

Gleichung (4.25) kann in ein vektorautoregressives System erster Ordnung in Matrixschreibweise überführt werden:[8]

$$z_t = A z_{t-1} + v_t, \quad (4.26)$$

---

[6] Mit *fads* werden Modeerscheinungen im Investitionsverhalten bezeichnet, die nicht mit rationalen Erwartungen vereinbar sind. Die Unterschiede zwischen Blasen und *fads* werden von Camerer (1989) genauer untersucht.

[7] Beide Variablen werden zuvor mittelwertbereinigt. So kann auf die Einbeziehung einer Konstanten verzichtet werden.

[8] Diese Form der Darstellung wird auch als *Companion*-Form bezeichnet.

wobei

$$z_t = \begin{bmatrix} \Delta D_t \\ \Delta D_{t-1} \\ \vdots \\ \vdots \\ \Delta D_{t-p+1} \\ S_t \\ S_{t-1} \\ \vdots \\ \vdots \\ S_{t-p+1} \end{bmatrix}, \quad A = \begin{bmatrix} a_1 & \cdots & \cdots & \cdots & a_p & b_1 & \cdots & \cdots & \cdots & b_p \\ 1 & 0 & \cdots & \cdots & \cdots & \cdots & \cdots & \cdots & \cdots & 0 \\ 0 & 1 & 0 & \cdots & \cdots & \cdots & \cdots & \cdots & \cdots & 0 \\ \vdots & \ddots & \ddots & \ddots & \cdots & \cdots & \cdots & \cdots & \cdots & \vdots \\ 0 & \cdots & 0 & 1 & 0 & \cdots & \cdots & \cdots & \cdots & 0 \\ c_1 & \cdots & \cdots & \cdots & c_p & d_1 & \cdots & \cdots & \cdots & d_p \\ 0 & \cdots & \cdots & \cdots & 0 & 1 & 0 & \cdots & \cdots & 0 \\ 0 & \cdots & \cdots & \cdots & \cdots & 0 & 1 & 0 & \cdots & 0 \\ \vdots & \cdots & \cdots & \cdots & \cdots & \cdots & \ddots & \ddots & \ddots & \vdots \\ 0 & \cdots & \cdots & \cdots & \cdots & \cdots & \cdots & 0 & 1 & 0 \end{bmatrix},$$

$$z_{t-1} = \begin{bmatrix} \Delta D_{t-1} \\ \Delta D_{t-2} \\ \vdots \\ \vdots \\ \Delta D_{t-p} \\ S_{t-1} \\ S_{t-2} \\ \vdots \\ \vdots \\ S_{t-p} \end{bmatrix}, \quad v_t = \begin{bmatrix} u_{1t} \\ 0 \\ \vdots \\ \vdots \\ 0 \\ u_{2t} \\ 0 \\ \vdots \\ \vdots \\ 0 \end{bmatrix}.$$

Diese VAR-Darstellung ermöglicht die Bildung einer optimalen Prognose zukünftiger Dividendenänderungen gegeben eine Informationsmenge H_t:[9]

$$S'_t = E(S^*_t | H_t) = \theta e\mathbf{1}' \delta A (I - \delta A)^{-1} z_t, \qquad (4.27)$$

wobei

$$\theta = \frac{1+R}{R}, \quad \delta = \frac{1}{1+R}. \qquad (4.28)$$

Bei $e\mathbf{1}$ handelt es sich um einen Zeilenvektor, der ΔD_t auswählt. Mittels einer einfachen Änderung kann der Ausdruck für den *Spread* in einen Ausdruck für den Fundamentalpreis P^A_t umgewandelt werden. Dabei beinhal-

---

[9] Für die Informationsmenge H_t gilt für alle Zeitpunkte i: $E(z_{t+i}|H_t) = A'z_t$. H_t enthält also die aktuellen und verzögerten Werte von D_t und P_t.

tet P_t^A die optimale lineare Prognose zukünftiger Dividendenänderungen S_t^* basierend auf vergangenen Preisen und Dividenden. Es sei:

$$P_t^A = S_t' + \frac{1+R}{R}D_t. \qquad (4.29)$$

Dann kann ein Maß für die Abweichungen vom Fundamentalwert definiert werden als

$$b_t^A = \frac{P_t - P_t^A}{P_t}. \qquad (4.30)$$

Schaller und van Norden (1997) setzen $R = \frac{1}{(\bar{P}/\bar{D})-1}$, wobei $\bar{P}$ und $\bar{D}$ jeweils die arithmetischen Mittel von P und D darstellen. Dies stellt sicher, daß S_t einen Mittelwert von Null in der Stichprobe hat.

Vektorautoregression II

Der im vorhergehenden Abschnitt beschriebene VAR-Ansatz berücksichtigt keine Diskontraten, die sich im Zeitverlauf ändern. Zur Erweiterung dieses Ansatzes um eine solche Variation im Zeitverlauf bei gleichzeitiger Berücksichtigung sich ändernden Dividendenwachstums wird das von Campbell und Shiller (1988b) vorgeschlagene Preis-/Dividendenmodell verwendet.

Begonnen wird mit der logarithmierten Aktienrendite aus Gleichung (3.10):

$$r_{t+1} = \log(P_{t+1} + D_{t+1}) - \log(P_t).$$

Wie bereits in Abschnitt 2.1 gesehen, ergibt sich daraus mit Hilfe einer Taylor-Approximation nach Vorwärtsiteration und Einführung einer Transversalitätsbedingung folgende Lösung (Vgl. auch Gleichung (3.16):

$$\delta_t = -\frac{k}{1-\rho} + E_t\left[\sum_{j=0}^{\infty} \rho^j \left(-\Delta d_{t+1+j} + r_{t+1+j}\right)\right],$$

wobei $\delta_t = d_t - p_t$. Gleichung (3.16) besagt also, daß das logarithmierte Dividenden-/Preisverhältnis als gewichtete Summe zukünftiger Renditen und zukünftiger Dividendenwachstumsraten ausgedrückt werden kann. Darüberhinaus nehmen Campbell und Shiller (1988b) an, daß sich die erwartete Aktienmarktrendite vom erwarteten Zins eines anderen Vermögensgegenstandes um einen zeitunabhängigen Betrag unterscheidet. Zur Konstruktion einer optimalen linearen Prognose des Dividenden-/Preismodells wird ein VAR der folgenden Form aufgestellt:

$$\begin{bmatrix} \delta_t \\ \delta_{t-1} \\ r_{t-1} \\ r_{t-2} \\ \Delta d_{t-1} \\ \Delta d_{t-2} \end{bmatrix} = \begin{bmatrix} C_{111} & C_{211} & C_{112} & C_{212} & C_{113} & C_{213} \\ 1 & 0 & 0 & 0 & 0 & 0 \\ C_{121} & C_{221} & C_{122} & C_{222} & C_{123} & C_{223} \\ 0 & 0 & 1 & 0 & 0 & 0 \\ C_{131} & C_{231} & C_{132} & C_{232} & C_{133} & C_{233} \\ 0 & 0 & 0 & 0 & 1 & 0 \end{bmatrix} \begin{bmatrix} \delta_{t-1} \\ \delta_{t-2} \\ r_{t-2} \\ r_{t-3} \\ \Delta d_{t-2} \\ \Delta d_{t-3} \end{bmatrix} + \begin{bmatrix} u_{1t} \\ 0 \\ u_{2t} \\ 0 \\ u_{3t} \\ 0 \end{bmatrix},$$
(4.31)

wobei auch hier wieder alle Variablen mittelwertbereinigt sind. Bei Verwendung einer *Companion*-Matrix-Darstellung ergibt sich hier für die Prognose des logarithmierten Dividenden-/Preisverhältnisses:

$$\delta_t^B = \sum_{j=0}^{\infty} \kappa^j \mathbf{e2}' \mathbf{A}^{j+1} \mathbf{z}_t, \tag{4.32}$$

wobei es sich bei $\mathbf{e2}$ um einen Vektor handelt, der $r_{t-1} - \Delta d_{t-1}$ auswählt. Der Wert von δ_t^B kann zur Konstruktion eines weiteren Fundamentalwertes und damit auch einem weiteren Maß für b_t verwendet werden:

$$b_t^B = \frac{P_t - P_t^B}{P_t} = 1 - e^{-\delta_t^B} \frac{D_t}{P_t}. \tag{4.33}$$

Die Abbildung 4.1 zeigt die Schätzung der Blasenkomponente im S&P 500 auf Basis des oben dargestellten Verfahrens. Deutlich zu erkennen sind unter anderem der Aktiencrash von 1929, der Crash von 1987, der Anstieg der Blase während der 1990er Jahre und das sich anschließende Platzen der Blase.

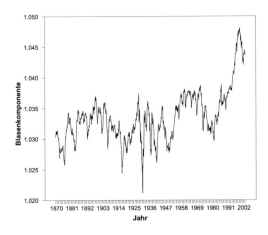

Abbildung 4.1.: Blasenkomponente im S&P 500

4.2. Tests, die explizit rationale Blasen in der Alternative enthalten

4.2.1. Das zweistufige Verfahren von West (1987)

Wie man im Zusammenhang mit den Varianzschrankentests erkennen konnte, führt eine Ablehnung eines Tests auf Gültigkeit des Barwertmodells nicht notgedrungen dazu, daß die Existenz spekulativer Blasen angenommen werden kann. Ein Test auf spekulative Blasen sollte spekulative Blasen zumindest in der Alternativhypothese enthalten, wenn der Test das Barwertmodell ablehnt. Ein solcher Test wurde von West (1987) entwickelt. Das Problem des simultanen Testens der Modellspezifikation und der Existenz spekulativer Blasen wird umgangen, indem die Gültigkeit des Barwertmodells und die Existenz spekulativer Blasen hintereinander getestet werden. Die Idee dieses Tests basiert auf dem von Hausman (1978) entwickelten Spezifikationstest. Der Test vergleicht zwei Parameterschätzungen miteinander, die dazu benötigt werden, den erwarteten Barwert eines gegebenen Dividendenstroms zu berechnen. Die Erwartungen werden dabei auf die aktuellen und die vergangenen Dividenden bedingt. In einem Modell mit konstanten Diskontraten erhält man die beiden Schätzwerte wie folgt:

4.2. Tests, die explizit rationale Blasen in der Alternative enthalten

Den einen Wert erhält man, indem man einfach den Aktienpreis auf eine angemessene Lag-Struktur der Dividenden regressiert. Den anderen erhält man indirekt aus mehreren Gleichungen. Bei einer Gleichung handelt es sich um eine Arbitragegleichung zur Bestimmung der Diskontrate. Bei der anderen handelt es sich um eine ARIMA-Gleichung des Dividendenprozesses. Die Formeln von Hansen und Sargent (1980) werden dann auf dieses Paar von Koeffizienten angewendet, und man erhält das zweite Set von Schätzungen der Parameter für den erwarteten Barwert.

Unter der Nullhypothese der Gültigkeit des Barwertmodells werden die Regressionskoeffizienten in all diesen Gleichungen konsistent geschätzt. Vergleicht man die beiden Sets der Schätzungen, sollten sie sich nicht signifikant voneinander unterscheiden. Unter der Alternativhypothese der Existenz spekulativer Blasen werden die beiden Regressionskoeffizienten hingegen nicht mehr identisch sein. In diesem Fall wird eine relevante Variable, die spekulative Blase, nicht mit einbezogen. Ist die Blase mit den einbezogenen Regressoren korreliert, werden die Koeffizienten inkonsistent geschätzt. Die Existenz der Blase führt allerdings nicht zu einer inkonsistenten Schätzung in den anderen Gleichungen.

Der Vorteil dieses Verfahrens besteht in der Möglichkeit, zwischen Fehlspezifikation und Blasen unterscheiden zu können. Mittels Spezifikationstests der Euler-Gleichung sowie der AR-Darstellung der Dividenden kann Fehlspezifikation ausgeschlossen werden, so daß die Existenz von Blasen als einzig mögliche Erklärung für den Unterschied der beiden Schätzungen übrig bleibt. Im folgenden wird das gerade skizzierte Verfahren detaillierter beschrieben:

Ausgangspunkt ist Gleichung (3.4) aus dem vorherigen Kapitel:

$$P_t = aE_t(P_{t+1} + D_{t+1}),$$

mit $a = \frac{1}{1+R}$. Die Vorwärtsiterierung von Gleichung (3.4) führt zu Gleichung (3.5) aus dem vorherigen Kapitel:

$$P_t = \sum_{i=1}^{K} a^i E_t D_{t+i} + a^K E_t P_{t+K}.$$

Bei Gültigkeit der Transversalitätsbedingung (3.6) ergibt sich für den Marktfundamentalpreis Gleichung (3.7):

$$P_t = P_{D_t} = \sum_{i=1}^{K} a^i E_t D_{t+i}.$$

Bei Gültigkeit der Transversalitätsbedingung ist folglich $P_t = P_{D_t}$. Ist diese Bedingung jedoch verletzt, existiert eine Schar von Lösungen für Gleichung (3.5). Auf diese Lösungsmöglichkeiten wird im einzelnen noch in Kapitel 5 eingegangen. Ansonsten soll hier zunächst genügen, daß jeder Preis P_t, der dem Zusammenhang

$$P_t = P_{D_t} + b_t, \text{ mit } E(b_t|I_{t-1}) = \left(\frac{1}{1+R}\right)^{-1} \qquad (4.34)$$

genügt, auch eine Lösung von Gleichung (3.5) ist. Ziel des Verfahrens von West (1987) ist es, $P_t = P_{D_t}$ gegen $P_t = P_{D_t} + b_t$ für einen nicht näher spezifizierten Prozeß b_t zu testen. Für den Dividendenprozeß wird angenommen, daß dieser einem AR(1)-Prozeß folgt:

$$d_t = \phi d_{t-1} + v_t, \qquad (4.35)$$

wobei $|\phi| < 1$ und v_t ein *White-Noise*-Prozeß ist. Der Wert von ϕ ist dabei unbekannt. Man kann leicht zeigen, daß $\sum_{i=1}^{K} \left(\frac{1}{1+R}\right)^i D_{t+i} = \beta D_t$, mit $\beta = a\phi/(1 - a\phi)$. Bei Gültigkeit von $P_t = P_{D_t}$ kann der Fundamentalpreis nun folgendermaßen bestimmt werden:

$$P_{D_t} = \sum_{i=1}^{\infty} a^i E_t(D_{t+1}|I_t) = \bar{\beta} d_t, \qquad (4.36)$$

wobei

$$\bar{\beta} = \left(\frac{\frac{\phi}{1+R}}{1 - \frac{\phi}{1+R}}\right).$$

Die Gleichungen (4.35) und (4.36) können mittels OLS geschätzt werden. Damit erhält man Punktschätzer für $\hat{\phi}$ sowie $\hat{\bar{\beta}}$. Folgende Umformung ermöglicht die Schätzung von Gleichung (3.4):

$$P_t = a(P_{t+1} + d_{t+1}) + u_{t+1}, \qquad (4.37)$$

wobei

$$u_t = aE_t(P_{t+1} + D_{t+1}|I_t) - (P_{t+1} + D_{t+1}).$$

Wie man unmittelbar erkennen kann, sind hier zwar die Regressoren mit dem Fehlerterm korreliert, jedoch bieten sich die vergangenen Dividenden als Kandidaten für eine Instrumentenschätzung an. Mit Hilfe der Instrumentenschätzung lassen sich Punktschätzer für die Diskontrate ermitteln. Zur Anwendung des Spezifikationstests werden die beiden Schätzwerte für β miteinander verglichen. Getestet wird die Nullhypothese $H_0 : \hat{\beta} = \hat{a}\hat{\phi}/(1-\hat{a}\hat{\phi})$. Diese wird abgelehnt, wenn der Wert der Teststatistik größer ist als der entsprechende kritische Wert.

Der Test selbst verläuft nun wie folgt: Zunächst wird Gleichung (4.37) mittels Instrumentenvariablen geschätzt. Dann wird die Lag-Struktur der Dividenden bestimmt und P_t auf die entsprechenden Lags der Dividenden regressiert.[10] Die Schätzungen der Parameter des *Distributed Lag*-Modells werden mit denen aus (4.37) verglichen.

Anschließend wird jede Schätzung von (4.37) sowie die Parameter des Dividendenprozesses dazu verwendet, den damit verbundenen Barwert von d_t bedingt auf die aktuellen und vergangenen Dividenden zu bestimmen. Die mit diesen Parametern verbundenen Werte werden mit den Schätzungen verglichen, die unmittelbar aus der Regression von P_t auf D_t resultieren. Eine mögliche Erklärung für Differenzen in den beiden Schätzungen stellen spekulative Blasen dar. Diese Erklärung ist umso überzeugender je stärker Diagnosetests Gleichung (4.37) sowie die Spezifikation des Dividendenprozesses nicht abzulehnen vermögen.

Zeigt der oben dargestellte Spezifikationstest an, daß der Unterschied in den Schätzungen vermutlich nicht aus einem Stichprobenfehler resultiert, so ist damit immer noch nicht gesichert, daß der Test tatsächlich auf die Existenz spekulativer Blasen hindeutet. Die Möglichkeit, daß es sich nicht um spekulative Blasen handelt, wird von West (1987) auf sich im

---

[10] West (1987) benutzt zu Vergleichszwecken unterschiedliche Lag Strukturen.

Zeitverlauf ändernde Diskontraten oder nicht rationale Erwartungsbildung zurückgeführt.

Eine weitere Möglichkeit auf die Existenz spekulativer Blasen hin zu prüfen, besteht darin, sich den konkreten Schätzwert für $\hat{\beta}$ anzuschauen. Gelegentlich wurde behauptet, daß es sich bei Blasen um eine Überreaktion des Marktes auf *News* handelte. Bei Existenz spekulativer Blasen würde man dementsprechend einen nach oben verzerrten Punktschätzer für $\hat{\beta}$ erwarten.

Falls in den Daten jedoch eine Blase existiert und die Blase mit den Dividenden korreliert ist, wird die Schätzung von β in obiger Gleichung, $\hat{\beta}$ verzerrt sein. In diesem Zusammenhang ist zu beachten, daß $\hat{\beta}$ nur dann verzerrt ist, falls die Blase mit den Dividenden korreliert ist, und somit vermag dieses Verfahren auch nur solche Blasen zu identifizieren. Der Test von West (1987) macht sich zunutze, daß β auf zwei unterschiedliche Arten geschätzt werden kann. Sofern die geschätzte Euler-Gleichung in (3.27) richtig ist und ein autoregressiver Dividendenprozeß geschätzt werden kann, ist der Zusammenhang zwischen Dividenden und dem Marktfundamentalpreis durch $\bar{\beta}$ gegeben. Sofern keine Blasen existieren, wird erwartet, daß die zweite Schätzung, $\hat{\beta}$ sich nicht signifikant von $\bar{\beta}$ unterscheidet. Umgekehrt wird auf die Existenz spekulativer Blasen geschlossen, falls sich $\bar{\beta}$ signifikant von $\hat{\beta}$ unterscheidet.

West (1987) verwirft mittels eines Hausman-Koeffizienten-Restriktionstests die Nullhypothese identischer Koeffizienten von $\bar{\beta}$ und $\hat{\beta}$ und schließt somit auf die Existenz spekulativer Blasen im S&P 500. In der praktischen Anwendungen dieses Tests gibt es eine Reihe erwähnenswerter Punkte. Der erste dieser Punkte ist Nicht-Stationarität. West erläutert, daß bei Verwendung nicht-stationärer Daten der Test auf entsprechend differenzierte Daten angewendet werden kann. Der zweite Punkt ist die Bestimmung der Ordnung des AR-Prozesses für die Dividenden. Damit verbunden stellt sich auch die Frage, wieviel mehr Informationen die Agenten zur Verfügung haben im Vergleich zum Ökonometriker. Schließlich bilden Investoren ihre Erwartungen bzgl. künftiger Dividenden auf Basis von Informationen, die über die vergangenen Dividenden hinausgehen.

4.2.2. Einheitswurzel- und Kointegrationstests

Diba und Grossman (1988b) und Hamilton und Whiteman (1985) stellen ein Verfahren vor, um auf Existenz spekulativer Blasen zu testen, ohne dabei mögliche Auswirkungen unbeobachteter Variablen auf Marktfundamentalwerte auszuschließen. Diba und Grossman (1988a) wenden ein solches Verfahren im Zusammenhang mit explosiven rationalen Blasen im Rahmen eines Barwertmodells mit konstanten Diskontraten und der Erweiterung um eine unbeobachtete spekulative Blasenkomponente an. Bei Nichtvorhandensein spekulativer Blasen und gleichzeitiger Stationarität der unbeobachteten Variablen sowie der Dividenden in ersten Differenzen impliziert das Modell, daß die ersten Differenzen der Aktienpreise ebenfalls stationär sind. Darüberhinaus folgt aus dem Modell, daß bei Nichtvorhandensein spekulativer Blasen und gleichzeitiger Stationarität der unbeobachteten Variablen in Niveaugrößen sowie in Differenzen Aktienpreise und Dividenden einen Kointegrationsgrad der Ordnung (1,1) aufweisen.[11]

Engle und Granger (1987) bezeichnen die Komponenten eines Vektors y_t einer Zeitreihe als kointegriert der Ordnung (d, b), falls alle Komponenten von y_t einen Integrationsgrad der Ordnung d aufweisen und sofern es einen Vektor δ gibt, so daß $\delta' y_t$ vom Grade $d - b$ für ein beliebiges $b > 0$ integriert ist. Der Vektor δ heißt dabei Kointegrationsvektor. Auf den Zusammenhang zwischen Aktienpreisen und Dividenden bezogen gilt im Umkehrschluß nicht automatisch, daß Instationarität der Aktienpreise in ersten Differenzen oder Nichtvorhandensein einer Kointegrationsbeziehung zwischen Aktienpreisen und Dividenden unwillkürlich die Existenz spekulativer Blasen impliziert. Letzteres kann genauso gut aus der Nichtstationarität der unbeobachteten Variablen in den Fundamentalwerten folgen, während Nichtstationarität der Aktienpreisänderungen aus Nichtstationarität der Änderungen in den unbeobachteten Variablen resultiert.

Das von Diba und Grossman (1988a) entwickelte Verfahren sucht nach Anzeichen darauf, daß keine spekulativen Blasen existieren. Daher ist es im Gegensatz zum Verfahren von West (1987) auch nicht notwendig, eine *wahre* Differenzengleichung zu spezifizieren, die Aktienpreise zu anderen beobachteten Variablen in Beziehung setzt. Wie im vorhergehenden

---

[11] Vgl. auch Kapitel 3.

Abschnitt gezeigt wurde, wird unter der Voraussetzung, daß eine solche wahre Differenzengleichung existiert, dann auf eine spekulative Blase geschlossen, wenn die Marktfundamentallösung durch die Daten abgelehnt wird. Allerdings verwirft der Ansatz von West (1987) die Gültigkeit der Marktfundamentalgleichung.

Stationarität von Aktienpreisen und Dividenden

Diba und Grossman (1988a) treffen die plausible Annahme, daß der dividendengenerierende Prozeß in Niveaugrößen nichtstationär ist, die Bildung der ersten Differenzen jedoch zu Stationarität führt. Aus der Marktfundamentalgleichung folgt dann, daß bei Nichtvorhandensein spekulativer Blasen auch die Aktienpreise nicht-stationär in Niveaugrößen und stationär in ersten Differenzen sind. Bei Existenz spekulativer Blasen im Aktienpreis hingegen führt eine endliche Anzahl von Differenzenbildungen nicht zur Erzeugung eines stationären Prozesses.

Unter der Annahme, daß sich der Aktienpreis aus einem Fundamentalteil und einer Blasenkomponente zusammensetzt, postulieren Diba und Grossman (1988a) für den Blasenprozeß den folgenden Zusammenhang:

$$E_t(B_{t+1}) - (1 + R)B_t = 0.$$

Lösungen der obigen Gleichung genügen der folgenden stochastischen Differenzengleichung:

$$B_{t+1} - (1 + R)B_t = z_{t+1}, \qquad (4.38)$$

wobei es sich bei z_{t+1} um eine Zufallsvariable handelt, die durch einen stochastischen Prozeß erzeugt wurde, der folgendem Zusammenhang genügt:

$$E_{t-j}z_{t+1} = 0 \text{ für alle } j \geq 0.$$

Bei der Zufallsvariablen z_{t+1} handelt es sich um eine Innovation, welche die zum Zeitpunkt $t + 1$ verfügbaren Informationen enthält. Enthalten die Aktienpreise eine rationale Blase, so führt eine endliche Anzahl an Differenzenbildungen der Aktienpreise nicht zu einem stationären Prozeß. Für die Gleichung (4.38) führt die Bildung der ersten Differenzen einer rationalen

Blase zu folgendem generierenden Prozeß:

$$[1-(1+R)L](1-L)B_t = (1-L)z_t,$$

wobei es sich bei L um den *Lag*-Operator handelt. Falls z_t weisses Rauschen ist, generiert ein ARMA Prozeß, der weder stationär noch invertierbar ist, $(1-L)B_t$.[12] Diba und Grossman (1988a) untersuchen die Stationaritätseigenschaften der Aktienpreise und Dividenden für den S&P 500 in Niveaugrößen sowie in ersten Differenzen anhand der Autokorrelationen sowie anhand der Dickey-Fuller-Teststatistiken. Sie kommen auf Grundlage dessen zu dem Ergebnis, daß sowohl Aktienpreise als auch Dividenden nichtstationär in Niveaugrößen, jedoch stationär in ersten Differenzen sind. Bei Existenz spekulativer Blasen hätte man erwartet, daß für die Reihe der Aktienpreise in ersten Differenzen die Nullhypothese der Nichtstationarität nicht abgelehnt worden wäre.

Kointegration zwischen Aktienpreisen und Dividenden

Diba und Grossman (1988a) verwenden folgende Gleichung zur Bestimmung des Marktfundamentalwertes:

$$P_{D_t} = \sum_{j=1}^{\infty}(1+R)^{-j}E_t(\alpha D_{t+j} + u_{t+j}). \qquad (4.39)$$

Bei α handelt es sich dabei um eine positive Konstante, welche die erwarteten Dividenden im Verhältnis zu den erwarteten Kapitalgewinnen darstellt. Bei u_t handelt es sich um eine Zufallsgröße, die den Marktteilnehmern bekannt ist, vom Ökonometriker jedoch nicht beobachtet werden kann. Für $\alpha = 1$ und $u_t = 0$ wird obige Gleichung zu der in Kapitel 3 hergeleiteten Fundamentalgleichung (3.7). Formt man oben stehende Gleichung um und setzt den resultierenden Ausdruck für P_{D_t} im Gleichung (3.43) ein, so

---

[12] Blanchard (1979) sowie Blanchard und Watson (1982) spezifizieren Blasenprozesse, die bei Existenz eines endlichen Zeithorizontes mit Wahrscheinlichkeit 1 platzen werden. In diesen Ausnahmefällen wird die Stationaritätsannahme nicht verletzt.

ergibt sich:

$$P_t - \alpha R^{-1} D_t = B_t + \alpha R^{-1} \left(\sum_{j=1}^{\infty} (1+R)^{1-j} E_t \Delta D_{t+j} \right) + \sum_{j=1}^{\infty} (1+R)^{-j} E_t u_{t+j}.$$

(4.40)

Falls die nichtbeobachtete Variable des Marktfundamentalwertes, u_t, stationär in Niveaugrößen ist, die Dividenden stationär in ersten Differenzen sind und rationale Blasen nicht existieren, dann ist die rechte Seite der Gleichung (4.40) stationär. Obwohl P_t und D_t nichtstationär sind, ist die Linearkombination $P_t - \alpha R^{-1} D_t$ auf der linken Seite der Gleichung (4.40) stationär. Unter Verwendung der im vorigen Abschnitt eingeführten Kointegrationsterminologie besagt Gleichung (4.40), daß sofern diejenigen Prozesse, die ΔD_t sowie u_t generieren stationär sind und falls B_t Null beträgt, dann sind P_t und D_t kointegriert von der Ordnung $(1,1)$ mit einem Kointegrationsvektor $(1, -\alpha R^{-1})$.

4.3. Zwischenfazit

In diesem Kapitel wurden eine Reihe von Testverfahren auf spekulative Blasen vorgestellt. All diesen Verfahren ist gemeinsam, daß sie die Existenz unterschiedlicher Regime unberücksichtigt lassen. Darüber eignen sich die Verfahren aus den unterschiedlichsten Gründen nicht, um auf die Existenz spekulativer Blasen zu testen. Auch ohne Berücksichtigung der methodischen Kritik sind die Verfahren nicht darauf angelegt, spekulative Perioden von nicht spekulativen Perioden abzugrenzen. Im folgenden wird auf die Problematik der Nichtbeachtung der Existenz unterschiedlicher Regime näher eingegangen. Dazu werden anhand der Arbeiten von Evans (1991) sowie Charemza und Deadman (1995) künstliche Blasenprozesse erzeugt, die eine Reihe von Merkmalen aufweisen, die man in der Realität beobachten kann. Mit Hilfe dieser Verfahren wird gezeigt, daß die Nichtbeachtung unterschiedlicher Regime dazu führt, daß Tests auf spekulative Blasen zu verzerrten Ergebnissen führen. In späteren Kapiteln werden die genannten Blasenprozesse immer wieder benutzt, um die Eignung der dort entwickelten Testverfahren zu verifizieren.

Kapitel 5.
Erzeugung künstlicher Blasenprozesse

In zahlreichen Untersuchungen ist bereits frühzeitig belegt worden, daß die Entwicklung von Aktienpreisen und Dividenden nicht in Einklang mit der Marktfundamentalhypothese steht.[1] Wie in Kapitel 3 gesehen, unterstellt die Marktfundamentalhypothese, daß der heutige Preis durch die abdiskontierten Werte der zukünftigen erwarteten Dividenden erklärt wird. Das Ergebnis der genannten Untersuchungen wird in der Regel auf die Existenz spekulativer Blasen oder auch sogenannte *fads* zurückgeführt. Diesem Argument kann allerdings entgegengesetzt werden, daß es auch Marktfundamentaldaten gibt, die im Rahmen solcher Untersuchungen nicht erfaßt werden können.[2]

Diba und Grossman (1988a) und Diba und Grossman (1988b) schlagen vor, statt dessen die Stationaritätseigenschaften von Aktienpreisen und beobachtbaren Fundamentaldaten zu untersuchen. Sofern sich Aktienpreise nicht explosiver verhalten als Dividenden, kann man darauf schließen, daß keine spekulativen Blasen existieren, da diese ein eben solches explosives Verhalten in den Aktienpreisen generieren würden. Genauer gesagt bedeutet dies, daß bei Existenz spekulativer Blasen eine k-malige Differenzenbildung der Dividenden zwar ausreicht, um einen stationären Dividendenprozeß zu erzeugen, dieselbe Anzahl k von Differenzenbildungen jedoch nicht genügt, um einen stationären Aktienpreisprozeß zu erzeugen. Die Untersuchung der Autokorrelationsstruktur sowie die Anwendung von Einheitswurzel- und Kointegrationstests lassen laut Diba und Grossman (1988a) den Schluß zu, daß Aktienpreise keine explosive Komponente beinhalten.

---

[1] Vgl. z.B. Shiller (1981), Blanchard und Watson (1982), West (1988).
[2] Siehe dazu auch Hamilton und Whiteman (1985).

Evans (1991) sowie Charemza und Deadman (1995) haben jedoch mittels simulierter Blasenprozesse gezeigt, daß dieses Vorgehen nicht geeignet ist, um periodisch platzende Vermögenspreisblasen zu identifizieren. Genauer gesagt werden Blasenprozesse so konstruiert, daß die Stationaritätseigenschaft bei Anwendung herkömmlicher Einheitswurzeltests nicht verworfen werden kann. Folglich erscheinen auf Basis dieser Tests Aktienpreise bei Existenz spekulativer Blasen nicht explosiver als Dividenden. Mittlerweile existieren in der umfangreichen Literatur zu Einheitswurzeltests zwar Verfahren, die dieser Problematik Rechnung tragen. Die Darstellung solcher Verfahren erfolgt jedoch erst in späteren Kapiteln. Zudem werden die in den beiden genannten Arbeiten spezifizierten Blasenprozesse in den folgenden Kapiteln noch mehrfach Verwendung finden. Aus diesem Grund wird in den beiden folgenden Abschnitten dieses Kapitels auch genauer auf die Spezifikation der Blasenprozesse eingegangen.

5.1. Der Evans-Prozeß

Spekulative Blasen erscheinen erst dann empirisch plausibel, sobald gesichert ist, daß sie mit einer bestimmten Wahrscheinlichkeit ab einer gewissen Höhe platzen werden. Bereits Blanchard (1979) sowie Blanchard und Watson (1982) beschreiben Blasen, die bei Existenz eines endlichen Zeithorizonts mit Wahrscheinlichkeit 1 platzen werden. Diba und Grossman (1988b) zeigen jedoch, daß der Ausschluß negativer Blasen in Aktienpreisen dazu führt, daß eine einmal geplatzte Blase nicht erneut entstehen kann.[3] Aus diesem Grund wählt Evans (1991) einen Blasenprozeß, der zum einen periodisch platzend ist und zum anderen auch nach dem Platzen nicht Null werden kann:

$$B_{t+1} = \begin{cases} (1+r)B_t u_{t+1}, & \text{falls } B_t \leq \alpha \\ \left[\delta + \frac{1+r}{\pi}\left(B_t - \frac{\delta}{1+r}\right)\xi_{t+1}\right] u_{t+1}, & \text{falls } B_t > \alpha. \end{cases} \quad (5.1)$$

---

[3] Nach dem Platzen der Blase beträgt der Blasenterm in diesem Rahmen Null.

Hierbei sind δ und α reale Skalare mit $0 < \delta < (1+r)\alpha$, bei $\{u_t\}$ handelt es sich um eine Sequenz nicht negativer exogener i.i.d. Zufallsvariablen mit $E_t u_{t+1} = 1$. $\{\xi_t\}$ ist ein exogener i.i.d. Bernoulli Prozeß, der von $\{u_t\}$ unabhängig ist, so daß $\Pr(\xi_t = 0) = 1 - \pi$ und $\Pr(\xi_t = 1) = \pi$, wobei $0 < \pi \leq 1$. Damit existieren zwei unterschiedliche Regime, die sich in unterschiedlichen Wachstumsraten der Blase zeigen: Falls $B_t \leq \alpha$, wächst die Blase mit der mittleren Rate $1 + r$. Sobald $B_t > \alpha$ wird, wächst die Blase mit der schnelleren mittleren Rate $(1+r)\pi^{-1}$, platzt aber in jeder Periode mit Wahrscheinlichkeit $1 - \pi$. Sobald die Blase platzt, fällt sie auf den mittleren Wert von δ zurück und der Prozeß startet von vorne. Die Variable u_{t+1} wird so gewählt, daß sie identisch und unabhängig lognormal verteilt mit Erwartungswert Eins ist. Es gilt $u_t = \exp(y_t - \tau^2/2)$, wobei y_t i.i.d. mit $N(0, \tau^2)$ ist. Ändert man die Parameter für δ, α und π, so kann man die Häufigkeit der Entstehung der Blasen, die durchschnittliche Zeit bis zu ihrem Platzen sowie die Skalierung der Blase variieren. Ein hoher Wert von α bewirkt beispielsweise einen langen Zeitraum langsamen Wachstums.

Da u_t strikt positiv ist, kann es zu keiner Vorzeichenänderung der Blase kommen, und sie wird auch niemals vollständig verschwinden. Man kann das Platzen der Blase auch als eigenständiges Regime auffassen. So unterteilen Vigfusson und Van Norden (1998) den Prozeß von Evans (1991) auch in drei unterschiedliche Regime. Die Periode stetigen Wachstums wird als Regime G gekennzeichnet. Wird der Schwellenwert α überschritten, so wächst die Blase weiterhin mit einer erwarteten Rate von $1 + r$, es besteht aber nun eine Wahrscheinlichkeit $1 - \pi$ des Platzens und damit verbunden ein Rückgang auf δ. Das Platzen selbst ist, wie schon erwähnt, ein eigenständiges Regime und wird mit C bezeichnet. Platzt die Blase hingegen nicht, so wird erwartet, daß sie mit einer größeren Rate als $1 + r$ wächst. Dieses Regime wird mit E bezeichnet. Schätzt man das Modell in Differenzen, so ergeben sich für die einzelnen Regime folgende Gleichungen:

$$\Delta B_t = \begin{cases} [(1+r)u_t - 1] B_{t-1}, & \text{falls } B_t \leq \alpha \\ \left[\frac{1+r}{\pi} u_t - 1\right] B_{t-1} + \frac{(\pi-1)\delta u_t}{\pi}, & \text{falls } B_t > \alpha \text{ und } \theta_t = 1 \\ \delta u_t - B_{t-1}, & \text{falls } B_t > \alpha \text{ und } \theta_t = 0, \end{cases} \quad (5.2)$$

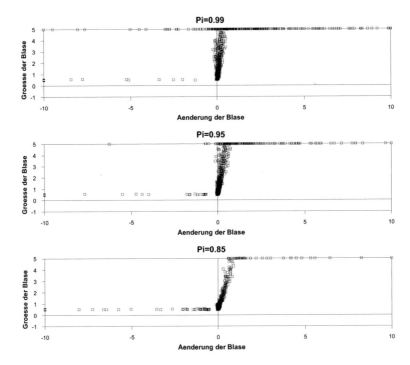

Abbildung 5.1.: Blasenveränderung in Abhängigkeit der Wahrscheinlichkeit des Fortbestehens

wobei es sich bei θ_t um einen unabhängig und identisch verteilten Bernoulli Prozeß handelt, der mit Wahrscheinlichkeit π den Wert 1 annimmt und mit Wahrscheinlichkeit $1 - \pi$ den Wert 0. Zur Verdeutlichung des Zusammenhangs zwischen ΔB_t und B_t wurden 5000 Realisationen der Länge 100 des Prozesses (5.1) generiert. Die gewählten Parameterwerte entsprechen denjenigen der ursprünglichen Untersuchung von Evans (1991), nämlich $r = 0.05$, $\alpha = 1$, $\delta = 0.5$, $B_1 = \delta$ sowie $u_t = \exp(y_t - \frac{\tau^2}{2})$, wobei $y_t = IIN(0, \tau^2)$ mit $\tau = 0.05$ ist. In den Abbildungen 5.1 und 5.2 werden in erster Linie der Zusammenhang zwischen ΔB_t und B_t in Abhängigkeit von unterschiedlichen Werten für die Wahrscheinlichkeit π des Fortbestehens gezeigt. Bei hohen Werten der Wahrscheinlichkeit des Fortbestehens π besteht der Graph aus zwei Ästen. Der linke Ast entspricht dem kollabierenden Regime C. Der rechte Ast hingegen entspricht den wachsenden

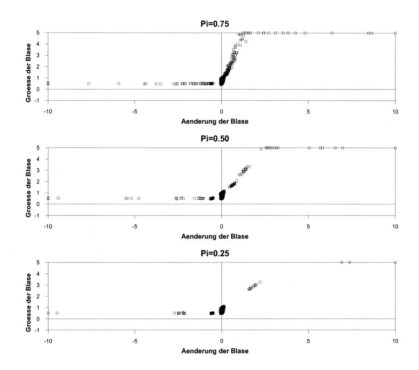

Abbildung 5.2.: Blasenveränderung in Abhängigkeit der Wahrscheinlichkeit des Fortbestehens

Regimen G und E. Mit sinkendem π können die beiden wachsenden Regime G und E besser voneinander abgegrenzt werden. Das Regime G ist die Masse der um den Nullpunkt zentrierten Beobachtungen. Dieser Teil ist besonders gut für $\pi = 0.25$ zu erkennen. Darüberhinaus verursacht ein sinkender Wert für π auch eine Veränderung in der Steigung der beiden Äste. Dies hat damit zu tun, daß die Wachstumsrate in Regime E mit sinkendem Wert für π ansteigt. Der Anstieg im Wachstum führt zu einer geringeren Steigung des rechten Astes.

Diba und Grossman (1988a) verwenden in ihren Simulationen den Einheitswurzeltest von Bhargava (1986). Dieses Verfahren hat bei Tests der *Random Walk*-Hypothese (sowohl mit als auch ohne Drift) gegen eine einseitige stabile oder explosive Alternative eine hohe Güte. Sie erzeugen dabei

Blasenprozesse der folgenden Form:

$$B_{t+1} = (1+r)B_t + z_{t+1}, \qquad (5.3)$$

mit $(1 + r) = 1.05$ und z_t als einer standardnormalverteilten *White-Noise-*Variablen. Bei Verwendung dieses Prozesses gelang es in 95 von 100 Fällen dem N_1-Test und in 94 von 100 Fällen dem N_2-Test, die Nullhypothese einer Einheitswurzel zugunsten der explodierenden Alternative korrekterweise abzulehnen. Bei diesen Tests handelt es sich um die von Bhargava (1986) beschriebenen Likelihood Ratio Einheitswurzeltests. Der N_1-Test entspricht unter der Nullhypothese einem einfachen *Random Walk*, während der N_2-Test unter der Nullhypothese einem *Random Walk* mit *Drift* entspricht. In Tabelle 5.1 werden die Ergebnisse der Bhagarva Tests auf periodisch platzende Blasenprozesse wie in Gleichung (5.1) beschrieben widergegeben. Es wurden 200 Blasenprozesse der Länge 100 mit den Parametern $1 + r = 1.05$, $\alpha = 1$, $\delta = 0.5$ mit Startwert $B_0 = \delta$ sowie $\tau = 0.05$ erzeugt. Man kann unmittelbar erkennen, daß die Ergebnisse maßgeblich von π, der Wahrscheinlichkeit des Fortbestehens einer Blase, abhängen. Daher wurden die Tests auch für eine Reihe unterschiedlicher Werte von π durchgeführt.

Für π nahe Eins, konvergiert der Prozeß (5.1) gegen:

$$B_{t+1} = (1+r)B_t u_{t+1} \qquad (5.4)$$

Damit ist dieser Prozeß nahezu identisch zu dem von Diba und Grossman (1988a). Der Unterschied besteht in der multiplikativen Verknüpfung mit dem Störterm. Im Unterschied zur additiven Verknüpfung in (5.3) stellt dies sicher, daß der Blasenterm positiv bleibt. Folglich kommen die Ergebnisse der Tabelle 5.1 für π nahe eins denen von Diba und Grossman (1988a) sehr nahe. Für $\pi \leq 0.95$ hingegen ergibt sich eine weit höhere Anzahl an Ablehnungen zugunsten der stabilen H_1 als zugunsten der explosiven H_1. Die Ergebnisse reagieren jedoch qualitativ robust bei kleineren Änderungen der anderen Parameter.

Bekanntermaßen sind spekulative Blasen nicht unmittelbar beobachtbar. Daher werden Tests, die auf beobachtbaren Aktienpreisen und Dividenden basieren, genauer untersucht. Es wird angenommen, daß sich die realen Dividenden gemäß einem *Random Walk* mit Drift verhalten:

$$d_t = \mu + d_{t-1} + \epsilon_t, \tag{5.5}$$

wobei $\{\epsilon_t\}$ einem $N(0, \sigma^2)$ verteilten *White-Noise*-Prozeß entspricht. Die von Evans (1991) sowie von anderen Autoren verwendeten Parameter für den Dividenden sowie den Blasenprozeß sind der Untersuchung von West (1988) entnommen.[4]

Mit dem Dividendenprozeß aus Gleichung (5.5) kann Gleichung (3.7) aus Kapitel 3 nun folgendermaßen gelöst werden:

$$P_{d_t} = \mu(1+R)R^{-2} + R^{-1}d_t. \tag{5.6}$$

Die von Evans (1991) ursprünglich generierten Blasenprozesse wurden mit einer Wahrscheinlichkeit $\pi = 0.85$ des Nicht-Platzens erzeugt. Des weiteren wurden die Blasen mit einem multiplikativen Faktor skaliert. So wird sichergestellt, daß der Großteil der Volatilität in ΔP_t auf den Blasenterm zurückgeführt werden kann. Der Preis selbst ergibt sich aus:

$$P_t = P_{D_t} + B_t. \tag{5.7}$$

Evans (1991) verwendet den Faktor 20 zur Skalierung. Damit ist die Stichprobenvarianz von ΔB_t dreimal so hoch wie die Stichprobenvarianz von P_{D_t}.

In Tabelle 5.2 befinden sich die Ergebnisse der Einheitswurzel- und Kointegrationstests bei Verwendung der simulierten Blasenprozesse. Bezüglich der Dividenden gelingt es mit Hilfe eines einfachen *Augmented Dickey-Fuller*-Tests (ADF) der Form

$$\Delta d_t = \mu + d_{t-1} + \sum_{i=1}^{p} \delta d_{t-i} + e_t, \tag{5.8}$$

wobei wobei $\{e_t\}$ einem $N(0, \sigma^2)$ verteilten *White-Noise*-Prozeß entspricht

---

[4] Bei dem von West (1988) verwendeten Datensatz handelt es sich um den S&P 500 im Zeitraum von 1871 bis 1980.

und p die Anzahl der Verzögerungen angibt, korrekterweise die Existenz einer Einheitswurzel in d und Stationarität in Δd anzuzeigen. Eine Anwendung der ADF-Tests auf die Aktienpreise hingegen führt in 25% der Fälle zu dem Schluß, daß es sich um eine stationäre Zeitreihe mit deterministischem Trend handelte. Damit gelingt es dem Verfahren nicht, die Existenz spekulativer Blasen nachzuweisen, da man erwartet, daß die Reihe der Aktienpreise weniger stationär ist als die Dividendenreihe.

Die in Tabelle 5.2 wiedergegebenen Kointegrationstests vermögen ebenso wenig die Existenz spekulativer Blasen richtig zu erkennen. Spekulative Blasen werden auch hier insofern nicht identifiziert als daß die Blasen stationär erscheinen. Dies überrascht nicht, denn schließlich spiegeln die Residuen zu großen Teilen die Existenz periodisch platzender spekulativer Blasen wider.

5.1. Der Evans-Prozeß

Test	Ergebnis	Wahrscheinlichkeit π						
		0.999	0.99	0.95	0.85	0.75	0.5	0.25
N_1	Ablehnung zugunsten der explosiven H_1	78	32.5	0	0	0	0	0
	Ablehnung zugunsten der stabilen H_1	0	0	71.5	91.5	98.5	100	99.5
N_2	Ablehnung zugunsten der explosiven H_1	94.5	61	11	6.5	2	2.5	0
	Ablehnung zugunsten der stabilen H_1	0	0	22	86.5	94.5	96	96

Quelle: Evans (1991)

Tabelle 5.1.: Bhargava Test: Ergebnisse für simulierte Blasen

---

A. Prozentualer Anteil der auf dem 5% Niveau signifikanten DF Teststatistiken

Anzahl Lags	P	ΔP	d	Δd
keine	25	98.5	2.5	100
vier	7	93.5	4	90

B. Prozentualer Anteil der auf dem 5% Niveau signifikanten Kointegrationstests

Test		
ξ_1	ξ_2	ξ_3
90	84.5	60

Quelle: Evans (1991)

Tabelle 5.2.: Stationaritätstests bei Existenz spekulativer Blasen

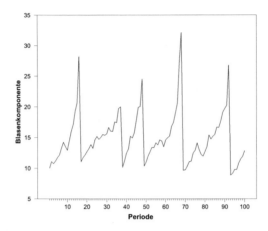

Abbildung 5.3.: Blasenkomponente der Beispiel-Simulation

Zur Illustration der Ergebnisse untersucht Evans (1991) eine der Realisationen der simulierten Blasen- und Dividendenprozesse genauer. Die sich daraus ergebenden Ergebnisse der Einheitswurzel- und Kointegrationstests befinden sich in Tabelle 5.2. Dabei handelt es sich bei ξ_1, ξ_2 und ξ_3 um die verschiedenen von Engle und Granger (1987) beschriebenen Teststatistiken. Im Ergebnis zeigt sich erwartungsgemäß, daß die Standardtests keine Existenz einer spekulativen Blase anzeigen. Sowohl P als auch d weisen eine Einheitswurzel auf. ΔP sowie ΔD hingegen erscheinen stationär. Darüberhinaus wird zwischen P und d eine Kointegrationsbeziehung angezeigt. Tatsächlich ist jedoch eine spekulative Blase vorhanden.

5.2. Der Charemza- und Deadman-Prozeß

Im vorhergehenden Abschnitt wurde gezeigt, daß die Anwendung herkömmlicher Kointegrations- und Einheitswurzeltests nicht geeignet ist, die Existenz periodisch platzender Vermögenspreisblasen aufzuzeigen. In diesem Abschnitt soll nun anhand der Ergebnisse von Charemza und Deadman (1995) dargestellt werden, daß dies auch für eine allgemeinere Klasse von Vermögenspreisblasen gilt. Die in diesem Abschnitt beschriebene Klasse

5.2. Der Charemza- und Deadman-Prozeß

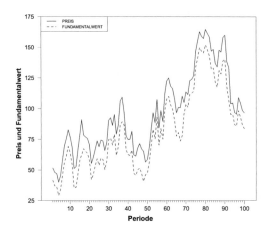

Abbildung 5.4.: Preis- und Fundamentalkomponente der Beispiel-Simulation

ist insofern einfacher zu handhaben, als daß nicht explizit unterschiedliche Regime modelliert werden und man somit weniger Parameter zur Charakterisierung des Blasenprozesses benötigt.

Der hier betrachtete Prozeß lautet wie folgt:

$$b_t = \theta_t b_{t-1} \cdot u_t, \tag{5.9}$$

wobei θ_t eine Zufallsvariable ist, für die gilt: $E(\theta_t) = 1 + r$. r ist dabei der Diskontfaktor. θ_t ist dabei sowohl exogen als auch unabhängig von u_t.

Die einzelnen u_t sind dabei identisch, aber nicht notwendigerweise unabhängig voneinander verteilte Realisationen eines Zufallsprozesses mit Erwartungswert 1. Eine spekulative Blase ist im allgemeinen eine nicht-fundamentale Lösung einer stochastischen Differenzengleichung. Darüberhinaus wird oftmals gefordert, daß eine spekulative Blase

- die Submartingalitätseigenschaft erfüllt, d.h. es muß gelten, daß $E_t(b_{t+1}) = (1+r)b_t$, wobei E_t den Erwartungsoperator zum Zeitpunkt t bezeichnet. Zum anderen soll aber auch gelten, daß

- eine spekulative Blase nicht negativ werden kann.

Gleichung (5.9) genügt offensichtlich der Submartingalitätseigenschaft. Mit

Hilfe der Annahme, daß $\theta_t = \exp(\Theta_t)$ und $u_t = \exp(U_t)$, wobei $\Theta_t \sim N(\ln(1+r) - \sigma^2/2, \sigma_\Theta^2)$ und $U_t \sim N(-\sigma_U^2/2, \sigma_U^2)$ wird Nicht-Negativität sichergestellt.

Wie bereits angedeutet, ist der in Gleichung (5.9) beschriebene Prozeß sehr allgemein gehalten. Er beinhaltet als Spezialfälle eine Reihe von Prozessen, die bereits aus der bestehenden Literatur bekannt sind. Nimmt die Variable θ_t beispielsweise eine Form dergestalt an, daß $\sigma_\Theta^2 = 0$ ist, so entspricht der Prozeß in Logarithmen der von Diba und Grossman (1988a) beschriebenen spekulativen Blase. Gilt darüberhinaus noch, daß $r = 0$ ist, so handelt es sich um einen geometrischen *Random Walk*. Ein solcher ist als Blasenprozeß von LeRoy und Parke (1992) untersucht worden. Für $r > 0$ und $\sigma_\Theta^2 = 0$ wird der Prozeß explosiv. Bei der logarithmischen Form der Gleichung (5.9) handelt es sich um einen *Random Walk* mit einem Drift der Höhe r. Für $\sigma_\Theta^2 > 0$ und $r = 0$ wird der Prozeß zu dem von Granger und Swanson (1997) vorgeschlagenen stochastischen Einheitswurzel-Prozeß (*STUR*).[5] Für den allgemeinsten Fall, daß $\sigma_\Theta^2 > 0$ und $r > 0$, wird (5.9) zu einem stochastischen Prozeß mit explosiver Wurzel *STER*. In Logarithmen wird er zu einem Prozeß mit deterministischer Einheitswurzel und stochastischem Drift. Die dafür im folgenden verwendete Notation lautet: $STER(r, \sigma_\theta^2)$.[6]

Die Fähigkeit dieses Modells periodisch platzende Vermögenspreisblasen abbilden zu können, ist auf das unterschiedliche Verhalten des Prozesses in Abhängigkeit des Wertes für den Parameter θ_t zurückzuführen. Ist $\theta_t > 1+r$, so ist der Prozeß explosiv, für $1 < \theta_t < 1+r$ verhält sich der Prozeß schwach explosiv, und für $\theta_t < 1$ ist der Prozeß stationär. Die Eigenschaft des periodischen Platzens ist im Unterschied zum Evans Prozeß jedoch nicht durch eine explizite Wahrscheinlichkeit des Platzens gegeben, sondern ergibt sich ausschließlich durch die Varianz der Zufallsvariablen θ_t.

In der Abbildung 5.5 werden Realisation des *STER* Prozesses der Länge 100 dargestellt. Die Prozesse werden mit $r = 0$ erzeugt, aber mit unterschiedlichen Werten für σ_Θ^2. Bei $STER(0,0)$ handelt es sich dann um einen geometrischen *Random Walk*-Prozeß und bei $STER(0, 0.05^2)$ und

---

[5] Auch hier besteht der Unterschied in der multiplikativen Verknüpfung mit dem Fehlerterm anstelle einer additiven Verknüpfung.

[6] Dies ist analog zu der von Granger und Swanson (1997) verwendeten Notation für *STUR*-Prozesse.

$STER(0, 0.1^2)$ um unterschiedliche Varianzen von Θ_t. Die verwendeten Zufallsvariablen und Startwerte sind jeweils identisch, um eine bessere Vergleichbarkeit der Prozeßspezifikationen zu erzielen. Die Varianz des Fehlerterms σ_U^2 wurde dabei jeweils konstant bei 0.02 gehalten.

Obwohl in dem stochastischen Prozeß weder explizit Regime für moderates und explosives Wachstum spezifiziert worden sind, noch eine Wahrscheinlichkeit für das Platzen einer Blase benannt wurde, kann man in den simulierten Prozessen in Abbildung 5.5 erkennen, daß stabile Phasen von explosiven Perioden gefolgt werden, die nach einer Weile kollabieren und sich danach wieder erholen.

Charemza und Deadman (1995) untersuchen ebenso wie Evans (1991) die Fähigkeit herkömmlicher Einheitswurzeltests, spekulative Blasen (in diesem Fall solche Blasen, die die $STER$-Prozesse generiert haben) zu erkennen. Dazu wurden unter der Nullhypothese eines durch Gleichung (5.9) generierten Prozesses 25.000 Stichproben aus 100 Realisationen acht unterschiedlicher $STER(r, \sigma_\Theta^2)$ Prozesse simuliert. Hierbei wurde der geometrische *Random Walk* (ein $STER(0,0)$-Prozeß) einem $STER(0.03, \sigma_\Theta^2)$-Prozeß gegenübergestellt, wobei σ_Θ^2 die Werte $0.1, 0.15, 0.2, 0.25, 0.3, 0.4, 0.5$ annimmt. Damit soll eine große Bandbreite von Zeitreihen im Finanzbereich, in denen sich spekulative Blasen befinden können, abgedeckt werden. Der Standardfehler für den Fehlerprozeß σ_U wird dabei konstant gehalten.

Eine Analyse der Ablehungshäufigkeiten erfolgt auf Basis der N_1- und N_2-Teststatistiken. In Tabelle 5.3 kann man erkennen, daß für die N_1-Teststatistik die Ablehnungshäufigkeit der Nullhypothese mit steigendem σ_Θ^2 sowohl für die stationäre als auch für die explosive Alternative ansteigt. Dies impliziert, daß mit ansteigendem σ_Θ^2 die Verteilung dieser Statistik flacher wird. Dies beeinflußt sowohl die Güte als auch die Einhaltung des Signifikanzniveaus des Tests. Es handelt sich hier um denselben Pseudostationaritätseffekt wie den von Evans (1991) beobachteten. Je größer σ_Θ^2, desto stärker ist dieser Effekt ausgeprägt.

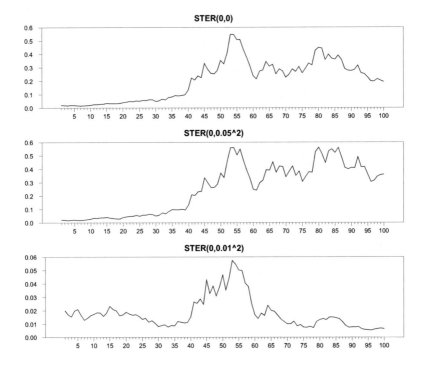

Abbildung 5.5.: Simulierte STER-Prozesse

	Stationäre Alternative		Explosive Alternative	
	N_1	N_2	N_1	N_2
Linearer *Random Walk*	0.053	0.054	0.046	0.050
$STER(0,0)$	0.055	0.052	0.051	0.053
$STER(0.03, 0.10^2)$	0.004	0.036	0.001	0.263
$STER(0.03, 0.15^2)$	0.035	0.067	0.004	0.125
$STER(0.03, 0.20^2)$	0.080	0.090	0.018	0.080
$STER(0.03, 0.25^2)$	0.121	0.114	0.041	0.071
$STER(0.03, 0.30^2)$	0.162	0.148	0.073	0.085
$STER(0.03, 0.40^2)$	0.245	0.232	0.127	0.130
$STER(0.03, 0.50^2)$	0.256	0.291	0.179	0.188

Quelle: Charemza und Deadman (1995)

Tabelle 5.3.: Bhargava-Test: Ergebnisse für STER-Prozesse

5.3. Zwischenfazit

In diesem Kapitel wurde anhand der Arbeiten von Evans (1991) sowie von Charemza und Deadman (1995) gezeigt, daß herkömmliche Einheitswurzel- und Kointegrationstest nicht dazu geeignet sind, zuverlässig auf die Existenz spekulativer Blasen zu testen. In beiden Arbeiten werden dazu künstliche Blasenprozesse erzeugt, die je nach Spezifikation verschiedene Formen spekulativer Blasen nachbilden. Im weiteren Verlauf dieser Arbeit werden diese Spezifikationen dazu verwendet die vorgeschlagenen Verfahren zur Identifikation spekulativer Blasen auf ihre Eignung zu prüfen.

Vor allem in der Arbeit von Evans (1991) wird deutlich, daß ein Manko der herkömmlichen Einheitswurzel- und Kointegrationstests in der Nicht-Beachtung unterschiedlicher Regime besteht. Im weiteren Verlauf dieser Arbeit wird dem Rechnung getragen, indem alle von nun an vorgestellten Verfahren die Existenz unterschiedlicher Regime berücksichtigen. Dies geschieht auf unterschiedliche Weise. In dem nun folgenden Kapitel 6 wird zunächst ein einfacher Mechanismus zur Unterscheidung der Regime vorgestellt. Vereinfachend gesagt hängt dort die Auswahl der Regime von der Überschreitung eines bestimmten Schwellenwertes ab. Einen komplizierteren Mechanismus zur Regimeauswahl bieten die sogenannten *Markov-Regime-Switching* Modelle. Hier folgen die Regime einer Markov Kette, so daß das Regime heute vom Regime gestern abhängt. Die Kapitel 7 und 8 widmen sich ausführlich dieser Modellklasse.

Kapitel 6.

Ein rekursiver Einheitswurzeltest im MTAR-Rahmen

Das in diesem Kapitel vorgestellte Verfahren beruht auf dem asymmetrischen Verlauf vieler ökonomischer Zeitreihen. Die Bedeutung des Begriffes der Asymmetrie läßt sich besonders gut am Beispiel von Aktienpreisen verdeutlichen: Gewöhnlich unterscheidet sich der Verlauf von Aktienpreisen während einer spekulativen Periode (Kursanstieg) von demjenigen nach dem Platzen einer spekulativen Blase (Kursrückgang). Im vorhergehenden Kapitel kam dies in den künstlichen Aktienpreisen der Evans (1991)- sowie Charemza und Deadman (1995)-Prozesse zum Ausdruck. Dort hat man auch gesehen, daß herkömmliche Einheitswurzel- und Kointegrationstests kaum dazu in der Lage sind, zuverlässig auf die Existenz spekulativer Blasen zu testen.

Der Grund liegt in der Unterstellung eines symmetrischen Verlaufes der zu untersuchenden Zeitreihen durch die herkömmlichen Einheitswurzel- und Kointegrationstests. Die in diesem Kapitel vorgestellten Einheitswurzel- und Kointegrationstests von Enders und Granger (1998) sowie von Enders und Siklos (2001) tragen dem Rechnung. Die von diesen Autoren verwendeten Tests basieren auf der Klasse der sogenannten *Threshold Autoregressive Models* (TAR), die von Tong (1983) entwickelt wurden sowie auf deren Erweiterung, den *Momentum Threshold Autoregressive Models* (MTAR).

Im vorliegenden Kapitel wird der rekursiv durchgeführten Test auf eine Einheitswurzel von Banerjee, Lumsdaine und Stock (1992) für den MTAR-Einheitswurzeltest erweitert. Dieses Verfahren ermöglicht die Durchführung eines Einheitswurzeltests bei Berücksichtigung eines Strukturbruchs zu einem unbekannten Zeitpunkt. Es werden zum einen kritische Werte im MTAR-Fall entwickelt und zum anderen die Güte dieses neuen Testverfahrens untersucht. Anschließend wird mit Hilfe dieses neuen Verfahrens untersucht, ob unter Berücksichtigung eines solchen Strukturbruchs auf die Existenz spekulativer Blasen geschlossen werden kann. Sofern die Nullhypothese der Nichtstationarität abgelehnt werden kann, spricht dies gegen die Existenz spekulativer Blasen und stattdessen entweder für Trendstationarität bei Existenz eines Strukturbruchs im Trend oder Trendstationarität bei Existenz eines Strukturbruchs im AR Koeffizienten (letzteres ist für die Identifikation spekulativer Blasen der relevantere Fall). Darüberhinaus werden die rekursiv gebildeten Sequenzen der Teststatistiken untersucht und es wird sich zeigen, daß anhand dieser Sequenzen das Platzen einzelner Blasen und gelegentlich auch der Verlauf der Blasen selbst abgelesen werden können.

Der Aufbau dieses Kapitels lautet wie folgt: Zunächst erfolgt die Einordnung dieses Kapitels in die bestehende Literatur zu Einheitswurzel- und Kointegrationstests bei Existenz von Strukturbrüchen und damit verbunden zu Tests auf spekulative Blasen. Im Anschluß wird der Mechanismus der TAR- und MTAR-Modelle gemeinsam mit einer Beschreibung von Einheitswurzel- und Kointegrationstests in dieser Umgebung beschrieben. Dann werden die von Banerjee, Lumsdaine und Stock (1992) im einfachen linearen Modell beschriebenen rekursiven Einheitswurzeltests erläutert. Es folgt die Übertragung dieser Tests auf den TAR-/MTAR-Modellrahmen. Damit verbunden ist eine Bestimmung der kritischen Werte im Rahmen einer Monte-Carlo Simulation. In einem eigenen Abschnitt wird auf die Güte dieses Verfahren eingegangen. Schließlich folgt die Anwendung des Verfahrens auf den Datensatz von Shiller zur Identifikation spekulativer Perioden. Dort werden zum einen die Sequenzen der rekursiv gebildeten Teststatistiken untersucht und zum anderen der neue Einheitswurzeltest angewendet.

6.1. Einordnung in die Literatur

TAR Modelle sind in der Lage asymmetrisches Anpassungsverhalten der zugrundeliegenden Prozesse zu berücksichtigen. Der autoregressive Parameter in diesen Modellen ist vom jeweiligen Zustand (Regime) der interessierenden Variablen abhängig. Ist der autoregressive Parameter beispielsweise hoch, wenn sich die Variable oberhalb des Trends befindet und entsprechend niedrig, wenn die Variable unterhalb des Trends liegt, so bleiben Beobachtungen tendenziell länger unterhalb des Trends als oberhalb des Trends. Eine Erweiterung der TAR-Modelle bilden die sogenannten MTAR-Modelle. Der Unterschied zwischen TAR- und MTAR-Modellen besteht darin, daß die unterschiedlichen autoregressiven Parameter davon abhängen, ob die zu betrachtende Variable gerade steigt oder fällt. Damit kann man mit MTAR-Modellen besonders gut die Möglichkeit einer asymmetrischen Bewegung einer Zeitreihe abbilden, in der Abwärtsbewegungen abrupter erfolgen als Aufwärtsbewegungen. Bohl und Siklos (2004) haben Einheitswurzel- und Kointegrationstests im MTAR-Rahmen auf den US-Aktienmarkt angewendet und kommen zu dem Ergebnis, daß kurzfristig Aufwärtsbewegungen mit sich anschließenden *Crashs* zu beobachten sind (ein solches Bewegungsmuster wird typischerweise im Zusammenhang mit spekulativen Blasen beobachtet), während man langfristig keine spekulativen Blasen beobachten kann.

Die von Evans (1991) sowie Charemza und Deadman (1995) erwähnten Schwierigkeiten in der Identifikation spekulativer Blasen sind aber nicht nur auf die Asymmetrie der zugrundeliegenden Prozesse zurückzuführen. Vielmehr ist es plausibel zu vermuten, daß zusätzlich zum asymmetrischen Verlauf der entsprechenden Zeitreihen auch ein oder mehrere Strukturbrüche existieren. Nun ist vielfach gezeigt worden, daß herkömmliche Einheitswurzel- und Kointegrationstests sehr schlechte Güteeigenschaften aufweisen, wenn sie auf Zeitreihen angewendet werden, die einem oder mehreren Strukturbrüchen unterlegen sind. Leybourne, Mills und Newbold (1998) zeigen beispielsweise, daß bei Vernachlässigung von Strukturbrüchen Dickey-Fuller-Tests Trendstationarität anzeigen, obwohl der zugrundeliegende Prozeß differenzenstationär ist. Leybourne und Newbold (2003) untersuchen die Konsequenzen nicht beachteter Strukturbrüche im Zusammenhang mit Kointegrationstests. Sie zeigen, daß zwei voneinander unabhängige differenzenstationäre Zeitreihen mit jeweils einem Strukturbruch kointegriert erscheinen können, obwohl sie es gar nicht sind (*spurious cointegration.*). Dieses Problem tritt bei einer Vielzahl von Kointegrationstests auf, und nicht nur im Zusammenhang mit dem häufig kritisierten Engle-Granger-Test. Campos, Ericsson und Hendry (1996) untersuchen einen ähnlichen Fall, konzentrieren sich bei ihrer Untersuchung jedoch auf die Güte der Tests. Das erwähnte Papier von Leybourne und Newbold (2003) hingegen widmet sich in erster Linie der Einhaltung des Fehlers erster Art.

Das Problem der Nichtbeachtung von Strukturbrüchen bei der Verwendung von Einheitswurzel- und Kointegrationstests ergibt sich auch im Zusammenhang mit TAR- und MTAR-Modellen. Cook (2001) zeigt, daß bei Existenz eines Strukturbruchs im Achsenabschnitt MTAR-Einheitswurzeltests zwar das vorgegebene Signifikanzniveau einhalten. Jedoch weisen sie bei einem Strukturbruch im Steigungsparameter eine deutliche Verletzung des vorgegebenen Signifikanzniveaus auf und das sowohl bei Strukturbrüchen, die zu Beginn der Stichprobe zu finden sind als auch bei solchen am Ende der Stichprobe.

Nun ist es einerseits in der bestehenden Literatur weit verbreitet, auf das Problem und die Konsequenzen nicht beachteter Strukturbrüche hinzuweisen, andererseits fehlt es jedoch an geeigneten Methoden, solche Strukturbrüche nachzuweisen. Es gibt zwar einen sehr lebendigen Forschungszweig, der sich mit der sogenannten endogenen Strukturbruchfindung auseinandersetzt (darauf wird in Kapitel 7 noch näher eingegangen), die dort entwickelten Verfahren sind jedoch bisher auf die Anwendung stationärer Zeitreihen beschränkt. Weit problematischer gestaltet sich die Strukturbruchfindung, wenn man sich über die Stationaritätseigenschaften der betrachteten Reihe nicht im klaren ist. So ist es beispielsweise denkbar, daß der autoregressive Koeffizient der zugrundeliegenden Zeitreihe von einem stationären Regime in ein nicht stationäres Regime übergeht (oder umgekehrt).

Schon seit geraumer Zeit existieren Arbeiten, die sich mit dieser Fragestellung beschäftigen. Verfahren, welche dieses Problem aufgreifen sind vor allem mit den Arbeiten von Perron (1989), DeLong und Summers (1988) sowie der Arbeit von Banerjee, Lumsdaine und Stock (1992) verbunden. In all diesen Arbeiten werden Einheitswurzeltests entwickelt, welche die Existenz einer Einheitswurzel gegen einen trendstationären Prozeß mit einem Strukturbruch im Achsenabschnitt oder im Steigungsparameter testen.

Perron (1989) sowie DeLong und Summers (1988) unterstellen dabei, daß der Zeitpunkt des Strukturbruchs bekannt sei. Diese Annahme ist jedoch ausgesprochen problematisch und in der Literatur häufig kritisiert worden.[1] Vielversprechender ist der Ansatz von Banerjee, Lumsdaine und Stock (1992). Hier wird der Zeitpunkt des Strukturbruchs als unbekannt betrachtet. Die Suche des Strukturbruchs erfolgt mittels eines rekursiven Testverfahrens. Hierbei wird eine Sequenz von Teststatistiken betrachtet. Man beginnt mit einem Bruchteil der vorliegenden Stichprobe, und diese wird dann elementweise vergrößert.[2] Nach jeder Erweiterung wird die Teststatistik neu berechnet. Damit erhält man eine ganze Sequenz von Teststatistiken. Anhand dieser wird dann diejenige Teststatistik ausgewählt, die am deutlichsten gegen die Gültigkeit der Nullhypothese spricht. Dabei kann es sich sowohl um das Maximum als auch um das Minimum der Teststatistiken handeln.

6.2. Einheitswurzel- und Kointegrationstests im TAR- und MTAR- Modellrahmen

In diesem Abschnitt wird der TAR- sowie der MTAR-Mechanismus im Zusammenhang mit den Dickey-Fuller Einheitswurzeltests sowie der Engle-Granger Kointegrationstests in dieser Umgebung dargestellt. Der Abschnitt orientiert sich an den Arbeiten von Enders und Granger (1998) (Einheitswurzeltests) sowie von Enders und Siklos (2001) (Kointegrationstests).

6.2.1. Einheitswurzeltests

Betrachtet sei zunächst eine Variable y_t ($t = 1, \ldots, T$). Der einfache Einheitswurzeltest von Dickey und Fuller (1979) basiert dann auf dem folgenden AR-Modell:

$$y_t = \Phi y_{t-1} + \epsilon_t, \qquad (6.1)$$

wobei es sich bei $\{\epsilon_t\}$ um einen *White-Noise*-Prozeß handelt. Subtraktion von y_{t-1} auf beiden Seiten der Gleichung führt dann zur Dickey-Fuller-

---

[1] Vgl. z.B. Christiano (1992).
[2] Die Bezeichnung *rekursiv* für ein solches Vorgehen leitet sich aus dem Verfahren der rekursiven Schätzung ab, das von Brown, Durbin und Evans (1975) entwickelt wurde.

Testgleichung:

$$\Delta y_t = \rho y_{t-1} + \epsilon_t, \qquad (6.2)$$

wobei es sich bei Δy_t um eine Zeitreihe in ersten Differenzen handelt und $\rho = \Phi - 1$ gilt. Unter der Nullhypothese einer Einheitswurzel gilt $\rho = 0$ bzw. $\Phi = 1$. Andererseits liegt Stationarität vor, wenn $-2 < \rho < 0$ bzw. $|\Phi| < 1$ gilt. Man kann zeigen, daß Einheitswurzeltests dieser Art eine extrem schlechte Güte aufweisen, wenn sie auf Zeitreihen angewendet werden, deren Verlauf asymmetrisch ist.[3] Ein asymmetrischer Verlauf bedeutet in diesem Zusammenhang, daß die Steigung bei positiven Veränderungen eine andere ist als diejenige bei negativen Veränderungen. Die von Tong (1983) vorgeschlagene Klasse der TAR Modelle ist deutlich besser dazu geeignet, die Existenz solcher Asymmetrien zu berücksichtigen:

$$\Delta y_t = I_t \rho_1 y_{t-1} + (1 - I_t) \rho_2 y_{t-1} + \epsilon_t. \qquad (6.3)$$

I_t ist eine Indikatorfunktion und wird auch als *Heaviside indicator* bezeichnet. Sie lautet wie folgt:

$$I_t = \begin{cases} 1, & \text{falls } y_{t-1} \geq 0 \\ 0, & \text{falls } y_{t-1} < 0 \end{cases}, \qquad (6.4)$$

wobei $y_t = 0$ das langfristige Gleichgewicht der Zeitreihe darstellt. Wenn sich y_{t-1} oberhalb des langfristigen Gleichgewichtswertes befindet, so beträgt die Anpassung $\rho_1 y_{t-1}$, ansonsten beträgt die Anpassung $\rho_2 y_{t-1}$. Sofern die Zeitreihe $\{y_t\}$ stationär ist, sind die OLS Schätzer von ρ_1 und ρ_2 multivariat normalverteilt.

Wenn $\rho_1 = \rho_2$ gilt, dann wird obige Gleichung zur einfachen Dickey-Fuller Gleichung.[4] Darüberhinaus gibt es eine Reihe von Möglichkeiten das einfache TAR Modell der Gleichungen (6.3) und (6.4) zu modifizieren. Zunächst ist es denkbar, den Wert des *Attraktors*, also das langfristige Gleichgewicht nicht bei dem Wert $y_t = 0$ zu belassen, sondern einen belie-

---

[3] Der Begriff Güte (*power*) bezeichnet die Wahrscheinlichkeit, mit der eine falsche Nullhypothese korrekterweise abgelehnt wird.
[4] Insofern enthält der von Enders und Granger (1998) entwickelte Einheitswurzeltest den Dickey-Fuller-Test als Spezialfall.

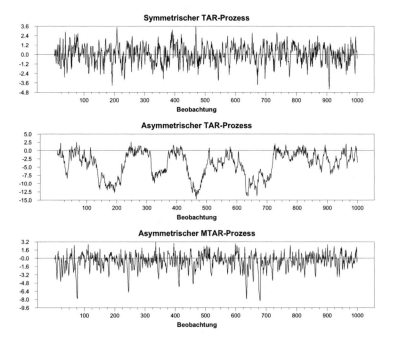

Abbildung 6.1.: TAR-/MTAR-Realisationen mit symmetrischer und asymmetrischer Anpassung für $\rho_1 = 0.02$ und $\rho_2 = 0.98$

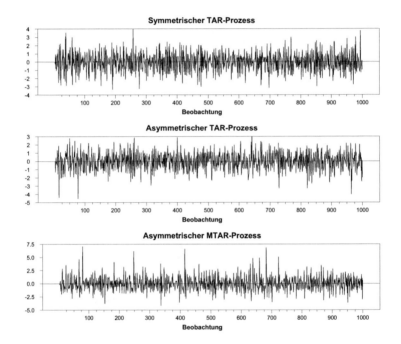

Abbildung 6.2.: TAR-/MTAR-Realisationen in Differenzen mit symmetrischer und asymmetrischer Anpassung für $\rho_1 = 0.02$ und $\rho_2 = 0.98$

bigen Wert $y_t = a_0$ zu wählen:

$$\Delta y_t = I_t \rho_1(y_{t-1} - a_0) + (1 - I_t)\rho_2(y_{t-1} - a_0) + \epsilon_t, \qquad (6.5)$$

$$I_t = \begin{cases} 1, & \text{falls } y_{t-1} \geq a_0 \\ 0, & \text{falls } y_{t-1} < a_0 \end{cases}. \qquad (6.6)$$

Falls $\rho_1 = \rho_2 = 0$, wird obige Gleichung zu einem *Random Walk*, für $\rho_1 = \rho_2 \neq 0$ ergibt sich ein AR(1)-Prozeß.

Eine weitere Möglichkeit das grundlegende TAR-Modell zu modifizieren, ist die Einbeziehung verzögerter Differenzen in die y_t Reihe. Eine Erweiterung der Gleichung (6.3) um verzögerte Veränderungen der Ordnung p führt zu:

$$\Delta y_t = I_t \rho_1 y_{t-1} + (1 - I_t)\rho_2 y_{t-1} + \sum_{i=1}^{p-1} \beta_i \Delta y_{t-i} + \epsilon_t. \qquad (6.7)$$

Bei Verwendung einer Spezifikation wie in (6.7) kann man zeigen, daß die üblichen Selektionskriterien zur Auswahl der Anzahl an Verzögerungen herangezogen werden können.[5]

Bislang hängt die Indikatorfunktion lediglich von y_{t-1} ab. Es kann jedoch sinnvoll sein, stattdessen Δy_{t-1} zu benutzen:

$$I_t = \begin{cases} 1, & \text{falls } \Delta y_{t-1} \geq 0 \\ 0, & \text{falls } \Delta y_{t-1} < 0 \end{cases}. \qquad (6.8)$$

Gemeinsam mit Gleichung (6.3) bezeichnet man diese Modellklasse als MTAR-Modelle. Zur Illustration des Mechanismus dieser Modelle sei angenommen, daß $|\rho_1| < |\rho_2|$ gelte. Bei dieser Konstellation weist das MTAR-Modell nur einen geringfügigen Rückgang für positive Δy_{t-1}, jedoch einen erheblichen Rückgang für negative Δy_{t-1} auf. Dies führt zu persistenten Anstiegen und Reduktionen, welche die Tendenz aufweisen, schnell zum Attraktor zurückzukehren.

Die Abbildungen 6.1 und 6.2 zeigen Realisationen eines symmetrischen TAR Prozesses sowie eines TAR- und eines MTAR-Prozesses mit Parametern $\rho_1 = 0.02$ und $\rho_2 = 0.98$. Die Abbildung 6.1 enthält die Realisationen

---

[5] Siehe dazu auch Tong (1983).

in Niveaugrößen, während die Abbildung 6.2 dieselben Realisationen in ersten Differenzen zeigt. Die Darstellung der symmetrischen TAR Prozesse im oberen Bild der Abbildungen läßt erkennen, daß ein symmetrischer TAR Prozeß identisch zu einem entsprechenden AR Prozeß ist. Der für ρ gewählte Parameter beträgt hier 0.5. Die Abbildung des TAR Prozesses in Niveaugrößen illustriert das Verhalten des Prozesses: Punkte oberhalb des langfristigen Gleichgewichtes (in diesem Fall der Nullinie) weisen auf Grund des geringen Wertes für ρ_1 nur eine äußerst geringe Persistenz auf, während Punkte unterhalb der Nullinie aufgrund des hohen Wertes für ρ_2 eine sehr hohe Persistenz aufweisen. Daher dauert es vergleichsweise lange, bis die Nullinie erneut erreicht wird. Bei Betrachtung des MTAR-Prozesses jeweils im unteren Bild der beiden Abbildungen erkennt man deutlich, daß negative Veränderungen bei aufeinanderfolgenden Beobachtungen in der Folgeperiode verstärkt werden, anschließend jedoch eine schnelle Rückkehr zum langfristigen Gleichgewicht erfolgt. Bei Betrachtung der Prozesse in ersten Differenzen, sind die Unterschiede optisch nicht ganz so offensichtlich erkennbar. Es fällt aber dennoch auf, daß im TAR Fall und vor allem im MTAR-Fall einzelne Ausschläge deutlich stärker zu erkennen sind als im Prozeß ohne Modellierung unterschiedlicher Regime.

Enders und Granger (1998) führten Monte-Carlo-Simulationen durch, um die Nullhypothese einer Einheitswurzel gegen die Alternative eines stationären TAR bzw. MTAR-Modells zu testen.

Die Stationaritätsbedingungen in einem TAR Rahmen wurden von Petrucelli und Woolford (1984) hergeleitet. Sie haben gezeigt, daß die Reihe Δy_t genau dann stationär ist, wenn gilt, daß $\rho_1 < 0$, $\rho_2 < 0$ und $(1 + \rho_1)(1 + \rho_2) < 1$. Basierend auf diesen Ergebnissen wurden von Enders und Granger (1998) Stationaritätstests im TAR-/MTAR-Rahmen durchgeführt. Die Tests auf Einheitswurzeln werden mit Hilfe der t-Statistiken der folgenden Nullhypothesen durchgeführt: $\rho_1 = 0$, $\rho_2 = 0$ sowie F-Statistiken der Nullhypothese $\rho_1 = \rho_2 = 0$. Letztere wird dabei auch als Φ-Statistik bezeichnet.

Enders und Granger (1998) vergleichen die Güte gewöhnlicher Dickey-Fuller-Tests mit der Güte der von ihnen vorgeschlagenen Teststatistiken. Zu diesem Zweck haben sie 2500 Prozesse der Form (6.3) für jeweils unterschiedliche Werte von ρ_1 und ρ_2 generiert. Für jeden dieser generierten Prozesse wurde die vorgeschlagene Teststatistik berechnet und mit dem entsprechenden kritischen Wert verglichen. Dabei führten sie über die Anzahl der richtigerweise abgelehnten Nullhypothesen Buch. Zu Vergleichszwecken wurde darüberhinaus noch die gewöhnliche Dickey-Fuller-Teststatistik für jeden der generierten Prozesse berechnet. Auch hierfür wurde über die Anzahl der richtigerweise abgelehnten Nullhypothesen Buch geführt.[6]

Sie kommen dabei zu dem Ergebnis, daß die Φ-Statistik dabei deutlich besser abschneidet als die beiden anderen Teststatistiken. Für den Fall der TAR-Spezifikationen ergibt sich, daß die Güte der gewöhnlichen Dickey-Fuller-Tests auch dann höher ist als diejenige der TAR Dickey-Fuller-Tests wenn der Grad der Asymmetrie vergleichsweise hoch ist. Bei Verwendung der MTAR-Spezifikationen ergibt sich jedoch ein anderes Bild: Bei dieser Modellklasse ist die Güte der MTAR-Einheitswurzeltests durchweg höher als diejenige der gewöhnlichen Dickey-Fuller-Tests. Nur wenn der datengenerierende Prozeß symmetrisch ist, ist die Güte der herkömmlichen Dickey-Fuller-Tests höher als diejenige der Einheitswurzeltests in der MTAR-Modellklasse.

6.2.2. Kointegrationstests

Enders und Siklos (2001) haben einen Kointegrationstest im Sinne von Engle-Granger in der TAR-/MTAR-Umgebung entwickelt. Die Basis für den Kointegrationstest bildet der folgende lineare Zusammenhang:

$$\Delta x_t = \Pi x_{t-1} + \nu_t, \tag{6.9}$$

wobei es sich bei x_t um einen $(n \times 1)$ Vektor von Zufallsvariablen handelt, die integriert vom Grade 1 sind. Π ist eine $(n \times n)$ Matrix und ν_t ist ein $(n \times 1)$ Vektor normalverteilter Störgrößen ν_{it}, die kontemporär korreliert sein können. Unter Verwendung des zweistufigen Engle-Granger Verfahrens schätzen sie zunächst die langfristige Beziehung:

$$x_{1t} = \beta_0 + \beta_2 x_{2t} + \beta_3 x_{3t} + ... + \beta_n x_{nt} + \mu_t, \tag{6.10}$$

---

[6] Über die *Size* der vorgeschlagenen Teststatistiken finden sich keine Angaben.

wobei es sich bei x_{it} um die einzelnen $I(1)$-Komponenten von $\boldsymbol{x}_t$ handelt, β_i sind die zu schätzenden Parameter und μ_t ist der unter Umständen seriell korrelierte Störterm. In einem zweiten Schritt werden die Residuen dieser Gleichung auf ihre verzögerten Werte in einem *Threshold* Modell regressiert:

$$\Delta \mu_t = I_t \rho_1 \mu_{t-1} + (1 - I_t)\rho_2 \mu_{t-1} + \epsilon_t. \tag{6.11}$$

Dabei ist I_t die bereits vorher definierte Indikator-Funktion und ϵ_t ist die übliche *White-Noise*-Störgröße. Wie zuvor ist die Reihe $\{\mu_t\}$ stationär, falls $\rho_1 < 0$, $\rho_2 < 0$ und $(1+\rho_1)(1+\rho_2) < 1$ für jeden Wert von τ gilt. In diesem Fall gilt im langfristigen Gleichgewicht $\mu_t = 0$. Für $\rho_1 = \rho_2$ ergibt sich der herkömmliche Engle-Granger-Test.

Wie im vorherigen Anschnitt kann auch hier das einfache *Threshold*-Modell um Prozesse höherer Ordnung erweitert werden. Des weiteren kann die Indikator-Funktion im Sinne eines MTAR-Modells erweitert werden.

Enders und Siklos (2001) haben Gütetests für diese Kointegrationstests durchgeführt. Die ermittelte Güte der Teststatistik wurde genau wie im vorigen Abschnitt jeweils mit der Güte der herkömmlichen Engle-Granger-Teststatistik verglichen. Auch hier weist der herkömmliche Engle-Granger-Test eine höhere Güte auf als der Kointegrationstest im TAR Modell. Für den Fall des MTAR-Modells gilt wiederum, daß die Güte des herkömmlichen Engle-Granger-Tests nur dann höher ist, wenn der Anpassungsprozeß nahezu symmetrisch ist. Ist der Anpassungsprozeß hingegen asymmetrisch, so ist die Güte der von Enders und Siklos (2001) vorgeschlagenen Teststatistik höher als diejenige des einfachen Engle-Granger-Tests.

Zur Vermeidung der Bestimmung des Wertes für den Attraktor aus den Daten heraus wäre es wünschenswert diesen zu kennen. Dies ist jedoch in den seltensten Fällen gegeben, so daß der Wert des Attraktors geschätzt werden muß. An dieser Stelle wird das Verfahren von Chan (1993) verwendet. Gemäß dieses Verfahrens wird die Summe der quadrierten Fehler aus dem angepassten Modell minimiert, indem man über die möglichen Werte des *Thresholds* sucht. Als erstes wird dazu die langfristige Beziehung geschätzt und die Residuen werden als $\{\hat{y}_t\}$ gespeichert. Dann werden die geschätzten Residuen in aufsteigender Reihenfolge sortiert. Die größten und die kleinsten 15% der Werte werden abgeschnitten und die übrigen

Werte werden als mögliche Schwellenwerte angesehen.[7] Für jeden dieser möglichen Schwellenwerte wird eine Gleichung der Form (6.11) geschätzt. Derjenige Schwellenwert mit der geringsten Residualquadratsumme wird als Schätzwert für den Schwellenwert gewählt.

Bevor auf die eigenen Monte-Carlo-Simulationen eingegangen wird, werden zunächst die von Banerjee, Lumsdaine und Stock (1992) entwickelten rekursiven Einheitswurzeltests dargestellt. Im Rahmen der Monte-Carlo-Simulation werden diese dann in den MTAR-Rahmen eingebettet.

6.3. Ein rekursiver Einheitswurzeltest

Im Zusammenhang mit herkömmlichen Einheitswurzeltests wurden in der Literatur gelegentlich Bedenken geäußert, daß der Integrationsgrad einer Zeitreihe im Zeitverlauf nicht zwangsweise konstant bleiben muß.[8] Banerjee, Lumsdaine und Stock (1992) gehen auf diesen Kritikpunkt ein, indem sie die Nullhypothese einer Einheitswurzel gegen die Alternative der Trendstationarität mit einem Strukturbruch entweder im Trend oder einem sich ändernden autoregressiven (AR) Koeffizienten testen. Letzterer Teil der Alternative umfaßt auch die Möglichkeit, daß der AR-Koeffizient für einen Teil der Stichprobe stationär und für einen anderen Teil nichtstationär ist. Das Vorgehen umfaßt die rekursive Ermittlung einer Sequenz von Teststatistiken. Aus dieser Sequenz wird diejenige Teststatistik ausgewählt, welche die Nullhypothese am deutlichsten abzulehnen vermag. Es werden also das Minimum und das Maximum (sowie die Differenz aus beiden) dieser Sequenz ermittelt.

Rekursive Ermittlung der Teststatistiken bedeutet dabei, daß beginnend mit einem Bruchteil des gesamten Stichprobenumfangs dieser sukzessive erweitert wird, bis der gesamte Stichprobenumfang erfaßt wurde.[9] Banerjee, Lumsdaine und Stock (1992) zeigen, daß rekursiv berechnete Dickey-Fuller-

---

[7] Die Entscheidung gerade 15% am oberen und unteren Ende abzuschneiden erfolgt dabei eher intuitiv und aus der Erfahrung heraus, daß die extremeren Werte nicht als Attraktor in Frage kommen. Durch die Abschneidung spart man natürlich bei der Suche einige Schleifendurchläufe und somit Rechenzeit.

[8] Vgl. z.B. Ericsson, Hendry und Tran (1994).

[9] Des weiteren werden dort asymptotische Verteilungen für rollende und sequentielle Einheitswurzeltests hergeleitet.

Teststatistiken ein nützliches Instrument sein können, um Strukturbrüche und Regimewechsel bezüglich der Stationaritätseigenschaften innerhalb einer Stichprobe identifizieren zu können. Das gemeinsame Element der noch relativ jungen Literatur zur endogenen Strukturbruchfindung innerhalb stationärer Prozesse besteht darin, daß die Zeitpunkte der jeweiligen Strukturbrüche nicht vorgegeben werden, sondern aus den Daten zu bestimmen sind. Banerjee, Lumsdaine und Stock (1992) betrachten ein einfaches Einheitswurzelmodell, das eine deterministische Komponente, einen Zeittrend sowie eine Lag-Struktur der bekannten Ordnung p enthält. Damit lautet das hier betrachtete Einheitswurzelmodell für die Zeitreihe y_t $(t = 1, ..., T)$ folgendermaßen:

$$y_t = \beta_0 + \beta_1 y_{t-1} + \beta_2 t + \epsilon_t. \tag{6.12}$$

Mittels der Nullhypothese

$$H_0 : \beta_1 = 1$$

wird auf Existenz einer Einheitswurzel in der Zeitreihe getestet. Hier wird vor allem die Dickey-Fuller t-Statistik betrachtet. Die Berechnung dieser Teststatistik erfolgt ohne Änderung des Einheitswurzeltests. Lediglich die Anzahl der einbezogenen Beobachtungen wird in dem rekursiven KQ-Schätzer berücksichtigt:

$$\hat{\beta}_1(\delta) = \left(\sum_{t=1}^{[T\delta]} y_{t-1} y_{t-1} \right)^{-1} \left(\sum_{t=1}^{[T\delta]} y_{t-1} y_t \right), \quad 0 < \delta_0 \leq \delta \leq 1, \tag{6.13}$$

wobei $[T\delta]$ den ganzzahligen Teil von $T\delta$ darstellt. δ_0 ist der anfängliche Anteil an Beobachtungen in dem Schätzverfahren. Folglich muß δ größer oder gleich δ_0 sein, jedoch kleiner oder gleich 1. Die Dickey-Fuller-Teststatistik lautet:

$$t_{DF}(\delta) = \frac{T(\hat{\beta}_1(\delta) - 1)}{\sqrt{\widehat{Var}(\hat{\beta}_1(\delta))}}, \quad \delta_0 \leq \delta \leq 1, \tag{6.14}$$

wobei

$$\widehat{Var}(\hat{\beta}_1(\delta)) = \left(\sum_{t=1}^{[T\delta]} y_{t-1} y_{t-1} \right) ([T\delta] - p - 1)^{-1} \sum_{t=1}^{[T\delta]} (y_t - \hat{\beta}_1(\delta) y_{t-1})^2.$$

Genausogut kann man mit einem *Subsample* beginnen, das die letzten $[T\delta]$ Beobachtungen von y_t beinhaltet. Das *Subsample* wird dann durch Einbeziehung davor liegender Beobachtungen sukzessive erweitert. Für diesen Fall sieht der KQ-Schätzer des Koeffizientenvektors folgendermaßen aus:

$$\hat{\beta}_1(\delta) = \left(\sum_{t=[T\delta]+1}^{T} y_{t-1}y_{t-1}\right)^{-1} \left(\sum_{t=[T\delta]+1}^{T} y_{t-1}y_t\right), \qquad 0 \leq \delta \leq 1 - \delta_0 < 1.$$

(6.15)

Die zugehörige Dickey-Fuller-Teststatistik entspricht derjenigen in Gleichung (6.14). Man erhält eine Sequenz von Teststatistiken und testet auf Existenz einer Einheitswurzel anhand der Extremwerte aus dieser Sequenz (Maximum, Minimum und Differenz aus beiden).

T	Quantil	t_{DF}	t_{DF}^{min}	t_{DF}^{max}	t_{DF}^{diff}
100	0.10	-2.56	-3.33	-1.27	1.41
	0.05	-2.88	-3.64	-1.57	1.28
	0.01	-3.44	-4.27	-2.14	1.05
250	0.10	-2.56	-3.25	-1.20	1.47
	0.05	-2.85	-3.53	-1.49	1.32
	0.01	-3.37	-4.11	-1.98	1.10
500	0.10	-2.55	-3.26	-1.16	1.50
	0.05	-2.84	-3.55	-1.45	1.36
	0.01	-3.41	-4.12	-1.97	1.14

Tabelle 6.1.: Kritische Werte des rekursiven Einheitswurzeltests

(α_1, α_2)	t_{DF}^{min}	t_{DF}^{max}	t_{DF}^{diff}	t_{DF}
(0.8,1.0)	10.31	8.28	8.3	7.35
(0.6,1.0)	24.68	9.1	2.6	7.98
(0.4,1.0)	37.66	8.0	0.99	7.12
(1.0,0.8)	1.77	6.28	22.28	9.0
(1.0,0.6)	2.41	6.37	20.52	9.0
(1.0,0.4)	2.64	6.35	20.05	9.3

Tabelle 6.2.: Güte der rekursiven Einheitswurzeltests

Die Tabelle 6.1 zeigt die kritischen Werte rekursiver Einheitswurzeltests. Die Ermittlung der kritischen Werte erfolgte folgendermaßen: Es wurden

10.000 Zeitreihen der Form $y_t = y_{t-1} + \epsilon_t$ erzeugt, wobei $\epsilon_t = N(0,1)$ ist. Die rekursiven Teststatistiken wurden beginnend mit einem *Subsample* der Länge $\delta_0 \cdot T$ erzeugt. Der für δ_0 gewählte Wert beträgt dabei 0.25.[10] Dieses *Subsample* wurde sukzessive um die nächstfolgende Beobachtung erweitert, und nach jeder Erweiterung um die folgende Beobachtung wurde die rekursive Teststatistik neu berechnet. Nach einem kompletten Durchlauf der Stichprobe wurden die maximale Teststatistik, die minimale Teststatistik sowie die Differenz aus der maximalen und der minimalen Teststatistik ermittelt. Die kritischen Werte stammen aus der Verteilung dieser Teststatistiken aus 10.000 Monte-Carlo-Durchläufen. Die generierten Zeitreihen hatten effektiv die Länge T=100, T=250 und T=500. Effektiv bedeutet an dieser Stelle, daß die ersten 100 Beobachtungen einer Zeitreihe nicht in Betracht gezogen wurden. So wurde sichergestellt, daß sich die jeweiligen Realisationen der Prozesse weit genug von ihren Startwerten entfernt hatten.

Zu Vergleichszwecken sind in der Tabelle 6.1 auch die kritischen Werte der einfachen Dickey-Fuller-Teststatistik jeweils auf Basis der gesamten Stichprobe angegeben. Es fällt unmittelbar auf, daß die kritischen Werte der t_{DF}^{min}-Teststatistik deutlich kleiner sind als diejenigen der t_{DF}-Teststatistik. Zur besseren Verdeutlichung der unterschiedlichen Verteilungen der Teststatistiken sind in Abbildung 6.3 Histogramme der Teststatistiken dargestellt.

Die Güte der rekursiven Teststatistiken ist in Tabelle 6.2 für den Stichprobenumfang $T = 100$ dargestellt. Die Güte wurde mit Hilfe der in Tabelle 6.1 dargestellten kritischen Werte für T=100 ermittelt. Dargestellt sind die prozentualen Anteile korrekterweise abgelehnter falscher Nullhypothesen auf einem Signifikanzniveau von 10%. Unter der Nullhypothese werden 10.000 Zeitreihen der Form $y_t = \mu + \alpha_t y_{t-1} + \epsilon_t$ generiert. Hierbei ist wie üblich ϵ_t N(0,1)-verteilt und α_t entspricht α_1 für $t \leq 0.5T$ und α_2 für $t > 0.5T$. Der autoregressive Parameter hat in der zweiten Hälfte der Stichprobe also einen anderen Koeffizienten als in der ersten Hälfte der Stich-

---

[10] Die Auswahl dieses Wertes erfolgt willkürlich. Einziges Kriterium ist, daß einerseits in der Regression mit dem kleinsten Stichprobenumfang genügend Beobachtungen enthalten sein müssen, um die Normalverteilungsannahme erfüllen zu können. Andererseits möchte man mögliche Parameteränderungen in der Stichprobe möglichst früh aufdecken. Ein Wert von $\delta_0 = 0.25$ erscheint dabei angemessen.

6.3. Ein rekursiver Einheitswurzeltest

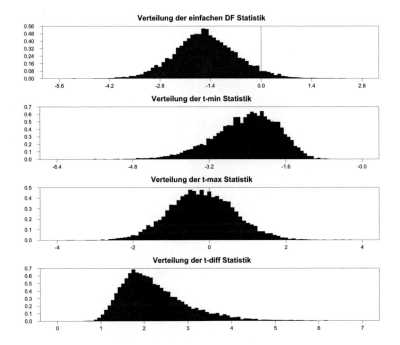

Abbildung 6.3.: Histogrammdarstellung der Verteilungen der rekursiven Teststatistiken

probe. Insbesondere ist der autoregressive Koeffizient in einer Hälfte der Stichprobe stationär und in der anderen Hälfte nicht stationär. Wie bei der Ermittlung der kritischen Werte auch, wurden die ersten 100 Realisationen der Zeitreihe bei der Ermittlung der Teststatistiken nicht berücksichtigt, um eine möglichst weite Entfernung vom Startwert der Zeitreihe zu erzielen.

Bezgl. der Güte der rekursiven Teststatistiken fällt auf, daß bei einem Wechsel von einem stationären Regime ($\alpha_1 < 1$) zu einem instationären Regime ($\alpha_2 = 1$) die Teststatistik t_{DF}^{min} im Vergleich zu den anderen Teststatistiken besonders gut abschneidet, während die Teststatistik t_{DF}^{diff} nur eine sehr geringe Güte aufweist. Die einfache t_{DF}-Teststatistik weist jedoch die geringste Güte auf und wird nur während einzelner Konstellationen von anderen Teststatistiken unterboten. Bei einem Wechsel von einem instationären Regime zu einem stationären Regime ergibt sich ein etwas anderes Bild. Hier weist die Teststatistik t_{DF}^{diff} eine besonders hohe Güte auf, während t_{DF}^{min} besonders schlecht abschneidet. Hier weist die einfache t_{DF}-Teststatistik sowohl eine höhere Güte als die t_{DF}^{max}-Statistik als auch eine höhere Güte als die t_{DF}^{min}-Statistik auf.

Als Ergebnis bleibt festzuhalten, daß die rekursiven Dickey-Fuller-Teststatistiken eine höhere Güte aufweisen als die einfachen Dickey-Fuller-Statistiken. Das Ausmaß dieses besseren Abschneidens hängt stark vom zugrundeliegenden stochastischen Prozeß ab. Die rekursiven Statistiken sind vor allem bei einem Wechsel von einem stationären zu einem instationären Regime erfolgreich. Hier sollte man in erster Linie auf die t_{DF}^{min}-Statistik zurückgreifen. Im umgekehrten Fall schneidet die t_{DF}^{diff} besonders gut ab. In dieser Konstellation sollte von der Verwendung der anderen Teststatistiken abgesehen werden.

Nachdem in diesem Abschnitt die auf der Arbeit von Banerjee, Lumsdaine und Stock (1992) basierenden rekursiven Einheitswurzeltests vorgestellt wurden und deren Güte untersucht wurde, werden diese Einheitswurzeltests im folgenden Abschnitt in den MTAR-Rahmen eingebettet. Ebenso wie hier werden kritische Werte hergeleitet und die Güte der Tests beurteilt. Im Anschluß daran erfolgt die empirische Anwendung im Zusammenhang mit der Identifikation spekulativer Blasen.

6.4. Ein rekursiver Einheitswurzeltest in MTAR-Modellen

Monte-Carlo-Simulation

In diesem Abschnitt werden asymptotische kritische Werte rekursiver Statistiken in MTAR-Modellen präsentiert. Die kritischen Werte basieren auf 50.000 Monte-Carlo-Wiederholungen für $T = 100$, $T = 250$, sowie $T = 500$ Beobachtungen. Die Startwerte der Reihen wurden auf Null gesetzt, und die ersten 100 Realisationen wurden in die Berechnung der kritischen Werte nicht miteinbezogen, um sicherzustellen, daß sich die Prozesse weit genug von ihren Startwerten entfernt haben. Für den Parameter δ_0 (der Anteil des Stichprobenumfangs, der in die Berechnung der ersten Teststatistik der Sequenz einfließt) wurde der Wert 0.25 verwendet. Ebenso wie bei dem rekursiven Testverfahren im linearen Fall muß man auch hier einen Kompromiß eingehen. Einerseits benötigt man für die Berechnung der ersten Teststatistik eine ausreichend große Anzahl an Beobachtungen, andererseits sollen mögliche Strukturbrüche so früh wie möglich erkannt werden. Bei der Wahl des Wertes für diesen Parameter wurde jedoch keine Optimierungsregel verwendet, sondern er wurde ebenso wie bei Banerjee, Lumsdaine und Stock (1992) intuitiv gewählt.[11]

Das hier durchgeführte Monte-Carlo-Experiment testet die Nullhypothese einer Einheitswurzel gegen die Alternative der Trendstationarität mit einem Strukturbruch entweder im Trend oder im autoregressiven Parameter. Das Monte-Carlo-Experiment wird dabei in einem MTAR-Rahmen durchgeführt. Dazu wurden 50.000 *Random-Walk*-Prozesse der folgenden Form erzeugt:

$$y_t = y_{t-1} + \epsilon_t \tag{6.16}$$

Aus diesem *Random Walk* wird ein MTAR-Modell der folgenden Form geschätzt:

$$\Delta y_t = I_t \rho_1 y_{t-1} + (1 - I_t)\rho_2 y_{t-1} + \epsilon_t. \tag{6.17}$$

---

[11] Versuche mit anderen Parameterwerten lassen den Schluß zu, daß der Einfluß auf die kritischen Werte nur sehr gering ist.

Die dazugehörige Indikator-Funktion lautet:

$$I_t = \begin{cases} 1, & \text{falls } \Delta y_{t-1} \geq 0 \\ 0, & \text{falls } \Delta y_{t-1} < 0 \end{cases}. \qquad (6.18)$$

Für die geschätzten Koeffizienten werden rekursive Teststatistiken berechnet. Hierbei handelt es sich um modifizierte t-Statistiken. Die Modifikation besteht dabei aus einem Faktor, der den relativen Anteil zum Stichprobenumfang ausdrückt. Bei der ersten Regression wird die gewöhnliche t-Statistik also mit 0.25 multipliziert. Die getesteten Nullhypothesen lauten: $\rho_1 = 0$, $\rho_2 = 0$ sowie $\rho_1 = \rho_2 = 0$.

Innerhalb eines Rekursionsdurchlaufes erfolgte eine Sortierung der jeweils kleineren und größeren t-Statistik.[12] Die F-Statistik wurde ohne eine weitere Sortierung gespeichert. Am Ende eines jeden Rekursionsdurchlaufes erhält man auf diese Weise drei Vektoren: Ein Vektor enthält die jeweils größere der beiden t-Statistiken, ein Vektor enthält die jeweils kleinere der beiden t-Statistiken und ein Vektor enthält die F-Statistiken. Nach Abschluß eines Rekursionsdurchlaufes wurden die Teststatistiken des rekursiven Verfahrens ermittelt. Dazu wurde aus den drei genannten Vektoren jeweils das Minimum, das Maximum sowie die Differenz aus dem Maximum und dem Minimum gespeichert.[13] Im Anschluß daran erfolgt ein neuer Monte-Carlo-Durchlauf. Insgesamt ergeben sich bei diesem Vorgehen 9 Teststatistiken, nämlich jeweils 3 Teststatistiken für die 3 Teststatistiken aus dem MTAR-Kointegrationstest.

Nach 50.000 Wiederholungen wurden die 10%-, 5%- und 1%-Quantile für jede dieser Teststatistiken gebildet. In den Tabellen 6.3 und 6.4 sind die jeweiligen Quantile der Teststatistiken angegeben. Die kritischen Werte wurden dabei einmal ohne Einbeziehung weiterer Verzögerungen und einmal unter Einbeziehung von 5 Lags ermittelt. Die berücksichtigte Anzahl von Lags entspricht derjenigen in der später folgenden empirischen Anwendung. Darüberhinaus zeigen die Abbildungen 6.4 bis 6.6 die Verteilungen der ermittelten Teststatistiken in Histogrammen.

---

[12] Diese Sortierung wurde auch von Enders und Siklos (2001) sowie Enders und Granger (1998) bei der Ermittlung der kritischen Werte für die Einheitswurzel- und Kointegrationstests im einfachen nicht-rekursiven Fall durchgeführt.

[13] Die Betrachtung der minimalen und der maximalen Teststatistik sowie der Differenz aus beiden erfolgt analog zu Banerjee, Lumsdaine und Stock (1992).

6.4. Ein rekursiver Einheitswurzeltest in MTAR-Modellen

T	Quantil	Teststatistik								
		t-min			t-max			Φ		
		t_{DF}^{min}	t_{DF}^{max}	t_{DF}^{diff}	t_{DF}^{min}	t_{DF}^{max}	t_{DF}^{diff}	t_{DF}^{min}	t_{DF}^{max}	t_{DF}^{diff}
100	0.10	-8.41	-1.20	1.83	-0.45	1.21	1.44	0.42	11.03	8.58
	0.05	-9.15	-1.35	1.49	-0.79	0.68	1.07	0.12	8.05	6.35
	0.01	-10.30	-1.64	1.03	-1.42	0.06	0.60	0.01	4.51	3.60
250	0.10	-12.91	-1.75	2.93	-0.45	2.38	2.49	0.25	26.37	22.69
	0.05	-13.79	-1.90	2.36	-0.76	1.54	1.88	0.07	18.64	16.41
	0.01	-15.06	-2.15	1.58	-1.34	0.55	1.10	0.01	9.85	8.81
500	0.10	-17.66	-2.38	4.04	-0.48	3.57	3.54	0.18	49.49	44.81
	0.05	-18.86	-2.57	3.22	-0.76	2.44	2.63	0.04	35.00	32.62
	0.01	-20.52	-2.86	2.17	-1.34	1.03	1.74	0.003	16.99	15.99

Tabelle 6.3.: Kritische Werte des rekursiven MTAR-Einheitswurzeltests

		t-min			t-max			Φ		
T	Quantil	t_{DF}^{min}	t_{DF}^{max}	t_{DF}^{diff}	t_{DF}^{min}	t_{DF}^{max}	t_{DF}^{diff}	t_{DF}^{min}	t_{DF}^{max}	t_{DF}^{diff}
100	0.10	-8.20	-1.1	1.81	-0.51	1.17	1.47	0.42	10.31	8.34
	0.05	-8.94	-1.26	1.48	-0.85	0.65	1.10	0.14	7.50	6.08
	0.01	-10.14	-1.56	1.02	-1.48	0.05	0.63	0.01	4.32	3.50
250	0.10	-12.75	-1.69	2.89	-0.48	2.32	2.48	0.26	25.37	22.08
	0.05	-13.64	-1.84	2.34	-0.78	1.50	1.88	0.07	17.96	15.91
	0.01	-14.94	-2.12	1.57	-1.37	0.53	1.10	0.01	9.50	8.51
500	0.10	-17.54	-2.33	4.01	-0.49	3.53	3.53	0.18	48.58	43.90
	0.05	-18.75	-2.52	3.19	-0.78	2.40	2.63	0.04	34.47	32.11
	0.01	-20.43	-2.82	2.17	-1.36	0.99	1.68	0.003	16.94	16.06

Tabelle 6.4.: Kritische Werte des rekursiven MTAR-Einheitswurzeltests mit 5 Lags

Gütetests

Die Prüfung der Güte des dargestellten Testverfahrens erfolgte auf zweierlei Art. Zum einen wurde die Fähigkeit des Verfahrens geprüft, MTAR-Prozesse zu erkennen, die einen Strukturbruch im deterministischen Trend enthalten und zum anderen wurde geprüft, wie gut das Verfahren in der Lage ist, einen Wechsel von einem stationären zu einem nicht-stationären Regime (und umgekehrt) zu identifizieren. Für den ersten Fall wurden dazu 5000 Realisationen eines um eine unterbrochene Trendlinie herum stationären MTAR-Prozesses erzeugt.

In Tabelle 6.5 sind die prozentualen Ablehnungshäufigkeiten der Nullhypothese der Nichtstationarität auf Basis der im vorigen Abschnitt vorgestellten kritischen Werte dargestellt. Die Länge der erzeugten Zeitreihen beträgt dabei $T = 250$. Die ersten 100 Beobachtungen der Realisationen wurden wie zuvor auch schon nicht in die Gütetests mit einbezogen. Für den Parameter δ_0 wurde auch wie bereits zuvor der Wert 0.25 gewählt. Der Strukturbruch selbst wurde an unterschiedlichen Beobachtungspunkten in den Zeitreihen platziert. Die Güte wurde für Strukturbrüche an den Stellen $0.33 \cdot T$, $0.5 \cdot T$ und $0.66 \cdot T$ untersucht. Das dabei gewählte Signifikanzniveau beträgt 10%.

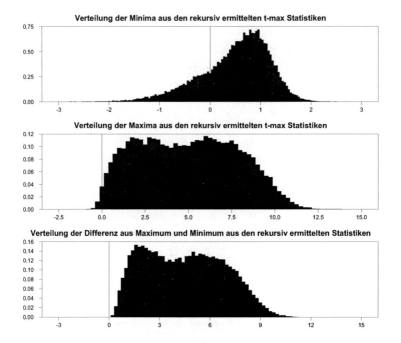

Abbildung 6.4.: Histogrammdarstellung der Verteilungen der rekursiven Teststatistiken der maximalen t-Statistik aus dem MTAR-Einheitswurzeltest

6.4. Ein rekursiver Einheitswurzeltest in MTAR-Modellen

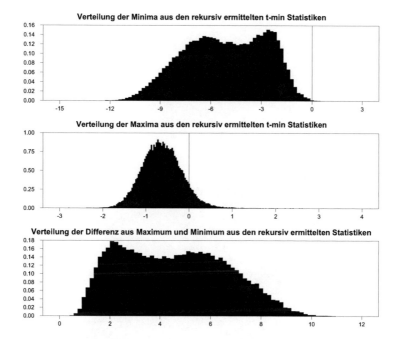

Abbildung 6.5.: Histogrammdarstellung der Verteilungen der rekursiven Teststatistiken der minimalen t-Statistik aus dem MTAR-Einheitswurzeltest

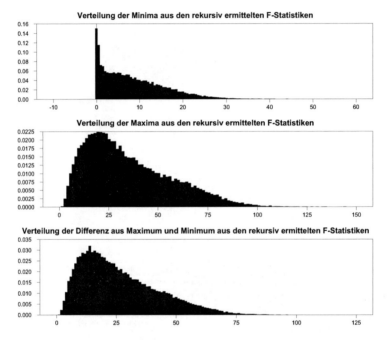

Abbildung 6.6.: Histogrammdarstellung der Verteilungen der rekursiven Teststatistiken der F-Statistik aus dem MTAR-Einheitswurzeltest

6.4. Ein rekursiver Einheitswurzeltest in MTAR-Modellen

Strukturbruch	t-min			t-max			Φ		
	t_{DF}^{min}	t_{DF}^{max}	t_{DF}^{diff}	t_{DF}^{min}	t_{DF}^{max}	t_{DF}^{diff}	t_{DF}^{min}	t_{DF}^{max}	t_{DF}^{diff}
$0.33 \cdot T$	0.0	0.0	0.0	0.039	0.0298	0.029	0.0	0.489	0.6588
$0.5 \cdot T$	0.0	0.0	0.0	0.056	0.0236	0.0198	0.0	0.9186	0.9562
$0.66 \cdot T$	0.0	0.0	0.0	0.057	0.1772	0.175	0.0	0.8264	0.9484

Tabelle 6.5.: Ablehnungshäufigkeiten des rekursiven MTAR-Einheitswurzeltests bei einer unterbrochenen Trendlinie

Koeffizientenpaar	t-min			t-max			Φ		
$(\rho_{11},\rho_{12});(\rho_{21},\rho_{22})$	t_{DF}^{min}	t_{DF}^{max}	t_{DF}^{diff}	t_{DF}^{min}	t_{DF}^{max}	t_{DF}^{diff}	t_{DF}^{min}	t_{DF}^{max}	t_{DF}^{diff}
$(0.02,0.04);(-0.1,-0.5)$	0.0	0.003	0.386	0.4456	0.0324	0.0172	0.1746	0.0682	0.0762
$(-0.1,-0.5);(0.02,0.04)$	0.9556	0.4566	0.0	0.0	0.0034	0.0042	0.0028	0.0028	0.0036
$(0.2,0.4);(-0.3,-0.8)$	0.0	0.0	0.3414	0.8754	0.0	0.0	0.0362	0.0	0.0
$(-0.3,-0.8);(0.2,0.4)$	1.0	0.5664	0.0	0.0	0.0	0.0	0.0	0.0	0.0
$(0.01,0.05);(-0.3,-0.8)$	0.0	0.0	0.4636	0.9324	0.041	0.0116	0.0644	0.095	0.1574
$(-0.3,-0.8);(0.01,0.05)$	0.676	0.5972	0.0018	0.003	0.007	0.007	0.005	0.0034	0.0096

Tabelle 6.6.: Ablehnungshäufigkeit des rekursiven MTAR-Einheitswurzeltests bei einer Koeffizientenänderung

Bei der Betrachtung der Güte ist zunächst festzuhalten, daß die t_{DF}^{min}-, t_{DF}^{max}- und t_{DF}^{diff}- Statistiken auf Basis von t-min keinerlei Güte aufweisen, die falsche Nullhypothese abzulehnen. Insofern kann das vorgestellte Verfahren für diese Teststatistik nicht verwendet werden. Für die Teststatistiken auf Basis von t-max sowie der Φ-Statistik ergibt sich hingegen ein optimistischeres Bild. Bezüglich der t-max Statistik ist festzuhalten, daß bei Existenz eines Strukturbruchs nach dem ersten Drittel der Stichprobe sowie einem Strukturbruch in der Mitte der Stichprobe die Güte der betrachteten Teststatistiken auf Basis von t-max zwischen 2,9% und 5,6% schwankt. Ein solcher Wert ist zwar von Null deutlich verschieden, die Anwendung eines Tests mit einer derart geringen Güte empfiehlt sich jedoch nicht. Etwas bessere Güteeigenschaften weisen die t_{DF}^{max}- sowie die t_{DF}^{diff}-Statistik der t-max Größe auf. Hier liegt die Ablehnungshäufigkeit bei 17,72% sowie bei 17,5%. Die mit Abstand höchste Güte der untersuchten Teststatistiken weisen jedoch die t_{DF}^{max}- und die t_{DF}^{diff}-Statistiken aus den Φ-Statistiken auf. Hier beträgt die Ablehungshäufigkeit abhängig von der Position des Strukturbruchs zwischen 48,9% und 95,62%. Generell läßt sich die Tendenz beobachten, daß der Test bei Existenz von Strukturbrüchen in der Mitte der Stichprobe sowie im zweiten Drittel der Stichprobe besser abschneidet als bei Existenz eines Strukturbruchs im ersten Drittel der Stichprobe.

In Tabelle 6.6 sind ebenfalls die prozentualen Ablehnungshäufigkeiten der Nullhypothese der Nichtstationarität auf Basis der im vorigen Abschnitt vorgestellten kritischen Werte dargestellt. Im Unterschied zu der Tabelle 6.5 enthalten die generierten Prozesse hier einen stationären Teil und einen nicht-stationären Teil. Der Wechsel der autoregressiven Koeffizienten erfolgt dabei in der zweiten Hälfte der Stichprobe.

Aus Tabelle 6.6 können die folgenden Schlüsse gezogen werden: Die t-min Statistik hat bei einem Wechsel von einem stationären Regime zu einem nicht-stationären Regime eine besonders hohe Güte. Dies kann man bei allen drei Spezifikationen erkennen. Die Güte ist dann besonders hoch, wenn das zweite Regime stark instationär ist. Alle anderen Teststatistiken weisen für diese Konstellation praktisch überhaupt keine Güte auf.

Bei einem Wechsel von einem nicht-stationären Regime zu einem stationären Regime verhält es sich hingegen genau umgekehrt. Hier weist die t-min Statistik praktisch überhaupt keine Güte auf, während die t-max Statistik eine im Vergleich zu den anderen Teststatistiken hohe Güte aufweist. Die F-Statistik weist in beiden Konstellationen schlechte Gütekriterien auf, wobei sie bei der letztgenannten Konstellation immer noch bessere Resultate liefert als bei der erstgenannten.

Einhaltung des Signifikanzniveaus

In Tabelle 6.7 befinden sich die prozentualen Ablehnungen einer richtigen Nullhypothese (Fehler erster Art). Unter der Nullhypothese wurde die Realisation durch einen einfachen *Random Walk* generiert. Wie man aufgrund der schlechten Güteeigenschaften der Tests auf Basis von t-min erwarten kann, wurde das vorgegebene Signifikanzniveau bei Verwendung der t-min auch nicht eingehalten (20,16% für t_{DF}^{min} und 19,1% für t_{DF}^{max}). Bei Verwendung von t-max sowie der Φ-Statistik ergibt sich ein günstigeres Bild. In den meisten Fällen wird das vorgegebene Signifikanzniveau unterschritten (es liegt meistens so um die 5% statt bei den vorgegebenen 10%), für die t_{DF}^{min}-Teststatistik im Fall Φ wird es sogar nahezu exakt eingehalten.

t-min			t-max			Φ		
t_{DF}^{min}	t_{DF}^{max}	t_{DF}^{diff}	t_{DF}^{min}	t_{DF}^{max}	t_{DF}^{diff}	t_{DF}^{min}	t_{DF}^{max}	t_{DF}^{diff}
0.2016	0.191	0.0404	0.0866	0.0512	0.0444	0.0968	0.0574	0.0504

Tabelle 6.7.: Fehler erster Art des rekursiven MTAR-Einheitswurzeltests

6.5. Empirische Anwendung

Die Anwendung der im vorhergehenden Abschnitt erzeugten kritischen Werte erfolgt am Beispiel der Untersuchung von Bohl und Siklos (2004). Im Rahmen dieser Untersuchung wurde die Existenz spekulativer Blasen mit Hilfe eines MTAR-Einheitswurzeltests nachgewiesen. Hier soll überprüft werden, ob dieses Ergebnis auch mit Einheitswurzel- und Kointegrationstests bestätigt werden kann, wenn zusätzlich die mögliche Existenz struktureller Veränderungen berücksichtigt wird. Zunächst wird jedoch der von den beiden genannten Autoren verwendete Testrahmen beschrieben. Den

Ansatz bildet eine Dickey-Fuller-Testgleichung im MTAR-Rahmen:

$$\Delta(d-p)_t = I_t\rho_1(d-p)_{t-1}+(1-I_t)\rho_2(d-p)_{t-1}+\sum_{i=1}^{l} \gamma_i\Delta(d-p)_{t-i}+\epsilon_t \quad (6.19)$$

gemeinsam mit der Indikatorfunktion

$$I_t = \begin{cases} 1, & \text{falls } \Delta(d-p)_{t-1} \geq \tau \\ 0, & \text{falls } \Delta(d-p)_{t-1} < \tau \end{cases}, \quad (6.20)$$

wobei τ den Wert des *Thresholds* bezeichnet. Der langfristige Gleichgewichtswert beträgt dabei $\Delta(d-p)_t = \tau$. Für den Fall, daß sich $\Delta(d-p)_t$ oberhalb des langfristigen Gleichgewichtswertes befindet, beträgt die Anpassung $\rho_1(d-p)_{t-1}$, und falls es sich unterhalb des Gleichgewichtswertes befindet, beträgt die Anpassung $\rho_2(d-p)_{t-1}$. Getestet wird die Nullhypothese einer Einheitswurzel im logarithmierten Dividenden/Preis-Verhältnis, also die Nullhypothesen $H_0 : \rho_1 = 0$, $H_0 : \rho_2 = 0$, sowie $H_0 : \rho_1 = \rho_2 = 0$ gegen die Alternativhypothese eines MTAR-Modells mit Strukturbruch. Hierbei werden die im vorherigen Abschnitt ermittelten kritischen Werte zugrundegelegt. Die Teststatistiken zur Überprüfung der Nullhypothese 'keine Kointegration' sind die folgenden: Im Rahmen eines rekursiven Durchlaufs erhält man für die oben genannten Nullhypothesen drei Vektoren von Teststatistiken. Ein Vektor enthält die wertmäßig jeweils kleinere der beiden Teststatistiken, ein Vektor enthält die wertmäßig jeweils größere der beiden Teststatistiken und in einem dritten Vektor sind die Teststatistiken der Nullhypothese $\rho_1 = \rho_2 = 0$ gespeichert. Aus diesen drei Vektoren wird jeweils das Minimum, das Maximum sowie die Differenz aus beiden gebildet. Insgesamt ergeben sich also 9 Teststatistiken, die zunächst einmal unabhängig von den im letzten Abschnitt gezeigten Gütequalitäten aufgeführt werden.

Die Teststatistik für den einfachen MTAR-Kointegrationstest wird dabei mit $\hat{F}_C$ bezeichnet. Bei Ablehnung der Nullhypothese wird auf symmetrische Anpassung mittels $H_0 : \rho_1 = \rho_2$ getestet. Hier kann die gewöhnliche F-Statistik verwendet werden (mit $\hat{F}_A$ bezeichnet). Bei Nichtablehnung kann man auf lineare und symmetrische Anpassung schließen.

Wie bereits in Bohl und Siklos (2004) dargestellt wurde, wird im Rahmen des MTAR-Ansatzes das Verhalten einer spekulativen Blase abgebildet, indem Veränderungen in $(d-p)_{t-1}$ unterhalb des *Thresholds* von einem abrupten Anstieg hin zum *Threshold* gefolgt werden, während der Pfad der Veränderungen von $(d-p)_{t-1}$ oberhalb des *Thresholds* nicht von einem entsprechenden abrupten Rückgang zum *Threshold* gefolgt werden. Angenommen der Wert des *Thresholds* in Gleichung (6.20) sei 0, so daß $\tau = 0$. In diesem Fall deutet eine Veränderung $\Delta(d-p)_t < 0$ einen Anstieg der Aktienpreise relativ zu den Dividenden an, woraus eine spekulative Blase resultiert. Eine solche Abweichung vom Fundamentalwert kann über einen langen Zeitraum anhalten und sehr groß werden, bevor die Blase schließlich platzt und der Aktienpreis zu seinem Fundamentalwert zurückkehrt. Umgekehrt erwartet man bei einem Anstieg der Dividenden relativ zu den Aktienpreisen (also $\Delta(d-p)_t > 0$) eben nicht, daß ein abrupter Rückgang zum Gleichgewichtswert $\tau = 0$ hin erfolgt. Hier zeigt sich das asymmetrische Verhalten in den Abweichungen vom Fundamentalwert und den unterschiedlichen Mustern zu diesem Gleichgewichtswert zurückzukehren. Wenn also der geschätzte Koeffizient $\hat{\rho}_2$ statistisch signifikant, negativ und betragsmäßig größer ist als der Parameter $\hat{\rho}_1$ und dabei gleichzeitig die Nullhypothese der symmetrischen Anpassung $H_0 : \rho_1 = \rho_2$ abgelehnt werden kann, dann kann auf die Existenz spekulativer Blasen geschlossen werden.

Für die empirische Untersuchung wurde der Datensatz von Shiller verwendet. Dieser beinhaltet den Standard & Poor's Aktienpreisindex sowie die dazugehörigen Dividendenreihen. Bei den untersuchten Daten handelt es sich jeweils um Monatsdaten. Eine Beschreibung der Zeitreihen befindet sich bei Shiller (2000).[14]

Die empirische Untersuchung in diesem Kapitel knüpft unmittelbar an die Untersuchung von Bohl und Siklos (2004) an. Allerdings wird nur eine Auswahl der von Bohl und Siklos (2004) untersuchten Teile der Gesamtstichprobe betrachtet. Insbesondere sollen die folgenden *Subsamples* auf mögliche Strukturbrüche im MTAR-Anpassungsprozeß untersucht werden: 1871:01 - 1936:12, 1871:01 bis 1995:12, 1925:1 - 1995:12, 1947:01 - 1982:12, 1947:01 - 1995:12 sowie 1947:01 - 2002:08. Das Augenmerk bei der Strukturbruchsuche gilt dabei den folgenden Ereignissen, die maßgeblichen Ein-

---

[14] Der Datensatz kann unter http://aida.econ.yale.edu/ shiller bezogen werden.

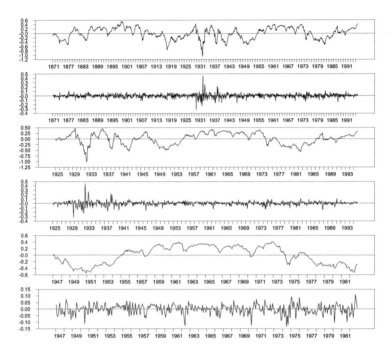

Abbildung 6.7.: Residuen und Residuen in ersten Differenzen aus der Regression der logarithmierten Aktienpreise auf die logarithmierten Dividenden des Shiller-Datensatzes

fluß auf die Finanzmärkte hatten: der Crash von 1929, die Ölkrise 1973, der Crash von 1987 sowie die Internetblase Ende der 1990er Jahre. In den Abbildungen 6.7 und 6.8 sind die Residuen sowie die Residuen in ersten Differenzen aus einer Regression der logarithmierten Aktienpreise auf die logarithmierten Dividenden für die genannten Zeitperioden abgetragen.[15] Man erkennt deutlich die Auswirkungen der genannten Ereignisse auf die dargestellten Zeitreihen.

Die Rahmenbedingungen der Arbeit von Bohl und Siklos (2004) werden beibehalten. Folglich kann auch die Lag-Struktur übernommen werden und braucht nicht eigens ermittelt zu werden. Auch weitere Spezifikationstests erübrigen sich, da diese bereits für die genannten Zeitfenster durchgeführt

---

[15] Die Anpassung des MTAR-Kointegrationstests erfolgt an die Residuen dieser Regressionen.

6.5. Empirische Anwendung

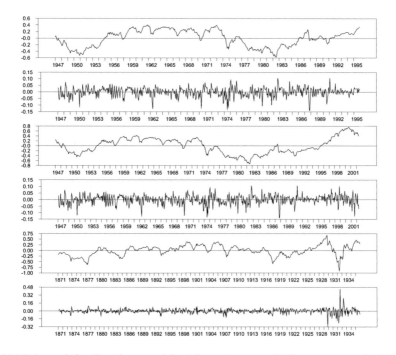

Abbildung 6.8.: Residuen und Residuen in ersten Differenzen aus der Regression der logarithmierten Aktienpreise auf die logarithmierten Dividenden des Shiller-Datensatzes

worden sind. Der empirische Beitrag dieses Kapitels besteht zum einen in der Untersuchung der Sequenzen der im vorhergehenden Abschnitt dargelegten Teststatistiken und zum anderen in der Durchführung der rekursiven Einheitswurzeltests im MTAR-Rahmen. Es wird also die Nullhypothese der Nichtstationarität gegen die Alternativhypothese der Stationarität mit sich ändernden Parametern in den autoregressiven Koeffizienten der Testgleichung getestet. Dabei werden genau wie bei der Ermittlung der kritischen Werte im Rahmen der Monte-Carlo-Simulation des vorigen Abschnitts für alle drei Möglichkeiten im MTAR-Modell auf Stationarität zu testen, die jeweiligen Teststatistiken unterschieden nach Maximal- und Minimalwert sowie der Differenz aus beiden angegeben. Das Vorgehen zur Ermittlung der jeweiligen Teststatistiken ist wiederum rekursiv. Begonnen wird mit 25% des jeweiligen *Subsamples* (entspricht einem Wert von $\delta_0 = 0.25$), es folgt die Berechnung der entsprechenden Teststatistiken, das Subsample wird um eine Beobachtung erweitert und die Teststatistiken werden neu berechnet. Dies wird solange durchgeführt, bis der Stichprobenumfang des *Subsamples* erreicht ist. Ein möglicher Strukturbruch wird durch einen (lokal) maximalen oder minimalen Wert der jeweiligen Teststatistik identifiziert. Zu beachten ist, daß sich alle durchgeführten Tests auf die Residuen einer Regression der logarithmierten Preise auf die logarithmierten Dividenden beziehen.

In der Abbildung 6.9 sind die rekursiven Sequenzen der Teststatistiken aus dem MTAR-Einheitswurzeltest für den Zeitraum 1871 - 1995 abgetragen. Mit bloßem Auge erkennt man in allen drei Sequenzen einen deutlichen Sprung in den Teststatistiken zum Zeitpunkt des *Crash* von 1929. Darüberhinaus zeigt die Sequenz der rekursiv ermittelten t-max-Statistik noch einen größeren Ausschlag im Jahr 1918. Dieser Ausschlag wird jedoch nicht durch die beiden anderen Sequenzen bestätigt.

Die Abbildung 6.10 zeigt die rekursiven Sequenzen der Teststatistiken aus dem MTAR-Einheitswurzeltest für den Zeitraum 1925 - 1995. In allen drei Sequenzen finden sich über den gesamten Beobachtungszeitraum keine deutlichen Ausschläge, obwohl sich in dem betrachteten Zeitraum beispielsweise der Crash von 1987 befindet.

Die Abbildung 6.11 zeigt die rekursiven Sequenzen der Teststatistiken aus dem MTAR-Einheitswurzeltest für den Zeitraum 1947 - 1982. Die Se-

6.5. Empirische Anwendung

quenzen der t-min-Statistiken sowie der F-Statistiken zeigen dabei deutlich einen Sprung im Jahr 1974, dem Zeitpunkt der ersten Ölkrise. Anhand des Verlaufes der t-max-Sequenz läßt sich ein solcher Sprung nicht ausmachen. Auch wenn der Verlauf letztgenannter Teststatistik insgesamt wesentlich erratischer erscheint, lassen sich insgesamt keine so deutlichen Sprünge ausmachen wie in dem Verlauf der ansonsten deutlich linearer verlaufenden anderen beiden Teststatistiken.

Die Abbildung 6.12 zeigt die rekursiven Sequenzen der Teststatistiken aus dem MTAR-Einheitswurzeltest für den Zeitraum 1947 - 1995. Hier zeigt der Verlauf der t-min-Statistiken sowie der F-Statistiken einen deutlichen Sprung im Jahr 1987 zum Zeitpunkt des Crash. Besonders stark ausgeprägt ist dieser Sprung im Verlauf der F-Statistik. Wie bereits zuvor läßt sich ein solcher Sprung nicht im Verlauf der t-max-Statistik ausmachen. Und auch hier ist der Verlauf der t-max-Statistik sehr viel erratischer als der von den Sprungstellen einmal abgesehen lineare Verlauf der t-min- und der F-Statistik. Ein etwas größerer Ausschlag findet sich in der Sequenz der t-max-Statistik im Jahre 1982. Zwar wird dieses Jahr von Shiller (2001) als das Jahr, in dem ein drastischer Kursanstieg der US Aktienkurse begann identifiziert, jedoch kann ausgeschlossen werden, daß dies der Grund für den Ausreisser in der Sequenz der t-max-Statistiken ist.

Die Abbildung 6.13 zeigt die rekursiven Sequenzen der Teststatistiken aus dem MTAR-Einheitswurzeltest für den Zeitraum 1947 - 2002. Hier lassen sich im Verlauf der t-min- sowie der F-Statistiken zwei deutliche Sprungstellen ausmachen. Die eine Sprungstelle befindet sich im Jahre 1974 (zum Zeitpunkt der ersten Ölkrise), die andere Sprungstelle befindet sich wie zuvor auch schon im Jahre 1987. Wiederum kann man anhand der t-max-Statistiken keine so extremen und anhaltenden Sprünge ausmachen. Jedoch gibt es auch hier zwei bemerkenswerte Perioden. Zum einen findet man wie zuvor auch schon einen ausgeprägten Anstieg der Statistiken um 1982 herum und zum anderen beginnt der Wert der Teststatistik von 1996 an deutlich anzusteigen und ab dem Jahr 2000 wieder stark zu fallen. Dieser Verlauf entspricht der (gemeinhin unterstellten) Entwicklung und dem Platzen der Internet-Blase.

In der Tabelle 6.8 sind die Teststatistiken aus dem rekursiven Verfahren abgetragen. Die signifikanten Einträge sind jeweils mit einem oder mehreren (*) versehen, die das Signifikanzniveau anzeigen. Es ist deutlich zu erkennen, daß die t-min-Statistiken mit Ausnahme des Zeitfensters von 1947 bis 1995 die Nullhypothese der Nichtstationarität nicht abzulehnen vermögen.

Aufgrund der geringen Güte der t-min-Statistiken gegenüber einem Wechsel von einem nicht-stationärem Regime zu einem stationären Regime ist diesem Ergebnis jedoch kaum eine Bedeutung beizumessen. Die Testentscheidungen aufgrund der t-max-Statistiken ergeben ein vollkommen anderes Bild: Auf Grundlage der jeweiligen Maxima, Minima sowie deren Differenzen wird die Nullhypothese der Nichtstationarität für alle betrachteten Zeitfenster zugunsten der Alternativhypothese einer stationären Reihe bei Existenz von Strukturbrüchen im MTAR-Rahmen abgelehnt. Wie man gesehen hat, verhält es sich mit den Güteeigenschaft des Tests aufgrund der t-max-Statistiken jedoch genau umgekehrt: Diese weisen nur bei einem Wechsel von einem stationären zu einem nicht-stationären Regime eine hohe Güte auf und selbst für diesen Fall hat nur das Minimum der t-max-Statistiken eine hohe Güte.

Aufgrund der Maxima sowie der Differenzen aus Maximum und Minimum der Φ-Statistik wird in den Nachkriegszeiträumen 1947-1982, 1947 - 1995 sowie 1947 - 2002 die Nullhypothese zugunsten der Alternative abgelehnt. Für die Zeiträume 1871 - 1995 und 1925 - 1995 hingegen kann die Nullhypothese nicht abgelehnt werden. Die Testergebnisse der ersten drei Zeitfenster gehen mit den Ergebnissen von Bohl und Siklos (2004) konform, während sich für die beiden letztgenannten Zeiträume ein anderes Ergebnis ergibt. Allerdings ist auch hier deutlich auf die geringe Güte dieser Teststatistiken zu verweisen.

6.6. Zwischenfazit

In diesem Kapitel wurde eine Klasse von Einheitswurzel-/Kointegrationstests im Rahmen von TAR- und MTAR-Modellen vorgestellt, die dem asymmetrischen Verlauf vieler ökonomischer Zeitreihen Rechnung trägt. Solche Einheitswurzel und Kointegrationstests scheinen grundsätzlich dazu geeignet, der von Evans (1991) sowie von Charemza und Deadman

6.6. Zwischenfazit

(1995) geäußerten Kritik beizukommen. Wie in Kapitel 5 gezeigt wurde, sind herkömmliche Einheitswurzel- und Kointegrationstests nicht dazu geeignet die Existenz spekulativer Blasen nachzuweisen.

Bohl und Siklos (2004) haben gezeigt, daß MTAR-Modelle eine sinnvolle Alternative zur Prüfung auf die Existenz spekulativer Blasen darstellen. Nichtsdestotrotz leiden MTAR-Einheitswurzeltests (so wie herkömmliche Einheitswurzeltests auch) unter Gütemängeln, wenn die zu testenden Zeitreihen Strukturbrüchen unterlegen sind. Dem beizukommen war ein Anliegen dieses Kapitels. Das Verfahren von Banerjee, Lumsdaine und Stock (1992) wurde aufgegriffen und in den MTAR-Rahmen eingebettet. Es wurde ein neues Testverfahren vorgestellt, das die Nullhypothese der Nichtstationarität gegen die Alternativhypothese der Stationarität bei Existenz von Strukturbrüchen im MTAR-Rahmen testet. Der Strukturbruch kann dabei entweder im autoregressiven Parameter oder im deterministischen Trend auftreten. Die Teststatistik dieses neuen Testverfahren wird dabei rekursiv ermittelt.

Zwar sind die Güteeigenschaften dieses neuen Verfahrens nicht zufriedenstellend, doch es hat sich gezeigt, daß mit Hilfe der rekursiv entwickelten Sequenzen der Teststatistiken *Crashes* und teilweise auch Blasenprozesse aufgedeckt werden können. Solche Sequenzen stellen demnach ein probates Mittel zur Identifikation spekulativer Blasen dar.

In den beiden folgenden Kapitel wird nun noch eingehender auf die Existenz unterschiedlicher Regime eingegegangen. Bereits im Zusammenhang mit den MTAR-Prozessen kann man von unterschiedlichen Regimen sprechen: In Abhängigkeit des *Thresholds* wird der autoregressive Parameter des Prozesses gewählt. Insofern existieren auch unterschiedliche Regime. Allerdings sind die Regimewechsel nicht zeitabhängig, sondern hängen einzig vom Wert des *Thresholds* ab. Hier setzen die sogenannten Markov Regime Switching Modelle an. Hier folgt der Wechsel zwischen Regimen mittels sogenannter Übergangswahrscheinlichkeiten. In einer solchen Markov-Kette hängt die Übergangswahrscheinlichkeit einzig vom aktuellen Regime ab.

Im folgenden Kapitel wird ein Kointegrationstest vorgestellt, der mittels einer solchen Markov-Kette die Stationaritätseigenschaften der Regime zu unterscheiden vermag. Es wird sich zeigen, daß dieser Mechanismus zur

Identifikation spekulativer Blasen sehr nützlich sein kann.

In Kapitel 8 schließlich wird ein Zustandsraum-Modell mit einer nicht beobachtbaren Blasenkomponente entwickelt. Dort werden dann für die Blasenkomponente unterschiedliche Zustände auf Basis eines *Markov-Switching*-Ansatzes modelliert.

6.6. Zwischenfazit

	1871 - 1995			1925 - 1995			1947 - 1982		
	t-min	t-max	F-Stat	t-min	t-max	F-Stat	t-min	t-max	F-Stat
Minimum	−12.88*	−2.82***	5.70	−11.27	−1.67***	23.53	−5.63	−1.75***	2.32
Maximum	−0.86	−0.39***	86.24	−1.71*	−0.01***	64.46	−0.61	−0.16***	16.75**
Differenz	12.01	2.43*	80.54	9.56	1.65*	40.93	5.02	1.60**	14.42**

	1947 - 1995			1947 - 2002		
	t-min	t-max	F-Stat	t-min	t-max	F-Stat
Minimum	−4.85	−2.32***	0.54	−2.01	−1.51***	0.72
Maximum	−3.12***	−0.19***	14.40*	−0.89	−0.23***	7.57***
Differenz	1.74**	2.13*	13.87**	1.12***	1.28**	6.85**

(*),(**), (***) entsprechen den Signifikanzniveaus 10%, 5% und 1%

Tabelle 6.8.: Teststatistiken der rekursiven MTAR-Einheitswurzeltests

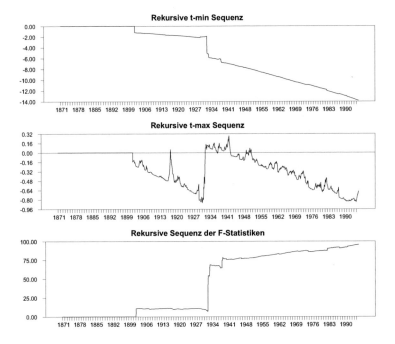

Abbildung 6.9.: Rekursive Sequenzen der Teststatistiken aus dem MTAR-Einheitswurzeltest für den Zeitraum 1871 - 1995

6.6. Zwischenfazit

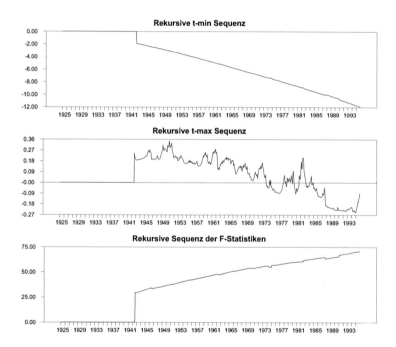

Abbildung 6.10.: Rekursive Sequenzen der Teststatistiken aus dem MTAR-Einheitswurzeltest für den Zeitraum 1925 - 1995

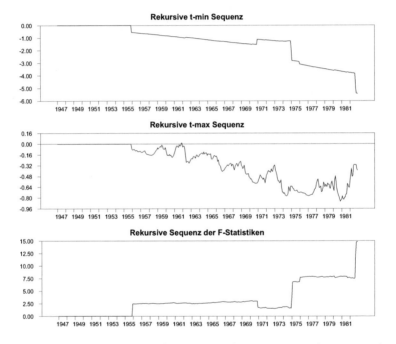

Abbildung 6.11.: Rekursive Sequenzen der Teststatistiken aus dem MTAR-Einheitswurzeltest für den Zeitraum 1947 - 1982

6.6. Zwischenfazit

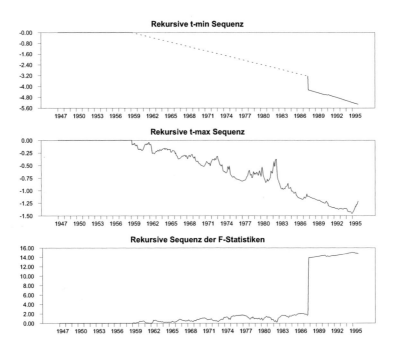

Abbildung 6.12.: Rekursive Sequenzen der Teststatistiken aus dem MTAR-Einheitswurzeltest für den Zeitraum 1947 - 1995

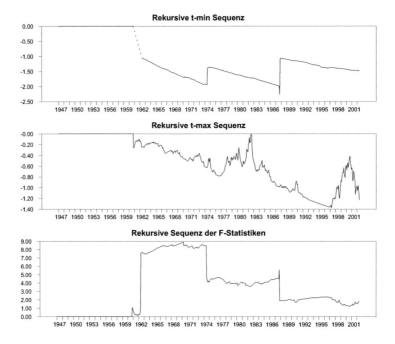

Abbildung 6.13.: Rekursive Sequenzen der Teststatistiken aus dem MTAR-Einheitswurzeltest für den Zeitraum 1947 - 2002

Kapitel 7.

Ein Markov-Regime-Switching Kointegrationstest zur Identifikation spekulativer Blasen

In Kapitel 4 wurde anhand der Arbeit von Diba und Grossman (1988a) erläutert, daß die Prüfung auf eine Kointegrationsbeziehung zwischen Aktienpreisen und Dividenden eine Möglichkeit darstellt, auf die Existenz spekulativer Blasen zu testen. Kann die Nullhypothese der Nicht-Existenz einer solchen Beziehung verworfen werden, so kann man darauf schließen, daß keine spekulativen Blasen existieren.

Die in Kapitel 5 dargestellten Ergebnisse der Arbeit von Evans (1991) zeigen jedoch, daß herkömmliche Tests auf Einheitswurzeln bzw. Kointegration nicht geeignet sind, um auf eine Abweichung der Aktienpreise von ihrem Fundamentalwert zu testen. Es zeigt sich, daß die Nullhypothese einer Einheitswurzel viel zu häufig abgelehnt wird. Obwohl eine ganze Reihe von Alternativen zu den einfachen ADF-Tests auf Existenz einer Einheitswurzel sowie Engle-Granger-Tests auf Kointegration existieren, ist es bisher noch nicht gelungen ein Verfahren zu entwickeln, das Änderungen in der Dynamik von Aktienpreisen aufzudecken vermag. Im Prinzip bräuchte man ein Verfahren, das sowohl zuverlässig auf Stationarität bei Existenz mehrerer Strukturbrüche testen als auch die Strukturbrüche selbst identifizieren kann. Zwar wurden in der jüngeren Vergangenheit eine ganze Reihe von Verfahren entwickelt, die in der Lage sind, multiple Strukturbrüche in einer Zeitreihe zuverlässig aufzudecken, jedoch ist deren Anwendung auf stationäre Zeitreihen begrenzt.[1] Angesichts der Schwierigkeiten Einheitswurzeltests im Zusammenhang mit spekulativen Blasen anzuwenden, wurde (wie im vorhergehenden Kapitel gesehen) auch auf Methoden der nichtlinearen

---

[1] Ein Beispiel für ein solches Verfahren ist der Algorithmus von Bai und Perron (1998) zur Identifikation multipler Strukturbrüche.

Zeitreihenanalyse zurückgegriffen. Allerdings hat man dort gesehen, daß die bestehenden Verfahren nur bedingt in der Lage sind, Blasen Perioden von Nicht-Blasen Perioden zu trennen.

Ein gravierender Nachteil besteht darin, daß es mit Hilfe der bisher verwendeten Verfahren nicht möglich war, mehrfache Regimewechsel adäquat zu erfassen. Die Untersuchungen der rekursiv gebildeten Teststatistiken stellen zwar einen Schritt in diese Richtung dar, jedoch war es nicht möglich, mit Hilfe der vorgestellten Einheitswurzel-/Kointegrationstests solche multiplen Regimewechsel zu erfassen. Ein alternativer Ansatz, der in diesem Kapitel vorgestellt wird, ist die Verwendung von *Regime Switching* Modellen. Diese Modellklasse kann man weiter in Modelle unterteilen, deren Regimeentwicklung unabhängig von der Zeit ist, sowie in Modelle, bei denen das Regime heute vom Regime gestern abhängt. Letztere folgen einem Markov-Prozeß und werden dementsprechend als *Markov-Regime-Switching*-Modelle bezeichnet.

Regime-Switching Modelle sind in der bestehenden Literatur ein ausgesprochen weit verbreitetes Instrument zur Identifikation spekulativer Blasen. Daher beginnt dieses Kapitel auch mit einem Überblick über diesen Literaturzweig und grenzt im Anschluß daran den Beitrag dieses Kapitels zur bestehenden Literatur ab. Im darauf folgenden Abschnitt wird dann eingehender auf *Markov-Switching*-Modelle und insbesondere auf Einheitswurzeltests im Rahmen von *Markov-Switching*-Modellen eingegangen. Im Anschluß daran wird zum einen erläutert wie *Markov-Switching*-Modelle mit Hilfe des EM-Algorithmus geschätzt werden können und zum anderen wird auf die Ermittlung der sogenannten geglätteten Regimewahrscheinlichkeiten eingegangen. Dann werden *Markov-Switching* ADF-Tests auf unterschiedlich spezifizierte Blasenprozesse im Sinne von Evans (1991) angewendet. Es folgt die Interpretation der Regressionsergebnisse. Insbesondere werden die Verläufe der geglätteten Regimewahrscheinlichkeiten einer genaueren Untersuchung unterzogen. Das Kapitel schließt mit einer Bewertung dieses Verfahrens zur Identifikation periodisch platzender Vermögenspreisblasen.

7.1. Literaturüberblick

Im Zusammenhang mit der Identifikation spekulativer Blasen verwenden van Norden und Schaller (1993) einfache *Regime-Switching*-Modelle, um Blasen in den monatlichen Renditen der *Toronto Stock Exchange* zu identifizieren. Auch van Norden (1996) nutzt diese Modelle, um spekulatives Verhalten in einem System flexibler Wechselkurse in der Post-Bretton Woods-Ära aufzudecken. Van Norden und Schaller (1996) untersuchen den Verlauf monatlicher Renditen der NYSE. In dieser Untersuchung geht es auch um die Fragestellung, ob die Existenz unterschiedlicher Regime in Fundamentaldaten zur Existenz unterschiedlicher Regime in Aktienrenditen führt. Bei diesen Modellen wird darüberhinaus unterstellt, daß die Wahrscheinlichkeit, das Regime des Platzens einer Blase zu beobachten, positiv vom Umfang der Blase abhängt. Allerdings werden im Rahmen dieses Kapitels der vorliegenden Arbeit ausschließlich die von Hamilton (1989) entwickelten Modelle der *Markov-Switching* Kategorie verwendet.

Man kann diese Modelle auch als Verallgemeinerung der von Perron (1990) sowie von Perron und Vogelsang (1992) vorgestellten Einheitswurzeltests bei Änderung eines Parameters auffassen. Das Vorgehen hier entspricht dem von Diba und Grossman (1988a) und die von Evans (1991) beschriebenen Kritikpunkte werden durch die Erweiterung des ADF-Tests um regimeabhängige Parameter umgangen. Darüberhinaus werden die von Evans (1991) verwendeten künstlichen Blasenprozesse anstatt realer Daten verwendet. Der Vorteil dieser Vorgehensweise besteht darin, daß der Beginn der spekulativen Phase sowie der Zeitpunkt des Platzens bekannt sind. Dies erleichtert die Überprüfung der Güte des Verfahrens. Im Unterschied zu einer Monte-Carlo-Simulation werden einzelne Realisationen der Prozesse mit jeweils unterschiedlichen Parametern betrachtet. Dieses Vorgehen ermöglicht die Untersuchung der Ursachen für das Auftreten bestimmter Phänomene.

Ähnlich wie die einfachen *Regime-Switching*-Modelle sind auch die *Markov-Regime-Switching* ADF-Tests bereits mehrfach in der Literatur verwendet worden. Funke, Hall und Sola (1994) verwenden einen solchen ADF Test zur Untersuchung der polnischen Hyperinflation Ende der 1980er Jahre. Hall, Psaradakis und Sola (1999) untersuchen die Güte des *Markov-*

Regime-Switching Tests und in einer weiteren Arbeit untersuchen Hall, Psaradakis und Sola (1997) die japanische Konsumfunktion auf Stationaritätseigenschaften. Vigfusson und Van Norden (1998) schließlich vergleichen die einfachen *Regime-Switching*-Modelle mit der Klasse der *Markov-Regime-Switching* ADF-Tests hinsichtlich ihrer Fähigkeit spekulative Blasen zu identifizieren. Des weiteren sind die Arbeiten von Driffill und Sola (1998) sowie von Brooks und Katsaris (2005) an dieser Stelle erwähnenswert. Die erstgenannte Arbeit untersucht Regimewechsel im Zusammenhang mit dem in Kapitel 3 erläuterten intrinsischen Blasenmodell von Froot und Obstfeld (1991), während die andere Arbeit Aktienpreisdynamik mit Hilfe eines Modells mit drei unterschiedlichen Regimen zu erklären versucht.

Der gewählte Ansatz in diesem Kapitel ist ein anderer. Anstatt eine einzelne Reihe auf ihre Stationaritätseigenschaften zu untersuchen, werden die Stationaritätseigenschaften der Residuen einer Regression von logarithmierten Aktienpreisen auf logarithmierte Dividenden untersucht. Es wird überprüft, inwiefern mit Hilfe eines *Markov-Regime-Switching*-Ansatzes die korrekte Unterscheidung zwischen moderat wachsenden und explodierenden und anschließend kollabierenden Regimen möglich ist. Bei dem hier vorgestellten Testverfahren handelt es sich dann auch nicht mehr um einen verallgemeinerten ADF-Test im Sinne von Dickey und Fuller (1979), sondern vielmehr um einen verallgemeinerten Kointegrationstest im Sinne von Engle und Granger (1987).

Ferner besteht ein weiterer Unterschied zur existierenden Literatur darin, daß in diesem Kapitel zwischen moderat wachsenden und explodierenden und anschließend kollabierenden Regimen unterschieden wird. Dies stellt eine wesentliche Verbesserung gegenüber bisherigen Arbeiten dar. Denn die dort entwickelten Methoden waren lediglich in der Lage, zwischen explodierenden und kollabierenden Regimen zu unterscheiden. Die daraus entwickelten Filterwahrscheinlichkeiten (auch *ex-ante* Regime Wahrscheinlichkeiten genannt) identifizieren dann wie im Falle von Hall und Sola (1993) lediglich den Zeitpunkt des Zusammenbruchs einer Blase. Hier wird man hingegen sehen, daß mittels Betrachtung der geglätteten Regimewahrscheinlichkeiten der gesamte Blasenprozeß identifiziert werden kann.

7.2. Markov-Regime-Switching Modelle

In diesem Abschnitt wird zunächst gezeigt, wie die Engle-Granger Teststatistik so modifiziert werden kann, daß das dynamische Verhalten der Residuen für unterschiedliche Teile der Stichprobe geeignet abgebildet werden kann. Insbesondere wird der Einfluß unterschiedlicher Regime auf den autoregressiven Teil der Engle-Granger Gleichung untersucht. Im Zusammenhang mit der Untersuchung periodisch platzender Vermögenspreisblasen in diesem Kapitel entsprechen die unterschiedlichen Regime dem moderat wachsenden Teil sowie dem explosiven und anschließend kollabierenden Teil der Blase. Im Anschluß daran folgt eine Beschreibung der Schätztechnik, die verwendet wurde. *Markov-Switching* Modelle werden mit Hilfe numerischer Optimierungsverfahren geschätzt. In diesem Fall kommt der EM-Algorithmus für den Fall konstanter Übergangswahrscheinlichkeiten zur Anwendung. Der Vorteil dieses Algorithmus besteht in seiner Robustheit gegenüber weniger gut gewählten Startwerten. Schließlich wird noch das hier verwendete Verfahren zur Ermittlung der geglätteten Wahrscheinlichkeiten beschrieben.

7.2.1. Ein Markov-Regime-Switching Engle-Granger-Test

Im Laufe des gesamten Kapitels werden die Residuen $\{\epsilon_t\}$ einer Regression der Preise auf die Dividenden betrachtet. Die Residuen werden im Rahmen einer Engle-Granger-Regressionsgleichung der folgenden Form untersucht:

$$\Delta \epsilon_t = \mu + \Phi \epsilon_{t-1} + \sum_{j=1}^{k} \psi_j \Delta \epsilon_{t-j} + e_t, \tag{7.1}$$

wobei Δ den Operator zur Bildung der ersten Differenzen, $\{e_t\}$ einen *White-Noise*-Prozeß mit Erwartungswert Null und Varianz Eins, und k einen ganzzahligen Wert für die Anzahl der verzögerten Werte darstellen. Der Koeffizient von ϵ_{t-1} stellt die Basis zum Testen der Nullhypothese einer Einheitswurzel in $\{\epsilon_t\}$ dar. Die Engle-Granger-Teststatistik ist die gewöhnliche t-Statistik für die Nullhypothese $H_0 : \Phi = 0$.

Wie bereits im vorigen Kapitel gesehen, ist es plausibel anzunehmen, daß die Parameter der Gleichung (7.1) im Zeitverlauf nicht konstant bleiben. Vielmehr ist es plausibel anzunehmen, daß es stationäre und nichtstationäre Perioden und damit zwei unterschiedliche Regime gibt. Mit Hilfe eines Indikators $s_t \in \{0,1\}$ wird Gleichung (7.1) nun um unterschiedliche Regime erweitert. Dabei gilt zu beachten, daß es sich hierbei um eine unbeobachtbare Variable handelt. Es ergibt sich folgende Regressionsgleichung:[2]

$$\Delta \epsilon_t = \mu_{s_t} + \Phi_{s_t}\epsilon_{t-1} + \sum_{j=1}^{k} \psi_{s_t,j}\Delta\epsilon_{t-j} + \sigma_{s_t}e_t, \qquad (7.2)$$

wobei es sich bei $\{e_t\}$ um eine Reihe von i.i.d. Zufallsvariablen mit Erwartungswert Null und Varianz Eins handelt.

Die Entwicklung der Regime wird endogen aus den Daten bestimmt, da der Indikator s_t im *Markov-Switching*-Ansatz nicht beobachtet werden kann. Betrachtet sei die gemeinsame Verteilung der Residuen ϵ_t und des Indikators s_t:

$$f(\epsilon_t, s_t | \mathcal{I}_{t-1}) = f(\epsilon_t | s_t, \mathcal{I}_{t-1}) \Pr(s_t | \mathcal{I}_{t-1})$$

mit

$$f(\epsilon_t | s_t, \mathcal{I}_{t-1}) = \frac{1}{\sqrt{2\pi}\sigma_{s_t}} \exp\left\{ \frac{-(\Delta\epsilon_t - \mu_{s_t} - \Phi_{s_t}\epsilon_{t-1} - \sum_{j=1}^{k}\psi_{s_t,j}\Delta\epsilon_{t-j})^2}{2\sigma_{s_t}^2} \right\}$$
$$(7.3)$$

als der bedingten Dichte der Normalverteilung für das Regime $s_t = i$ und $\mathcal{I}_{t-1}$ für den Informationsstand zum Zeitpunkt $t-1$.[3]

Die Schätzung der *Markov-Switching* Engle-Granger Testgleichung erfolgt mittels einer iterativen Maximum Likelihood Prozedur. Dazu gilt es zunächst die Likelihood Funktion aufzustellen. Diese lautet wie folgt:

$$\ln L = \sum_{t=1}^{T} \ln \left\{ \sum_{i=0}^{1} f(\epsilon_t | s_t, \mathcal{I}_{t-1}) \Pr(s_t = i | \mathcal{I}_{t-1}) \right\}.$$

$\Pr[s_t = i | \mathcal{I}_{t-1}]$ bezeichnet die Wahrscheinlichkeit, sich in Periode t ent-

---

[2] Diese entspricht der von Hall, Psaradakis und Sola (1999) entwickelten *Markov-Regime-Switching* ADF-Testgleichung mit dem Unterschied, daß es sich hier um die Residuen einer Preis-Dividenden-Beziehung handelt.
[3] Vgl. Kim und Nelson (1999).

7.2. Markov-Regime-Switching Modelle

weder in Zustand 0 oder in Zustand 1 zu befinden. Bei der Likelihood Funktion handelt es sich demnach um den gewichteten Durchschnitt der Dichtefunktionen der beiden Regime. Die Gewichte sind dabei die Wahrscheinlichkeiten, sich jeweils in Regime 1 oder in Regime 0 zu befinden. Darüberhinaus gilt es einen stochastischen Prozeß zur Bestimmung der Wahrscheinlichkeit $\Pr[s_t = i | \mathcal{I}_{t-1}]$ zu spezifizieren.

Die Auswahl des Regimes zum Zeitpunkt t erfolgt mit einer Wahrscheinlichkeit, die vom Regime des Prozesses zum Zeitpunkt $t-1$ abhängt. Die Zeitreihe dieser Zustände $\{s_t\}$ wird somit als homogene Markov Kette im Zustandsraum $\{0, 1\}$ mit den folgenden Übergangswahrscheinlichkeiten spezifiziert:

$$\Pr(s_t = 1 | s_{t-1} = 1) = p_{11}$$

$$\Pr(s_t = 0 | s_{t-1} = 1) = p_{01} = (1 - p_{11})$$

$$\Pr(s_t = 0 | s_{t-1} = 0) = p_{00} \quad (7.4)$$

$$\Pr(s_t = 1 | s_{t-1} = 0) = p_{10} = (1 - p_{00}).$$

Darüberhinaus gilt für die Innovationen $\{e_t\}$ der Engle-Granger Testgleichung (nicht zu verwechseln mit den betrachteten Residuen ϵ_t), daß diese für alle t und m unabhängig von den Zustandsvariablen $\{s_m\}$ sind. Die Spezifikationen in Gleichung (7.2) und Gleichung (7.4) verallgemeinern das lineare Modell (7.1), indem die Modellparameter zu Funktionen der stochastisch gewählten Regime werden, die den Verlauf des Prozesses zum Zeitpunkt t bestimmen.

Unter der Normalverteilungsannahme für die $\{e_t\}$ kann auf Gleichung (7.2) ein rekursiver, nicht-linearen Filteralgorithmus, wie der in Hamilton (1994) beschriebene, angewendet werden. Damit lassen sich dann Wahrscheinlichkeiten der Form $\Pr(s_t = j | \mathcal{I}_t, \boldsymbol{\alpha})$ bestimmen, wobei $\mathcal{I}_t = \{\epsilon_1, ..., \epsilon_t\}$ und

$\boldsymbol{\alpha} = (\mu_0, \mu_1, \Phi_0, \Phi_1, \sigma_0, \sigma_1, \psi_{01}, ..., \psi_{0k}, \psi_{11}, ..., \psi_{1k})'$ ist. Als Nebenprodukt ergibt sich die Likelihood der beobachteten Daten. Der Wert $\hat{\boldsymbol{\alpha}}$ aus $\boldsymbol{\alpha}$, der diese Likelihood maximiert, kann mit Hilfe eines numerischen Optimierungsverfahrens gefunden werden. Ein solcher Optimierungsalgorithmus wird im folgenden Abschnitt beschrieben.

Analog zur herkömmlichen Engle-Granger Teststatistik wird ein Test der Nullhypothese einer Einheitswurzel in den Residuen auf Basis der t-Statistiken aus den Maximum Likelihood Schätzungen von Φ_0 and Φ_1 durchgeführt.

Die Steigungskoeffizienten Φ_0 und Φ_1 bilden hierbei die Basis für einen Test auf spekulative Blasen. Sollte es Hinweise darauf geben, daß eines der beiden Regime nicht stationär ist ($\Phi_0 > 0$ oder $\Phi_1 > 0$), so handelt es sich dabei um ein Indiz für die Existenz einer Blase. Andererseits deutet $\Phi_0 < 0$ und $\Phi_1 < 0$ an, dass keine rationalen Blasen vorhanden sind. Diese Bedingungen werden mittels eines Paares von t-Tests geprüft.[4]

Bisher wurde die Motivation, *Markov-Switching*-Modelle anzupassen, dargestellt. Darüberhinaus wurde der Mechanismus der *Markov-Switching* Engle-Granger Tests erläutert. Im folgenden Abschnitt wird ein allgemeines Schätzverfahren für *Markov-Switching* Modelle vorgestellt. Insbesondere wird die Funktionsweise des EM-Algorithmus beschrieben.

7.2.2. Maximum Likelihood Schätzungen und der EM-Algorithmus

Die Ausführungen dieses Abschnitts orientieren sich stark an dem Lehrbuch von Hamilton (1994). Die Beschreibung des Verfahrens zur Bestimmung des Parametervektors α und der Übergangswahrscheinlichkeiten p_{ij} erfolgt allgemein für N Regime. Der *Markov-Regime-Switching* Engle-Granger Test wird dann für den Spezialfall von $N = 2$ Regimen durchgeführt.

Es gilt, sowohl den Parametervektor α als auch die Übergangswahrscheinlichkeiten p_{ij} zu bestimmen. α und die p_{ij} werden dann gemeinsam in einem Vektor θ gesammelt. Der Vektor θ soll dann auf Basis der Informa-

---

[4] An dieser Stelle gilt es zu beachten, daß in einem Markov-Switching Modell mit autoregressiv modellierten bedingten Erwartungswerten in den einzelnen Regimen die Stationaritätseigenschaften des gesamten Markov-Switching-Prozesses zumindest theoretisch von den Stationaritätsbedingungen, die für die einzelnen regime-spezifischen Prozesse gelten, abweichen können. So ist es z.B. möglich, dass zwei Autoregressionen, die in ihrem jeweiligen Markov-Regime stationär sind, in einem insgesamt nicht-stationären Markov-Switching-Prozess münden. Umgekehrt ist es theoretisch ebenso möglich, dass zwei nicht-stationäre regimespezifische Autoregressionen durch die Möglichkeit des Markov-Switching in einen insgesamt stationären Markov-Switching-Prozess überführt werden. Dies liegt darin, dass letztendlich die Interaktion zwischen den regimespezifischen autoregressiven Parametern und den bedingten Markov-Übergangswahrscheinlichkeiten die Stationarität des gesamten Markov-Switching-Prozesses determiniert. Mathematische Bedingungen für die Stationarität eines kompletten Markov-Switching-Prozesses finden sich in ?. Auf die weitere empirische Untersuchung hat dies jedoch keine Auswirkungen.

7.2. Markov-Regime-Switching Modelle

tionsmenge $\mathcal{I}_t$ geschätzt werden. Zunächst wird dabei angenommen, daß der wahre Wert von $\boldsymbol{\theta}$ bekannt sei. Selbst dann ist jedoch nicht bekannt, in welchem Regime der Prozeß sich zu jedem Zeitpunkt in der Stichprobe befunden hat. Daher ist es notwendig, die Wahrscheinlichkeit sich in einem bestimmten Regime zu befinden, unter Berücksichtigung aller zur Verfügung stehenden Beobachtungen zu schätzen.

Sei $\Pr(s_t = j | \mathcal{I}_t, \boldsymbol{\theta})$ eine Inferenz über den Wert von s_t basierend auf Daten bis zum Zeitpunkt t und basierend auf Kenntnis des Parametervektors $\boldsymbol{\theta}$. Es handelt sich hierbei um die bedingte Wahrscheinlichkeit, daß die t-te Beobachtung durch das Regime j erzeugt wurde. Diese bedingten Wahrscheinlichkeiten $\Pr(s_t = 1 | \mathcal{I}_t, \boldsymbol{\theta})$ werden in einem $(N \times 1)$ Vektor $\hat{\boldsymbol{\xi}}_{t|t}$ gesammelt, wobei N die Anzahl der Zustände bezeichnet. Der Vektor der bedingten Wahrscheinlichkeiten, daß sich der Prozeß zum Zeitpunkt $t+1$ in Regime j befindet, wird mit $\hat{\boldsymbol{\xi}}_{t+1|t}$ bezeichnet. Unter der Annahme, daß es sich bei dem Startvektor der Wahrscheinlichkeiten $\hat{\boldsymbol{\xi}}_{1|0}$ um einen festen Wert $\boldsymbol{\rho}$ handelt, der in keiner Beziehung zu den anderen Parametern steht, genügt die Maximum-Likelihood-Schätzung den Übergangswahrscheinlichkeiten:

$$\hat{p}_{ij} = \frac{\sum_{t=2}^{T} \Pr(s_t = j, s_{t-1} = i | \mathcal{I}_T, \hat{\boldsymbol{\theta}})}{\sum_{t=2}^{T} \Pr(s_{t-1} = i | \mathcal{I}_T, \hat{\boldsymbol{\theta}})}, \qquad (7.5)$$

wobei $\hat{\boldsymbol{\theta}}$ den Vektor der Maximum-Likelihood-Schätzungen bezeichnet. Folglich handelt es sich bei der geschätzten Übergangswahrscheinlichkeit um die Häufigkeit mit der Zustand i von Zustand j gefolgt wurde, dividiert durch die Anzahl der Zeitpunkte, zu denen sich der Prozeß in Zustand i befunden hat. Die einzelnen $\hat{p}_{ij}$'s werden mit Hilfe der geglätteten Wahrscheinlichkeiten geschätzt. Die Maximum-Likelihood-Schätzung des Startvektors $\boldsymbol{\rho}$ der Wahrscheinlichkeiten (für die lediglich gelten soll, daß $\mathbf{1}'\boldsymbol{\rho}=1$ und $\boldsymbol{\rho} \geq 0$) erfolgt mit Hilfe der geglätteten Inferenz über den Start Zustand:

$$\hat{\boldsymbol{\rho}} = \hat{\boldsymbol{\xi}}_{1|T}. \qquad (7.6)$$

Sei nun $\boldsymbol{\eta}_t$ ein $(N \times 1)$ Vektor, der aus den bedingten Dichten $f(\epsilon_t | s_t = j, \boldsymbol{z}_t, \mathcal{I}_{t-1}, \boldsymbol{\alpha})$ für $j = 1, 2, ..., N$ besteht, wobei es sich bei $\boldsymbol{z}_t$ um den Vektor erklärender Variablen handelt. Dann ist $\frac{\partial \log \boldsymbol{\eta}_t}{\partial \boldsymbol{\alpha}'}$ die $(N \times k)$ Matrix der Ableitungen der Logarithmen dieser Dichten, wobei k die Anzahl der

Parameter in α bezeichnet. Die Maximum-Likelihood-Schätzung des Vektors α, welcher der bedingten Dichte $f(\epsilon_t|s_t = j, z_t, \mathcal{I}_{t-1}, \alpha)$ genügt, wird folgendermaßen bestimmt:

$$\sum_{t=1}^{T} \left(\frac{\partial \log \eta_t}{\partial \alpha'}\right)' \hat{\xi}_{t|T} = 0. \tag{7.7}$$

Als allgemeingültiges Beispiel sei eine *Markov-Switching* Regression der folgenden Form betrachtet:

$$y_t = z_t' \beta_{s_t} + e_t,$$

wobei $e_t \sim$ i.i.d. $N(0, \sigma^2)$ und z_t einen Vektor erklärender Variablen bezeichnet, der auch verzögerte Werte von y enthalten kann.

Unter der Annahme, daß zwei Regime existierten, lautet der Koeffizientenvektor der Regression β_1, wenn sich der Prozeß in Regime 1 befindet und β_2, wenn sich der Prozeß in Regime 2 befindet. In diesem Beispiel gilt dann für den Vektor η_t:

$$\eta_t = \begin{bmatrix} \frac{1}{\sqrt{2\pi}\sigma} \exp\left\{\frac{-\left(y_t - z_t'\beta_1\right)^2}{2\sigma^2}\right\} \\ \frac{1}{\sqrt{2\pi}\sigma} \exp\left\{\frac{-\left(y_t - z_t'\beta_2\right)^2}{2\sigma^2}\right\} \end{bmatrix},$$

und für $\alpha = (\beta_1', \beta_2', \sigma^2)'$ wird Bedingung (7.7) zu

$$\sum_{t=1}^{T} (y_t - z_t'\hat{\beta}_j) z_t \cdot \Pr(s_t = j | \mathcal{I}_T, \hat{\theta}) = 0 \qquad \text{für } j = 1, 2 \tag{7.8}$$

$$\hat{\sigma}^2 = T^{-1} \sum_{t=1}^{T} \sum_{j=1}^{N} (y_t - z_t'\hat{\beta}_j)^2 \cdot \Pr(s_t = j | \mathcal{I}_T, \hat{\theta}). \tag{7.9}$$

Gleichung (7.8) beschreibt $\hat{\beta}_j$ so, daß sie einer gewichteten OLS Orthogonalitätsbedingung genügt. Die Gewichte bilden dabei Wahrscheinlichkeiten, daß die jeweilige Beobachtung aus Regime j stammt.

Die Gewichtung der abhängigen und unabhängigen Variablen mit den

7.2. Markov-Regime-Switching Modelle

jeweiligen Regimewahrscheinlichkeiten führt zu:

$$\tilde{y}_t(j) = y_t \cdot \sqrt{\Pr(s_t = j | \mathcal{I}_T, \hat{\boldsymbol{\theta}})}$$
$$\tilde{z}_t(j) = z_t \cdot \sqrt{\Pr(s_t = j | \mathcal{I}_T, \hat{\boldsymbol{\theta}})}.$$
(7.10)

Dann erhält man die Schätzung von $\hat{\boldsymbol{\beta}}_j$ durch eine Regression von $\tilde{y}_t(j)$ auf $\tilde{z}_t(j)$:

$$\hat{\boldsymbol{\beta}}_j = \left[\sum_{t=1}^{T} [\tilde{z}_t(j)][\tilde{z}_t(j)]'\right]^{-1} \left[\sum_{t=1}^{T} [\tilde{z}_t(j)]\tilde{y}_t(j)\right]. \quad (7.11)$$

Bei der Schätzung von σ^2 in (7.9) handelt es sich um (1/T) Mal der kombinierten Summe der quadrierten Residuen aus diesen 2 (da die Anzahl der angenommen Regime 2 beträgt) unterschiedlichen Regressionen.

Der Verlauf des EM-Algorithmus kann wie folgt beschrieben werden: Angenommen sowohl der Startvektor für die Wahrscheinlichkeiten $\boldsymbol{\rho}$ als auch die Startwerte für den Parametervektor $\boldsymbol{\theta}^{(0)}$ seien gegeben. Dann können mit $\boldsymbol{\theta}^{(0)}$ für $\hat{\boldsymbol{\theta}}$ die Gleichungen (7.5),(7.11) und (7.9) bestimmt werden. Die linken Seiten dieser Gleichungen führen damit zu einem neuen Schätzwert für $\hat{\boldsymbol{\theta}}$, der mit $\boldsymbol{\theta}^{(1)}$ bezeichnet wird. Damit kann dann $\Pr(s_t = j | \mathcal{I}_T, \boldsymbol{\theta}^{(1)})$ erneut berechnet werden. Dieser Ausdruck wird dann verwendet, um die Ausdrücke (7.5),(7.11) und (7.9) zu ermitteln. Dies führt zu einer neuen Schätzung von $\boldsymbol{\theta}^{(2)}$. Diese Schritte werden so häufig durchgeführt, bis ein bestimmtes Konvergenzkriterium bzgl. der Differenz zwischen $\boldsymbol{\theta}^{(m+1)}$ und $\boldsymbol{\theta}^{(m)}$ erreicht ist.[5] Man kann zeigen, daß der Wert der Log-Likelihood Funktion mit jedem Iterationsschritt erhöht wird. Die Maximum-Likelihood-Schätzung $\hat{\boldsymbol{\theta}}$ wurde gefunden, sobald gilt, daß $\boldsymbol{\theta}^{(m+1)} = \boldsymbol{\theta}^{(m)}$. Alternativ kann auch $\boldsymbol{\rho}$ via Maximum-Likelihood geschätzt werden. In diesem Fall wird Gleichung (7.6) einfach zu den Ausdrücken, die in jedem Interationsschritt neu berechnet werden, hinzugefügt.

Nachdem nun das numerische Optimierungsverfahren beschrieben worden ist, wird der *Full-Sample-Smoother* eingeführt. Dieses Verfahren dient der Berechnung der geglätteten Regimewahrscheinlichkeiten. Diese werden auf Basis aller zur Verfügung stehenden Daten berechnet. In Abschnitt

---

[5] Bei diesem Algorithmus handelt es sich um einen Spezialfall des von Dempster und Rubin (1977) entwickelten EM-Verfahrens.

7.3 wird man sehen, daß sich der *Full-Sample-Smoother* als sehr nützlich erweist, um den moderat wachsenden Teil von dem explodierenden und anschließend kollabierenden Teil abzugrenzen.

7.2.3. Geglättete Regimewahrscheinlichkeiten

Bisher wurden lediglich die Filterwahrscheinlichkeiten betrachtet. Diese entsprachen den Wahrscheinlichkeiten, daß ein bestimmter Zustand unter Kenntnis aller Beobachtungen bis zum Zeitpunkt t eintritt. Nun sollen die sogenannten geglätteten Wahrscheinlichkeiten (*smoothed probabilities*) bestimmt werden. Der Unterschied zu den Filterwahrscheinlichkeiten besteht darin, daß nun auf den gesamten Beobachtungshorizont konditioniert wird und nicht nur auf diejenigen Beobachtungen bis zum Zeitpunkt t. Formal bedeutet das:

$$Pr(s_t = 0|\mathcal{I}_T)$$

anstelle von:

$$Pr(s_t = 0|\mathcal{I}_t).$$

Die Berechnung der geglätteten Wahrscheinlichkeiten erfordert die Berechnung der bedingten Dichten $f(y_\tau|\mathcal{I}_{\tau-1})$ für jede Beobachtung τ von t bis T mit einer anschließenden Neuberechnung jedes τ's unter der Annahme, daß $s_t = 0$ ist.

Die Ermittlung der geglätteten Wahrscheinlichkeiten erfolgt mit Hilfe eines bestimmten Algorithmus, dem sogenannten *Full-Sample Smoother*. Hamilton (1989) hat einen *Full-Sample Smoother* entwickelt, der zwar weit verbreitet ist, jedoch in vielfacher Hinsicht ineffizient und vor allem sehr rechenintensiv ist. Nimmt man z.B. an, daß es sich bei der zur Bestimmung der Likelihood Funktion erforderlichen Anzahl an Berechnungen um eine lineare Funktion der Anzahl an Beobachtungen handelt (z.B. $b \cdot T$), erläutern Vigfusson und Van Norden (1996), daß die Anzahl an Berechnungen zur Bestimmung des Hamilton-*Full-Sample Smoothers* von 1 bis T ungefähr $b \cdot \left(\frac{T^2}{2} + 1\right)$ beträgt.

In diesem Kapitel wird daher auf ein anderes Verfahren zurückgegriffen, das von Kim (1994) entwickelt wurde und in diesem Abschnitt dargestellt wird.⁶ Dieses Verfahren basiert darauf, daß die geglätteten und die expost-Wahrscheinlichkeiten für die letzte Beobachtung identisch sind. Infolgedessen werden bei dem Verfahren von Kim (1994) die geglätteten Wahrscheinlichkeiten rekursiv bestimmt. Dies reduziert die Anzahl erforderlicher Berechnungen auf ungefähr $2T$.

Basierend auf dem gesamten Beobachtungshorizont T sei die folgende Herleitung der gemeinsamen Wahrscheinlichkeit, daß $s_t = j$ und $s_{t+1} = k$ betrachtet:

$$\begin{aligned}
\Pr[s_t = j, s_{t+1} = k | \mathcal{I}_T] &= \Pr[s_{t+1} = k | \mathcal{I}_T] \times \Pr[s_t = j | s_{t+1} = k, \mathcal{I}_T] \\
&= \Pr[s_{t+1} = k | \mathcal{I}_T] \times \Pr[s_t = j | s_{t+1} = k, \mathcal{I}_t] \\
&= \frac{\Pr[s_{t+1} = k | \mathcal{I}_T] \times \Pr[s_t = j, s_{t+1} = k | \mathcal{I}_t]}{\Pr[s_{t+1} = k | \mathcal{I}_t]} \\
&= \frac{\Pr[s_{t+1} = k | \mathcal{I}_T] \times \Pr[s_t = j | \mathcal{I}_t]}{\Pr[s_{t+1} = k | \mathcal{I}_t]} \\
&\quad \times \Pr[s_{t+1} = k | s_t = j],
\end{aligned} \quad (7.12)$$

sowie

$$\Pr[s_t = j | \mathcal{I}_T] = \sum_{k=1}^{1} \Pr[s_t = j, s_{t+1} = k | \mathcal{I}_T]. \quad (7.13)$$

Gegeben $\Pr[s_T | \mathcal{I}_T]$ aus der letzten Iteration der Ermittlung der Filterwahrscheinlichkeiten, können obenstehende Ausdrücke für $t = T-1, T-2, \ldots, 1$ iteriert werden, so daß man die geglätteten Wahrscheinlichkeiten $\Pr[s_T | \mathcal{I}_T], t = T-1, T-2, \ldots, 1$ erhält.⁷

Bisher wurden *Markov-Switching* Engle-Granger-Tests zur Identifikation spekulativer Perioden motiviert sowie die Berechnung der geglätteten Regimewahrscheinlichkeiten zur Bestimmung der Wahrscheinlichkeit, daß $s_t = 0$ ist (bedingt auf alle zur Verfügung stehenden Beobachtungen), vorgestellt. Im folgenden wird auf die Existenz unterschiedlicher Regime getestet, indem der *Markov-Switching* Engle-Granger-Test auf die Residuen ei-

---

⁶ Die Erläuterung orientiert sich dabei an Kim und Nelson (1999).
⁷ Die Gültigkeit des Zwischenschrittes von der zweiten zur dritten Zeile ist nicht unmittelbar zu erkennen. Der zugehörige Nachweis erfolgt im Anhang.

ner Regression von Dividenden auf Preise angewendet wird. Darüberhinaus werden die geglätteten Wahrscheinlichkeiten berechnet, so daß moderat wachsende Perioden von explodierenden und anschließend kollabierenden Perioden abgegrenzt werden können.

7.3. Test auf Existenz unterschiedlicher Regime

In diesem Abschnitt werden *Markov-Switching* Engle-Granger-Tests auf ihre Eignung zur Identifikation periodisch auftretender Vermögenspreisblasen überprüft. Anhand unterschiedlich spezifizierter Blasenprozesse wird untersucht, ob dieser Test dazu in der Lage ist. Wie in Abschnitt 7.1 beschrieben wurde, wurden in der Literatur häufiger *Markov-Switching* ADF-Tests verwendet, um spekulative Blasen zu erkennen. Hier sollen zunächst eine Reihe von Punkten erwähnt werden, die das Vorgehen in diesem Kapitel von anderen Arbeiten abgrenzt.

Im Unterschied zu einem Monte-Carlo-Experiment kann durch die Untersuchung einzelner Realisationen geprüft werden, weshalb bestimmte Ergebnisse resultieren. Darüberhinaus werden simulierte Blasenprozesse untersucht, und daher ist der Zeitpunkt einer explosiven Kursentwicklung genau bekannt. In der Literatur beschäftigt sich in diesem Zusammenhang nur die Arbeit von Hall und Sola (1993) ebenfalls mit simulierten Blasenprozessen. In dieser Arbeit werden jedoch lediglich die Stationaritätseigenschaften der Aktienpreise untersucht. Wie bereits angedeutet, untersucht die vorliegende Arbeit die Residuen einer Regression der Aktienpreise auf Dividenden. Darüberhinaus werden in der eben genannten Untersuchung die geglätteten Regimewahrscheinlichkeiten nicht näher untersucht.

Dies führt zu einem wichtigen Unterschied in den Ergebnissen der vorliegenden Arbeit im Vergleich zu den Ergebnissen der Arbeit von Hall und Sola (1993). Da in diesem Papier lediglich die *ex-ante* Wahrscheinlichkeiten betrachtet werden, können lediglich die *Peaks* der Blasenprozesse identifiziert werden. In diesem Kapitel wird sich jedoch zeigen, daß das hier verwendete Verfahren auch dazu in der Lage ist, moderat wachsende Perioden von explodierenden und anschließend kollabierenden Perioden abzugrenzen. Darüberhinaus werden hier Tests auf Parameterstabilität und multiple Strukturbrüche vorangestellt, um sicherzustellen, daß auch tatsächlich unterschiedliche Regime in den Residuen zu finden sind.

Die Erzeugung der künstlichen Datensätze erfolgt mit Hilfe der Blasenspezifikation von Evans (1991). Für den Dividendenprozeß betrachtet Evans (1991) zwei Alternativen: Entweder folgen die realen Dividenden in nicht logarithmierter Form (von hier an als Dividenden in Niveaugrößen bezeichnet) einem *Random Walk* mit Drift, oder der Logarithmus der realen Dividenden folgt einem *Random Walk* mit Drift. Entsprechend werden auch in der Tabelle 7.1 beide Alternativen betrachtet.

Die Prozesse, die mittels der Parameter der letzten Spalte erzeugt werden, werden einmal in logarithmierter und einmal in nicht logarithmierter Form erzeugt. Die daraus resultierenden Prozesse werden im folgenden mit (4a) und (4b) bezeichnet. Die Werte für die einzelnen Parameter sind ebenso wie bei Evans (1991) der Studie von West (1988) entnommen.[8] Es werden fünf solcher künstlicher Datensätze mit den Parametern aus der Tabelle 7.1 erzeugt. Die Länge der untersuchten Zeitreihen beträgt jeweils T=100, mit Ausnahme des datengenerierenden Prozesses (DGP) 3, der $T = 200$ Beobachtungen lang ist. Des weiteren wird der Blasenprozeß mit einem Skalierungsfaktor multipliziert. Die Skalierung dient dazu, den Blasenprozeß gegenüber dem Fundamentalprozeß zu verstärken. Je höher der Skalierungsfaktor ausfällt, desto ähnlicher wird der aus Blasen- plus Fundamentalteil bestehende Preisprozeß dem Blasenprozeß ohne Fundamentalteil. Für die Skalierung wurden Werte von 20 sowie 250 gewählt. Die erzeugten Preis- und Fundamentalprozesse sind in den jeweils oberen Grafiken der Abbildungen 7.2 bis 7.6 dargestellt. Die Realisationen der Prozesse bestehen aus zweierlei Komponenten: einer Fundamentallösung sowie einem Blasenteil. Beide Teile sind nicht stationär. Bei der Fundamentalkomponente handelt es sich um einen einfachen *Random Walk*, während es sich bei dem Blasenteil um einen explosiven Prozeß handelt.

Die empirische Analyse wird in mehreren Schritten vollzogen.[9] Im ersten Schritt werden eine Reihe von Kointegrationstests (ohne Berücksichtigung

---

[8] In der Arbeit von West (1988) wird der US Aktienmarkt untersucht. Man kann natürlich nicht erwarten, daß die Verwendung dieser Parameter zu einer etwaigen Nachbildung des US Aktienkursverlaufes führen kann. Vielmehr bietet die Verwendung dieser Werte nur Anhaltspunkte, unterschiedliche Blasenprozesse zu spezifizieren.

[9] Eine ähnliche Reihenfolge wird in einem anderen Zusammenhang auch von Spagnolo, Sola und Psaradakis (2004) gewählt.

Prozeß	DGP 1	DGP 2	DGP 3	DGP 4a, 4b
Dividenden in	Niveaus	Logs	Niveaus	Niveaus, Logs
Anzahl der Beobachtungen	100	100	200	100
α	1	1	2	1
τ^2	0.0025	0.0025	0.05	0.0025
r	0.05	0.05	0.05	0.05
δ	0.5	0.5	0.5	0.5
μ	0.0373	0.013	0.0373	0.013
Skalierung der Blase	20	250	250	20
d_0	1.3	1.3	1.3	1.3
B_0	0.5	0.5	0.5	0.5
σ^2	0.1574	0.016	0.1574	0.016
π	0.7	0.5	0.85	0.5

Tabelle 7.1.: Parameter Spezifikationen für die Evans-Prozesse

von Strukturbrüchen) durchgeführt, um die Stationaritätseigenschaften der Residuen aus der Gleichung $\ln(D_t) = \mu + \ln(P_t) + \epsilon_t$ näher zu untersuchen. Dabei wird zunächst von der Kritik von Evans (1991) abgesehen. Die Ergebnisse dieser Tests befinden sich in Tabelle 7.2. Sie umfassen den ADF-Test, die Phillips-Perron-Teststatistik, die von Phillips und Ouliaris (1990) vorgeschlagenen $\hat{Z}_\alpha$- und $\hat{Z}_t$-Teststatistiken sowie den KPSS-Test von Kwiatkowski, Phillips, Schmidt und Shin (1992). Die Nullhypothese einer Einheitswurzel kann auf Basis der meisten betrachteten Teststatistiken auf dem 5% Niveau abgelehnt werden. Die Ausnahme bilden die Ng-Perron-Teststatistiken für den DGP 3. Auf Basis des KPSS-Tests kann die Nullhypothese der Stationarität mit Ausnahme des DGP 4a auf keinem Signifkanzniveau abgelehnt werden. Nun ist hinreichend bekannt, daß die hier durchgeführten Einheitswurzeltests bei Existenz struktureller Veränderungen schlechte Güteeigenschaften aufweisen. Daher sind die in der Tabelle aufgeführten Ergebnisse mit Vorsicht zu betrachten.

7.3. Test auf Existenz unterschiedlicher Regime

Einheitswurzeltest	DGP 1	DGP 2	DGP 3	DGP 4a	DGP 4b
ADF	-11.72973	-3.088427	-4.285643	-2.934917	-5.278161
p-Wert	0.0001	0.0307	0.0006	0.0450	0.0000
Phillips Perron	-4.637481	-2.957482	-4.486440	-2.879667	-5.244081
p-Wert	0.0002	0.0426	0.0003	0.0514	0.0000
Ng-Perron Z_a	-29.1733	-12.5067	0.09817	-10.8958	-33.1782
p-Wert	0.0000	0.024	1.000	0.0243	0.0000
Ng-Perron Z_t	-3.81812	-2.49418	0.09717	-2.22222	-4.06810
p-Wert	0.002	0.016	1.000	0.0354	0.0000
KPSS	0.129349	0.599547	1.182096	0.302573	0.110040
p-Wert	1.000000	0.036	0.0000	0.2540	1.0000

Tabelle 7.2.: Ergebnisse herkömmlicher Einheitswurzeltests

Als nächstes werden Tests auf Parameterinstabilität sowie auf multiple Strukturbrüche durchgeführt. Diese sollen Hinweise auf die Existenz unterschiedlicher Regime geben. Diese Tests sind notwendig, da die Möglichkeit besteht, in *Markov-Switching*-Regressionen unterschiedliche Regime zu finden, obwohl in den Daten keine Strukturbrüche existieren. Zunächst werden Tests, die auf einer Sequenz von Likelihood-Ratio-Statistiken basieren, durchgeführt. Diese testen die Nullhypothese der Parameterstabilität gegen die Alternative eines einmaligen Strukturbruchs zu allen denkbaren Zeitpunkten in der Stichprobe. Dabei wird das Maximum der Likelihood-Ratio-Tests über alle möglichen Parameterwerte ermittelt. Für den Fall eines einzelnen Strukturbruchs zu einem unbekannten Zeitpunkt wird die folgende Statistik verwendet:

$$\text{SupLR} = \sup_{\omega \in (\omega_1, \omega_2)} \text{LR}(\omega),$$

wobei LR den Wert der Likelihood-Ratio-Statistik zu einem beliebigen Zeitpunkt ω eines Strukturbruchs bezeichnet. Die Maximierung wird dabei über einen Anteil von potenziellen Strukturbrüchen beschränkt, die sich in einem Intervall $[\omega_1, \omega_2]$ befinden. Hierbei handelt es sich um eine Teilmenge des Intervals $[0, 1]$. Andrews (1993) zeigt, daß der Wert der Teststatistik unter der Nullhypothese gegen unendlich geht, falls $\omega_1 = \omega_2 = 0$. Dies bedeutet, daß die kritischen Werte mit kleineren ω_1 und ω_2 wachsen und die Güte geringer wird. Folglich sollte die Auswahl der Bandbreite bei der Suche nach einem Maximum so erfolgen, daß die kritischen Werte nicht zu groß werden und der Test eine annehmbare Güte behält. Gleichzeitig sollte die Bandbreite groß genug sein, um potenzielle Kandidaten für Strukturbrüche zu erfassen. Für einen einzelnen Strukturbruch ist $\omega_1 = \omega_2 = 0.15$ eine weit verbreitete Wahl. Nichtsdestotrotz weist der SupLR-Test keine optimalen Güteeigenschaften auf. Alternative Teststatistiken, die von Andrews und Ploberger (1994) entwickelt wurden, lauten wie folgt:

$$\text{AvgLR} = \int_{\omega_1}^{\omega_2} \text{LR}(\omega) d\omega$$

und
$$\text{ExpLR} = \ln \int_{\omega_1}^{\omega_2} \exp\left[\frac{1}{2}\text{LR}(\omega)\right] d\omega.$$

Der AvgLR-Test hat die höchste Güte für kleine Sprünge, wohingegen der ExpLR-Test bessere Ergebnisse bei moderaten bis großen Sprüngen aufweist. Keine der beiden Alternativen dominiert einheitlich den SupLR-Test. Folglich wurden alle drei Teststatistiken berechnet.

Wie man Tabelle 7.3 entnehmen kann, lehnen mit Ausnahme des DGP (4b) alle durchgeführten Tests die Nullhypothese keiner strukturellen Veränderung auf jedem Signifikanzniveau ab. Weiterhin bildet auch der AvgLR-Test für den DGP (1) eine Ausnahme, da er die Nullhypothese lediglich auf dem 5% Niveau ablehnt. Trotzdem kann man aus den Testergebnissen schließen, daß strukturelle Veränderungen in den Residuen existieren. Allerdings gilt es zu bedenken, daß die durchgeführten Tests keine hohe Güte aufweisen, wenn die Anzahl der Strukturbrüche in der Alternativhypothese größer ist als die Anzahl der Strukturbrüche, auf die getestet wird. Eine weitaus höhere Güte kann durch die Verwendung von Tests auf multiple Strukturbrüche erzielt werden.[10]

Bai und Perron (1998) verwenden einen ausgesprochen effizienten Algorithmus um die Berechnung der Teststatistiken für jede denkbare Partition einer Stichprobe zu vermeiden. Die Ergebnisse der Anwendung des Bai- und-Perron-Verfahrens befinden sich in Abbildung 7.1. Für jeden der fünf DGPs wurde mehr als ein Strukturbruch identifiziert. Allerdings gilt es zu erwähnen, daß die Betrachtung mit bloßem Auge vermuten läßt, daß es noch mehr als die mit Hilfe des Tests identifizierten Strukturbrüche gibt. Darüberhinaus wurden auch OLS basierte CUSUM-Tests durchgeführt. Deren Ergebnisse weisen ebenfalls auf strukturelle Veränderungen hin.

So kann man schließen, daß die Ergebnisse der durchgeführten Einheitswurzeltests auch unabhängig von der Kritik von Evans (1991) ausgesprochen fragwürdig sind. Einheitswurzeltests haben bei Existenz struktureller Veränderungen eine ausgesprochen geringe Güte, und jeder der generierten Prozesse weist mehr als nur einen Strukturbruch auf. Da man schließen kann, daß die fünf DGPs tatsächlich nicht stationär sind, kann man sagen, daß das Verfahren von Bai und Perron (1998) nicht in der Lage ist,

---

[10] Vgl. Perron (2005).

sämtliche Strukturbrüche aufzudecken, da die Anwendung dieses Verfahrens wiederum auf stationäre Prozesse beschränkt ist.

Parameter Stabilitätstest	DGP 1	DGP 2	DGP 3	DGP 4a	DGP 4b
AvgLR	3.3302	29.0145	127.1861	12.6413	2.0014
p-Wert	0.0335	0.0000	0.0000	0.0000	0.1123
ExpLR	26.4186	63.1186	288.5709	36.3161	8.864
p-Wert	0.0000	0.0000	0.0000	0.0000	0.04449
SupLR	9.1102	27.4008	139.3414	15.4189	1.7658
p-Wert	0.0000	0.0000	0.0000	0.0000	0.07032

Tabelle 7.3.: Ergebnisse der Parameter Stabilitätstests

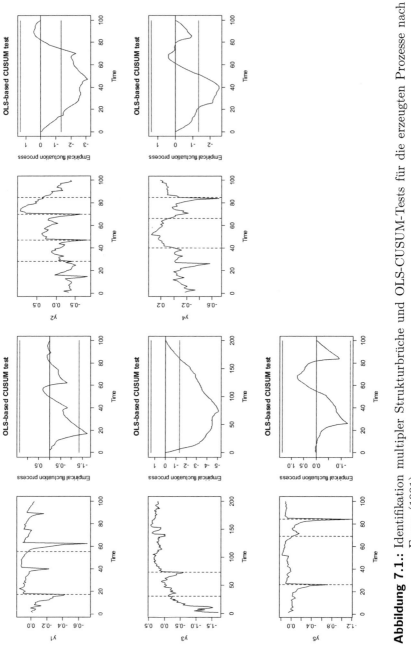

Abbildung 7.1.: Identifikation multipler Strukturbrüche und OLS-CUSUM-Tests für die erzeugten Prozesse nach Evans (1991)

Die Existenz unterschiedlicher Regime ist nun hinreichend gesichert, so daß die *Markov-Switching* Engle-Granger-Regressionsgleichung aus Gleichung (7.2) an die Residuen angepaßt werden kann. Bezüglich der Lagstruktur in den unterschiedlichen Regimen werden zwei Varianten betrachtet: Eine Variante ohne Berücksichtigung weiterer verzögerter Differenzen sowie eine Variante unter Berücksichtigung von $k = 4$ zusätzlichen verzögerten Differenzen. Der Verzicht auf die Verwendung zusätzlicher Lags kann mit Hilfe der im Voraus durchgeführten Einheitswurzeltests begründet werden. Denn unter der Annahme der Existenz lediglich eines Regimes wählen die unterschiedlichen Informationskriterien keine weiteren Lags aus. Die Einbeziehung von $k = 4$ Verzögerungen läßt sich hingegen zu Vergleichszwecken mit anderen Studien rechtfertigen. Bevor auf die einzelnen Koeffizientenschätzungen eingegangen wird, sollen zunächst die Pfade der Residuen in den Abbildungen 7.2 bis 7.6 einer näheren Betrachtung unterzogen werden.

In allen fünf Abbildungen sind auch ohne die Pfade der geglätteten Regimewahrscheinlichkeiten die jeweiligen Regimewechsel gut zu erkennen. Man sieht sowohl den explodierenden Pfad der Blase als auch das plötzliche Zurückschnellen zum Fundamentalwert. Je nach Spezifikation des zugrundliegenden Blasenprozesses verlaufen die Perioden zwischen den Blasen mal mehr und mal weniger ruhig. Ähnliches gilt für den explodierenden Teil, der dann besonders deutlich zu erkennen ist, wenn die Perioden zwischen den Blasen ruhiger verlaufen. Bei der Anpassung der *Markov-Switching* Engle-Granger-Testgleichung sollte man also vermuten, daß diejenigen Spezifikationen, deren Blasenverlauf weniger deutlich ausgeprägt ist, zu einem Koeffizienten Φ führen, der stationärer wirkt als bei denjenigen Verläufen, deren Blasenteil deutlicher ausgeprägt ist. Aufgrund der Skalierung mit dem Faktor 250 der Evansprozesse (2) und (3) dominiert der Blasenprozeß den Fundamentalprozeß deutlich, so daß sich für den Preisprozeß insgesamt ein ähnliches Bild ergibt wie für den Blasenprozeß alleine.

Bezüglich der Schätzergebnisse der Variante ohne Berücksichtigung zusätzlicher Verzögerungen in Tabelle 7.4 kann folgendes festgestellt werden: Zunächst kann man klar zwei unterschiedliche Regime anhand der Schätzwerte der Parameter ausmachen. Von besonderem Interesse ist an dieser Stelle der Parameter Φ, der die Stationaritätseigenschaften der un-

	DGP 1	DGP 2	DGP 3	DGP 4a	DGP 4b
μ_0	−0.0102***	−0.0223***	0.0027	0.0006	−0.0060**
	(0.0017)	(0.0094)	(0.0070)	(0.0065)	(0.0029)
μ_1	−0.0376	−0.3967*	−0.0104	−0.4539	−0.2967
	(0.0471)	(0.2472)	(0.1818)	(0.5926)	(0.2486)
ϕ_0	0.0171*	−0.0281	−0.0454**	−0.0497*	−0.0098
	(0.0122)	(0.0230)	(0.0211)	(0.0348)	(0.0167)
ϕ_1	−0.8568***	−2.3412***	−0.0696	−2.0100	−1.7109**
	(0.3177)	(0.8248)	(0.1658)	(2.0508)	(0.9402)
σ_0	0.0129***	0.0826***	0.0562***	0.0537***	0.0258***
	(0.0017)	(0.0073)	(0.0050)	(0.0046)	(0.0022)
σ_1	0.2002***	0.4213***	0.2608***	0.3018***	0.4540***
	(0.0294)	(0.0940)	(0.0562)	(0.1027)	(0.1049)
p_{00}	0.8774***	0.9439***	0.9704***	0.9758***	0.9634***
	(0.0418)	(0.0285)	(0.0229)	(0.0176)	(0.0212)
p_{11}	0.6424***	0.5668***	0.8446***	0.6356***	0.6678***
	(0.1133)	(0.1652)	(0.1381)	(0.2507)	(0.1578)
LL	188.984	67.7929	223.72	128.790	177.498

*, **, *** bezeichnen Signifikanz zum 10%, 5% bzw. 1% Niveau, Standardfehler in Klammern.

Tabelle 7.4.: Schätzung der *Markov-Switching*-Testgleichung

tersuchten Residuen widerspiegelt. Jeweils einer der beiden Koeffizienten Φ ist entweder nicht signifikant von Null verschieden oder signifikant von Null verschieden aber immer noch nahe bei Null. Dies deutet auf einen nicht stationären Prozeß hin oder auch auf einen *quasi*-Einheitswurzelprozeß. Der andere Koeffizient liegt entweder im Intervall (-2,0) und läßt somit Stationarität vermuten, oder er ist kleiner als -2 und deutet auf einen äußerst instabilen Einheitswurzelprozeß hin. Dies entspricht den zu erwartenden Ergebnissen insofern, als daß der moderat wachsende Teil sich zwar durch die Existenz einer Einheitswurzel auszeichnet, letztlich aber durch einfache Differenzenbildung stationär werden sollte, also I(1) ist. Der explodierende und anschließend kollabierende Teil hingegen zeichnet sich durch starke Instationarität aus und kann auch durch Differenzenbildung nicht stationär werden. Dies entspricht dem anderen Regime.

Die Schätzungen der Übergangswahrscheinlichkeiten sind für alle datengenerierenden Prozesse hoch signifikant. Dabei liegt der Wert des Koeffizienten für ein Regime zwischen 87% und 97%, während das andere Regime

	DGP 1	DGP 2	DGP 3	DGP 4a	DGP 4b
μ_0	−0.0108***	−0.0236***	0.1084*	−0.0595***	−0.0089
	(0.0022)	(0.0095)	(0.0680)	(0.0171)	(0.0087)
μ_1	−0.1171**	−0.5155***	−0.0046	−0.0263***	0.0725
	(0.0633)	(0.1155)	(0.0067)	(0.0074)	(0.0025)
ϕ_0	0.0257	−0.0390*	−0.1589**	−0.8858***	0.1992**
	(0.0263)	(0.0276)	(0.0808)	(0.0808)	(0.0894)
ϕ_1	−0.7713*	−1.4565***	0.0286**	0.1281***	−1.0701**
	(0.6177)	(0.4192)	(0.0170)	(0.0456)	(0.0123)
ψ_{11}	0.0307	0.0228	−0.6049***	−0.8936***	1.1345***
	(0.0251)	(0.0467)	(0.1794)	(0.0432)	(0.1882)
ψ_{12}	-0.8389	−1.7713***	0.3094***	0.4023***	−1.0015***
	(0.7021)	(0.3834)	(0.0882)	(0.0989)	(0.0079)
ψ_{21}	0.0213*	0.0777**	-0.1161	-0.0248	0.2273
	(0.0150)	(0.0407)	(0.1598)	(0.1009)	(0.2478)
ψ_{22}	-1.1938	−0.8922**	−0.3957***	0.1578*	0.0715***
	(1.4795)	(0.6251)	(0.0865)	(0.1219)	(0.0103)
ψ_{31}	0.0215*	0.0279	-0.3527	−0.5277***	0.4105**
	(0.0142)	(0.0381)	(0.3806)	(0.1316)	(0.2500)
ψ_{32}	1.3172	−2.5658**	-0.0413	0.0400	0.0495***
	(1.3354)	1.4375	(0.0516)	(0.0678)	(0.0093)
ψ_{41}	0.0341***	-0.0004	−0.9801***	0.0003	-0.0149
	(0.0136)	(0.0368)	(0.2697)	(0.1071)	(0.0952)
ψ_{42}	0.3829	−2.3087***	0.0935**	0.0756*	0.0292***
	(1.0003)	(0.8569)	(0.0486)	(0.0613)	(0.0090)
σ_0	0.0138***	0.0780***	0.2103***	0.0250***	0.0621***
	(0.0013)	(0.0073)	(0.0350)	(0.0067)	(0.0052)
σ_1	0.1933***	0.2002***	0.0385***	0.0537***	0.0104***
	(0.0308)	(0.0434)	(0.0030)	(0.0049)	(0.0016)
p_{00}	0.8970***	0.9190***	0.6237	0.3293	0.9591***
	(0.0370)	(0.0351)	(0.1782)	(0.2147)	(0.0236)
p_{11}	0.6349***	0.506***	0.9092***	0.8718***	0.8616***
	(0.1275)	(0.1929)	(0.0489)	(0.0482)	(0.0707)
LL	197.525	75.9752	230.662	136.680	156.554

*, **, *** bezeichnen Signifikanz zum 10%, 5% bzw. 1% Niveau, Standardfehler in Klammern.

Tabelle 7.5.: Schätzung der *Markov-Switching*-Testgleichung mit 4 Lags

einen Wert zwischen 56% und 84% aufweist. Dies spiegelt die durchschnittliche Dauer eines Regimes wider, bevor es zu einem Regimewechsel kommt. Betrachtet man beispielsweise den DGP 2 in Tabelle 7.4, so ergibt sich für p_{00} ein Wert von 0.9439, während sich für p_{11} ein Wert von 0.5668 ergibt. Die durchschnittliche Dauer eines Regimes (auch Regimeduration genannt) ergibt sich durch Berechnung von $\frac{1}{1-p_{ii}}$. Einsetzen führt hier zu einem Wert von 17.83 für Regime 0 und einem Wert von 2.31 für Regime 1. Betrachtet man die Koeffizienten für Φ_0 (-0.0281) und Φ_1 (-2.3412) sowie die Standardabweichungen der Fehlerterme σ_0 (0.0826) und σ_1 (0.4213), so kann man dem Regime 0 eindeutig das moderat wachsende Regime und dem Regime 1 ebenso eindeutig das explodierende und anschließend kollabierende Regime zuordnen. Letzteres ist extrem instabil und von kurzer Dauer, und die Fehlervarianz ist vergleichsweise hoch. Ein ähnlich eindeutiges Bild für die Unterscheidung der beiden Regime ergibt sich für den DGP (4a) in Tabelle 7.4. Die Zuordnung anhand der Übergangswahrscheinlichkeiten und der geschätzten Standardabweichungen fällt für alle untersuchten Prozesse leicht.

Die Ergebnisse der Variante mit Berücksichtigung von vier Lags in den verzögerten Differenzen befinden sich in Tabelle 7.5 und können wie folgt kommentiert werden: Auch hier können zwei unterschiedliche Regime ausgemacht werden, was sich in deutlich voneinander verschiedenen Koeffizienten wiederspiegelt. Dies gilt sowohl für den autoregressiven Koeffizienten Φ als auch für die Koeffizienten ψ_{ij} der verzögerten Differenzen als auch für die Standardfehler und Übergangswahrscheinlichkeiten. Die geschätzten Koeffizienten der Übergangswahrscheinlichkeiten sind wie zuvor auch schon ausgesprochen plausibel. Eine Ausnahme bildet hier der DGP (4b). Hier liegen die geschätzten Übergangswahrscheinlichkeiten relativ nahe zusammen, was nicht unmittelbar plausibel erscheint.

Die Betrachtung der geglätteten Wahrscheinlichkeiten in den Abbildungen 7.2 bis 7.6 läßt die folgenden Schlüsse zu: Die meisten der generierten Blasenprozesse werden trotz ihrer unterschiedlichen Parametrisierung zuverlässig identifiziert. Darüberhinaus kann man deutlich erkennen, daß nicht nur kollabierende Regime identifiziert werden, sondern die geglätteten Regimewahrscheinlichkeiten einen Regimewechsel anzeigen, sobald der explosive Teile des Blasenprozesses beginnt. Man kann also das Wachstum der Blase identifizieren und nicht nur das Platzen der Blase. Lediglich Blasen, die ganz zu Beginn des betrachteten Zeitraums entstehen und solche die ganz am Ende liegen, bereiten Schwierigkeiten bei der Identifikation. Dieses Problem ist jedoch nicht auf die hier untersuchten Prozesse im speziellen zurückzuführen, sondern ein weit verbreitetes Phänomen im Zusammenhang mit der Erkennung von Regimewechseln mit Hilfe von *Markov-Regime-Switching*-Modellen.

Lags	H_1	DGP 1	DGP 2	DGP 3	DGP 4a	DGP 4b	Kritische
0							
	$\Phi_0 > 0$	1.400	-1.224	-0.420	-0.980	-0.589	-0.61
	$\Phi_1 < 0$	-2.697	-2.839	-2.152	-1.430	-1.820	-3.38
4							
	$\Phi_0 > 0$	2.32	-1.413	1.6824	2.809	2.23	-0.49
	$\Phi_1 < 0$	-43.18	-3.475	-1.967	-10.968	-87.00	-3.27

Tabelle 7.6.: Ergebnisse der Kointegrationstests

Bei den in Tabelle 7.6 gezeigten t-Statistiken handelt es sich um Tests der Nullhypothesen $\Phi_0 = 0$ sowie $\Phi_1 = 0$ gegen die Alternativhypothesen $\Phi_0 > 0$ und $\Phi_1 < 0$. Die zugehörigen kritischen Werte entsprechen den kritischen Werten von Engle und Granger (1987). Auf Grund der hier formulierten Hypothesen wird einmal ein rechtsseitiger Test und einmal ein linksseitiger Test durchgeführt. Daher entsprechen die aufgeführten kritischen Werte jeweils einmal dem 5%-Quantil der Teststatistiken und einmal dem 95%-Quantil. Eine Eigenschaft von *Regime-Switching*-Modellen besteht darin, daß die Auswahl der einzelnen Regime zufällig erfolgt. Dem wurde hier Rechnung getragen, indem der Koeffizient Φ_0 immer den größeren der beiden Koeffizienten darstellt, und es sich somit bei dem Regime 0 um das explosive Regime handelt. Die Bedingung für die Existenz spekulativer Blasen lautet hier, daß eines der beiden Regime (das explosive Regime) nichtstationär sein darf, während das andere Regime stationär sein soll. Die Testergebnisse zeigen, daß für das Regime 1 (das moderat wachsende Regime) die Nullhypothese der Nicht-Stationarität bei Nicht-Berücksichtigung weiterer verzögerter Differenzen in den betrachteten Fällen niemals abgelehnt werden kann. Für das Regime Null hingegen kann die Nullhypothese zugunsten der explosiven Alternative für die Realisationen der DGPs 1, 3 und 4b abgelehnt werden.

Bei Betrachtung der Variante mit Berücksichtigung von vier verzögerten Differenzen lassen sich folgende Schlüsse ziehen. Hier kann für das Regime 1 die Nullhypothese der Nicht-Stationarität bei vier der fünf betrachteten DGPs abgelehnt werden, während die Nullhypothese $\Phi_0 = 0$ zugunsten der explosiven Alternative in vier von fünf Fällen verworfen werden kann.

7.4. Zwischenfazit

In diesem Kapitel wurde eine Verallgemeinerung des Verfahrens von Perron (1990) zum Testen auf eine Einheitswurzel bei Änderung eines autoregressiven Parameters vorgestellt. Mit Hilfe des genannten Verfahrens von Perron (1990) kann nur eine einmalige Änderung des autoregressiven Parameters erfaßt werden, die hier vorgestellten Modelle sind hingegen in der Lage, mehrerer solcher Änderungen oder auch Regimewechsel zu erfassen. Die zeitliche Entwicklung der Regime wurde dabei mit Hilfe eines Markov-Prozesses modelliert. Demzufolge wird diese Modellklasse mit dem Begriff *Markov-Regime-Switching*-Modelle bezeichnet. Es wurde gezeigt, wie mit Hilfe dieser Modellklasse die Residuen aus einer Regression von Aktienpreisen auf Dividenden auf Stationarität getestet werden können und somit aufgrund der Testergebnisse auf die Existenz spekulativer Blasen geschlossen werden kann. Bisherige Arbeiten konzentrieren sich dabei auf die Stationaritätseigenschaften der Aktienpreise und entwickeln daraus einen *Markov-Regime-Switching* ADF-Test. Hier hingegen richtete sich das Augenmerk auf die Residuen und es wurde ein *Markov-Regime-Switching* Engle-Granger Kointegrationstest entwickelt. Es wurden verschiedene Evans-Prozesse erzeugt, und das vorgeschlagene Testverfahren wurde angewendet.

Im folgenden Kapitel wird ein weiteres Verfahren zur Identifikation spekulativer Blasen mit Hilfe eines *Markov-Switching* Ansatzes vorgestellt. Allerdings wird in diesem Kapitel nicht auf die Stationaritätseigenschaften der Residuen aus einer Preis-/Dividendenbeziehung getestet, sondern die Blasenkomponente wird direkt geschätzt. Da die Blasenkomponente selbst jedoch nicht beobachtet werden kann, wird auf einen Zustandsraum-Ansatz zurückgegriffen, der mit Hilfe eines Kalman-Filters geschätzt wird.

7.4. Zwischenfazit

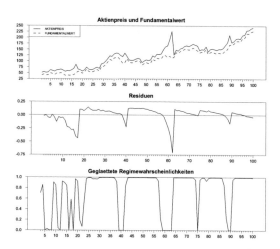

Abbildung 7.2.: Preise, Fundamentalwerte, Residuen und geglättete Regimewahrscheinlichkeiten für den DGP (1)

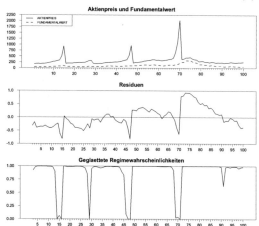

Abbildung 7.3.: Preise, Fundamentalwerte, Residuen und geglättete Regimewahrscheinlichkeiten für den DGP (2)

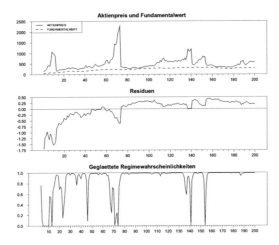

Abbildung 7.4.: Preise, Fundamentalwerte, Residuen und geglättete Regimewahrscheinlichkeiten für den DGP (3)

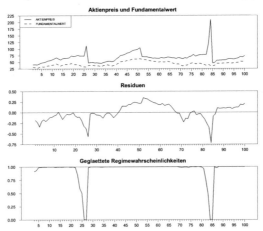

Abbildung 7.5.: Preise, Fundamentalwerte, Residuen und geglättete Regimewahrscheinlichkeiten für den DGP (4a)

7.4. Zwischenfazit

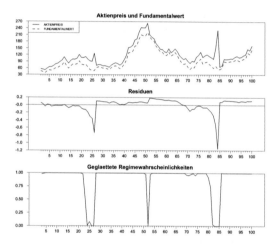

Abbildung 7.6.: Preise, Fundamentalwerte, Residuen und geglättete Regimewahrscheinlichkeiten für den DGP (4b)

Kapitel 8.

Ein Zustandsraummodell mit Markov-Switching zur Identifikation spekulativer Blasen

Die in Kapitel 6 und in Kapitel 7 vorgeschlagenen Verfahren zur Identifikation spekulativer Blasen basierten auf der Erkenntnis, daß bei Nicht-Existenz spekulativer Blasen zwischen Aktienpreisen und Dividenden eine Kointegrationsbeziehung besteht. Das in diesem Kapitel vorgestellte Verfahren wählt eine andere Herangehensweise. Anstatt die Stationaritätseigenschaften der Residuen einer Dividenden-/Preisbeziehung zu untersuchen, wird eine Zeitreihe der Blasenkomponente selbst erzeugt.

Demnach wird die Abweichung des beobachteten Preises von seinem Fundamentalwert berechnet, so daß sich als Differenz die Zeitreihe der spekulativen Blase ergibt. Für die Dividenden wird dabei angenommen, daß diese einem AR-Prozeß folgen. Der Blasenterm wird dabei als unbeobachtbare Variable behandelt und als solche mit Hilfe eines Kalman-Filters geschätzt. Ein solches Verfahren wurde auch von Wu (1997) verwendet, der zu dem Ergebnis kommt, daß ein großer Anteil der Aktienpreisbewegung im S&P 500 auf die Existenz einer spekulativen Blase zurückzuführen ist. Der Ansatz von Wu (1997) bildet auch die Basis dieses Kapitels. Der Beitrag besteht darin, daß dieser Ansatz um die Existenz unterschiedlicher Regime erweitert wird.

Wie in den beiden vergangenen Kapiteln gesehen, ist es plausibel anzunehmen, daß sich die spekulative Blase während der explodierenden Phase anders verhält als während der kollabierenden Phase. Wie im vorherigen Kapitel soll auch hier angenommen werden, daß die Entwicklung der Regime einem Markov-Prozeß folgt. Es wird also ein um *Markov-Regime-Switching* erweitertes Zustandsraummodell aufgestellt und geschätzt. Das entsprechende ökonometrische Verfahren wurde erstmals bereits von Harrison und Stevens (1976) erwähnt. Zu einem späteren Zeitpunkt wurde es dann von Gordon und Smith (1988) in dezidierterer Form aufgestellt. Kim und Nelson (1999) schließlich stellen das Modell in zugänglicherer Form dar. Das Verfahren selbst wurde bisher in der ökonometrischen Literatur in erster Linie im Zusammenhang mit der Untersuchung von Konjunkturzyklen verwendet. Als Beispiele seien hier die Arbeiten von Chauvet und Hamilton (2005), Chauvet und Piger (2003) sowie von Chauvet (1998) genannt. Es liegt also nahe zu prüfen, ob ein solcher Ansatz auch dazu geeignet ist, spekulative Blasen identifizieren zu können.

In den beiden vorhergehenden Kapiteln wurden die vorgestellten Verfahren sowohl mit Hilfe künstlicher Blasenprozesse als auch mit dem Datensatz von Shiller verknüpft. In diesem Kapitel werden zwar auch zunächst die künstlichen Blasenprozesse von Evans (1991) verwendet, jedoch werden zusätzlich weitere Datensätze einer genaueren Prüfung unterzogen. Die Auswahl der Länder erfolgte dabei anhand von Schilderungen spekulativer Perioden in dem Buch von Kindleberger (2005).

Der Aufbau dieses Kapitels lautet wie folgt: Zunächst wird das Barwertmodell aus Kapitel 3 in eine Zustandsraum-Form ohne Berücksichtigung unterschiedlicher Regime überführt. Es wird gezeigt, wie ein solches Modell mit Hilfe eines einfachen Kalman-Filters geschätzt werden kann. Im darauf folgenden Abschnitt wird dieses Modell dann um unterschiedliche Regime erweitert, die einem Markov-Prozeß folgen. Dieses erweiterte Modell bildet dann die Basis für die sich anschließende empirische Analyse anhand künstlicher Blasenprozesse sowie mittels realer Daten. Das Kapitel endet mit einer Zusammenfassung der Ergebnisse.

8.1. Modellspezifikation

Den Ausgangspunkt bildet die Spezifikation des Barwertmodells wie sie bereits von Campbell und Shiller (1988a) vorgenommen worden ist und in Kapitel 3 dargestellt wurde.

Den Ansatz bildet dabei Gleichung (3.15), die an dieser Stelle in ersten

8.1. Modellspezifikation

Differenzen und um einen Blasenterm ergänzt aufgestellt wird:

$$\Delta p_t = (1-\rho) \sum_{i=0}^{\infty} \rho^i [E_t(d_{t+i}) - E_{t-1}(d_{t+i-1})] + \Delta b_t = \Delta p_t^f + \Delta b_t. \quad (8.1)$$

Darüberhinaus wird angenommen, daß die logarithmierten Dividenden eine Einheitswurzel enthalten und ein ARIMA(h,1,0)-Modell wie folgt approximiert werden kann:

$$\Delta d_t = \mu + \sum_{j=1}^{h} \phi^j \Delta d_{t-j} + \delta_t, \quad (8.2)$$

wobei es sich bei δ_t um einen i.i.d. $N(0, \sigma_d^2)$-verteilten Fehlerterm handelt. Die autoregressive Ordnung h in Gleichung (8.2) wird aus den Daten heraus bestimmt. Da das im folgenden Abschnitt dargestellte Zustandsraummodell in Matrix-Notation erfolgt, erfolgt auch die Darstellung des Bartwertmodells in Matrix-Notation. Gleichung (8.2) lautet in Matrix-Form wie folgt:

$$\boldsymbol{Y_t} = \boldsymbol{U} + \boldsymbol{A}\boldsymbol{Y_{t-1}} + \boldsymbol{\nu_t}, \quad (8.3)$$

wobei es sich bei

$$\boldsymbol{Y_t} = (\Delta d_t, \Delta d_{t-1}, \ldots, \Delta d_{t-h+1})', \quad \boldsymbol{U} = (\mu, 0, 0, \ldots, 0)',$$

sowie bei $\boldsymbol{\nu_t} = (\delta, 0, 0, \ldots, 0)'$ jeweils um $(h \times 1)$-Vektoren handelt. $\boldsymbol{A}$ ist eine $h \times h$ Matrix und hat die folgende Form:

$$\boldsymbol{A} = \begin{bmatrix} \phi_1 & \phi_2 & \phi_3 & \ldots & \phi_{h-1} & \phi_h \\ 1 & 0 & 0 & \ldots & 0 & 0 \\ 0 & 1 & 0 & \ldots & 0 & 0 \\ \ldots & \ldots & \ldots & \ldots & \ldots & \ldots \\ 0 & 0 & 0 & \ldots & 1 & 0 \end{bmatrix}.$$

Nach Campbell und Shiller (1987) erhält man die Lösung für (8.1) mit Hilfe von (8.3):

$$\Delta p_t = \Delta d_t + \boldsymbol{M}\Delta \boldsymbol{Y_t} + \Delta b_t. \quad (8.4)$$

Bei M handelt es sich um einen $(1 \times h)$ Zeilenvektor der Form

$$M = gA(I - A)^{-1}[I - (1 - \rho)(I - \rho A)^{-1}], \qquad (8.5)$$

wobei

$$g = (1, 0, 0, \ldots, 0).$$

g ist ein $h \times 1$-Vektor und bei I handelt es sich um eine $h \times h$ Einheitsmatrix. Unter der Annahme, daß es sich bei dem Blasenprozeß $\{b_t\}$ um einen linearen Prozeß handelt, impliziert Gleichung (3.47) die folgende parametrische Form:

$$b_t = (1/\psi)b_{t-1} + \eta_t, \qquad (8.6)$$

wobei die Innovation η annahmegemäß seriell unkorreliert mit Erwartungswert Null und endlicher Varianz σ_η^2 ist. Weiterhin wird angenommen, daß η mit der Dividendeninnovation δ aus Gleichung (8.2) unkorreliert ist.

Die Schwierigkeit Gleichung (8.4) zu schätzen besteht darin, daß die Blasen Komponente nicht beobachtet werden kann. Aus diesem Grunde wird auf eine Zustandsraum-Darstellung zurückgegriffen. Die Aktienpreisgleichung (8.4), der parametrische Blasenprozeß (8.6) sowie der Dividendenprozeß (8.3) werden in Zustandsraum-Form aufgestellt. Die Blase wird dabei als nicht beobachteter Zustandsvektor betrachtet, der mit Hilfe eines Kalman-Filters geschätzt werden kann. Bei dem Kalman-Filter handelt es sich um ein rekursives Verfahren zur Berechnung der optimalen Schätzung der Blase zu jedem Zeitpunkt, basierend auf dem strukturellen Modell und der beobachteten Daten.

8.2. Zustandsraum-Darstellung

In diesem Abschnitt wird zunächst gezeigt, wie die unbeobachtete Blasenkomponente mit Hilfe eines Kalman-Filters bestimmt werden kann. Dazu wird das Barwertmodell zunächst in die Zustandsraum-Form überführt. Dieser Teil entspricht dem Vorgehen von Wu (1997).[1]

---

[1] Wu (1997) verzichtet auf eine explizite Darstellung des Barwertmodells in Zustandsraum-Darstellung. Eine solche Darstellung befindet sich jedoch in einem anderen Zusammenhang, nämlich der Untersuchung von rationalen Blasen in Wechselkursen in Wu (1995).

8.2.1. Überführung des Barwertmodells in die Zustandsraum-Darstellung

Sei β_t ein n dimensionaler Vektor unbeobachteter Variablen (Zustandsvariablen) und seien g_t und z_t m und l-dimensionale Vektoren beobachteter Variablen (*Input*- und *Output*-Variablen). Dann kann das Zustandsraum-Modell folgendermaßen formuliert werden:

$$\beta_t = F\beta_{t-1} + \xi_t, \qquad (8.7)$$

$$z_t = C + H\beta_t + Dg_t + \zeta_t. \qquad (8.8)$$

Dabei handelt es sich bei den ξ_t und ζ_t Matrizen um m- und l-dimensionale Vektoren von Störtermen und bei F, H und D um konstante reale Matrizen der entsprechenden Dimensionen. Weiterhin wird angenommen, daß die Störterme ξ_t und ζ_t sowohl seriell als auch untereinander unkorreliert sind, und es gilt:

$$E(\xi_t) = 0, \qquad E(\zeta_t) = 0,$$

$$E(\xi_t\xi_t') = \Omega, \quad E(\zeta_t\zeta_t') = R.$$

Die Gleichung (8.7) heißt Übergangsgleichung (*transition equation*) und die Gleichung (8.8) heißt Messgleichung (*measurement equation*). Der Blasenterm soll annahmegemäß einem AR(1)-Prozeß folgen:

$$B_t = \frac{1}{b}B_{t-1} + \eta_t, \qquad (8.9)$$

wobei η_t i.i.d. normalverteilt mit Erwartungswert 0 und Varianz σ_η^2 ist. Das vollständige Modell besteht aus dem Blasenprozeß, dem ARIMA(h,1,0)-Marktfundamentalprozeß sowie der Aktienpreisgleichung. Die obige Zustandsraum-Darstellung kann bei Verwendung folgender Notation auf das Barwertmodell übertragen werden:

$$\beta_t = (B_t, B_{t-1})',$$

$$z_t = (\Delta d_t, \Delta p_t)',$$

$$g_t = (\Delta d_t, \Delta d_{t-1}, \Delta d_{t-2}, \ldots, \Delta d_{t-h})',$$

$$\xi_t = (\eta_t, 0)',$$

$$\zeta_t = (\delta_t, \epsilon_t)',$$

$$F = \begin{bmatrix} \frac{1}{b} & 0 \\ 1 & 0 \end{bmatrix}, \quad C = \begin{bmatrix} \mu \\ 0 \end{bmatrix}, \quad H = \begin{bmatrix} 0 & 0 \\ 1 & -1 \end{bmatrix},$$

und

$$D = \begin{bmatrix} 0 & \phi_1 & \phi_2 & \cdots & \phi_{h-1} & \phi_h \\ (1+m_1) & (m_2 - m_1) & (m_3 - m_2) & \cdots & (m_h - m_{h-1}) & -m_h \end{bmatrix},$$

wobei es sich bei m_t um die i-te Komponente des $(h \times 1)$ Spaltenvektors M aus Gleichung (8.5) handelt. Bei Verwendung obiger Notationen erhält man die Kovarianzmatrizen Ω und R wie folgt:

$$\Omega = \begin{bmatrix} \sigma_\eta^2 & 0 \\ 0 & 0 \end{bmatrix}, \quad \text{and} \quad R = \begin{bmatrix} \sigma_\delta^2 & 0 \\ 0 & \sigma_\epsilon^2 \end{bmatrix}.$$

Die Vermögenspreisblase wird hier als nicht beobachtbare Zustandsvariable behandelt. In der aufgeführten Zustandsraum-Darstellung gibt es zwei Übergangsgleichungen sowie zwei Messgleichungen. Die beiden Übergangsgleichungen repräsentieren den Blasenprozeß (8.9). Bei der ersten Messgleichung handelt es sich um den Marktfundamentalprozeß (8.2), während es sich bei der zweiten Gleichung um den Preisprozeß (8.4) handelt.

8.2.2. Kalman-Filter-Darstellung von Vermögenspreisblasen

In diesem Abschnitt soll die Kalman-Filter Prozedur zur Schätzung stochastischer Vermögenspreisblasen beschrieben werden. Das Kalman-Filter Verfahren ist ein in der Kontrolltheorie sehr weit verbreiteter Algorithmus. Hamilton (1986) beschreibt das Kalman-Filter Verfahren für ökonomische Zusammenhänge.

Das Ziel ist die Schätzung des nicht beobachteten Zustandsvektors β_t. Sei $\hat{\beta}_{t,\tau}$ der beste lineare Schätzer von β_t gegeben das Modell und alle bis zum Zeitpunkt τ beobachteten Daten. $\hat{\beta}_{t,\tau}$ und die damit verbundene

8.2. Zustandsraum-Darstellung

Kovarianzmatrix erhält man mit Hilfe der folgenden Gleichungen:

$$\hat{\beta}_{t|t-1} = F\hat{\beta}_{t-1|t-1},$$

$$P_{t|t-1} = FP_{t-1|t-1}F' + \Omega,$$

$$\hat{\xi}_{t|t-1} = z_t - H\hat{\beta}_{t|t-1} - Dg_t,$$

$$K_t = P_{t|t-1}H'[HP_{t|t-1}H' + R]^{-1},$$

$$\hat{\beta}_{t|t} = \hat{\beta}_{t|t-1} + K_t\hat{\xi}_{t|t-1},$$

$$P_{t|t} = [I - K_tH]P_{t|t-1},$$

wobei es sich bei $P_{t|t-1} = E[(w_t - \hat{w}_{t|t-1})(w_t - \hat{w}_{t|t-1})']$ und $P_{t|t} = E[(w_t - \hat{w}_{t|t})(w_t - \hat{w}_{t|t})']$ um die Fehler-Kovarianz-Matrizen handelt und für t gilt, daß $1 \leq t \leq T$. Die obigen Gleichungen bilden den Kalman-Filter und werden vorwärts rekursiv berechnet.

Effizientere Schätzungen des Zustandsvektors und der dazugehörigen Fehler-Kovarianz-Matrix erhält man durch Berücksichtigung sämtlicher Informationen bis zum Zeitpunkt T mit Hilfe des folgenden *Full-Sample Smoothers*:

$$\hat{w}_{t-1|T} = \hat{w}_{t-1|t-1} + J_{t-1}(\hat{w}_{t|T} - \hat{w}_{t|t-1}),$$

$$P_{t-1|T} = P_{t-1|t-1} + J_{t-1}(P_{t|T} - P_{t|t-1})J_{t-1}',$$

$$J_{t-1} = P_{t-1|t-1}F'P_{t|t-1}^{-1}, \; t = T-1, T-2, \ldots, 1.$$

Dieser *Smoother* wird rückwärts rekursiv gelöst.

Der Kalman Filter unterstellt, daß die jeweiligen Modellparameter bekannt seien. In der Praxis ist es natürlich so, daß die Parameter-Matrizen F, H, D, Ω and R unbekannt sind, und demzufolge geschätzt werden müssen. Sei α der unbekannte Parameter-Vektor. Dieser wird durch Maximierung der folgenden Log-Likelihood-Funktion geschätzt:

$$L(\alpha|z,g) = \text{const} - \tfrac{1}{2}\sum_{t=1}^{T}(\ln\left[\det(HP_{t|t-1}H' + R)\right] \\ + \zeta_{t|t-1}'(HP_{t|t-1}H' + R)^{-1}\zeta_{t|t-1}). \tag{8.10}$$

In obiger Gleichung handelt es sich sowohl bei der Innovation $\zeta_{t|t-1}$ als auch bei der Fehler-Kovarianz-Matrix $P_{t|t-1}$ um implizite Funktionen des unbekannten Parametervektors α. Diese werden mittels des Kalman-Filters bestimmt. Ist die Maximum-Likelihood-Schätzung von α bestimmt, so werden die geglätteten Schätzungen des Zustands-Vektors und die dazugehörigen Fehler-Kovarianz-Matrizen mittels des Kalman-Filters und des *Full-Sample Smoothers* bestimmt.

8.3. Erweiterung der Zustandsraum-Darstellung um Markov-Switching-Regime

In diesem Abschnitt wird die Zustandsraum-Darstellung des vorigen Abschnitts um unterschiedliche Regime erweitert, mit dem Ziel explosive von kollabierenden Perioden abgrenzen zu können. Das Verfahren wird zunächst für den allgemeinen Fall von M Regimen beschrieben. Im Anschluß daran wird der hier relevante Fall von zwei Regimen beschrieben.

8.3.1. Modellspezifikation

Betrachtet sei die Zustandsraum-Darstellung eines dynamischen linearen Modells mit unterschiedlichen Regimen sowohl in den Mess- als auch in den Übergangsgleichungen:

$$\beta_t = \tilde{\mu}_{S_t} + F_{S_t} \beta_{t-1} + \xi_t,$$

$$z_t = H_{S_t} \beta_t + D_{S_t} g_t + \zeta_t,$$

$$\begin{pmatrix} \zeta_t \\ \xi_t \end{pmatrix} \sim N \left(0, \begin{pmatrix} R_{S_t} & 0 \\ 0 & \Omega_{S_t} \end{pmatrix} \right),$$

wobei die Messgleichung die Entwicklung einer Zeitreihe als Funktion eines $J \times 1$ Vektors unbeobachteter β_t und einem $K \times 1$ Vektor schwach exogener oder verzögerter abhängiger Variablen beschreibt. Die Übergangsgleichung beschreibt die Dynamik des unbeobachteten Zustandvektors β_t als Funktion eines $L \times 1$ Vektors von Schocks ξ_t. H_{S_t} hat die Dimension $N \times J$, D_{S_t} hat die Dimension $N \times K$ und F_{S_t} hat die Dimension $J \times J$. Der Index an den Matrizen zeigt die Existenz einer unbeobachteten M-Zustand *Markov-Switching* Variablen S_t ($S_t = 1, 2, 3, ..., M$) bei einigen der betrachteten Parameter an. Die entsprechenden Übergangswahrscheinlichkeiten sind durch folgende Matrix p gegeben:

$$p = \begin{pmatrix} p_{11} & p_{21} & \cdots & p_{M1} \\ p_{12} & p_{22} & \cdots & p_{M2} \\ \vdots & \vdots & \ddots & \vdots \\ p_{1M} & p_{2M} & \cdots & p_{MM} \end{pmatrix},$$

wobei $p_{ij} = \Pr[S_t = j | S_{t-1} = i]$ mit $\sum_{j=1}^{M} p_{ij} = 1$ für alle i.

Sind beispielsweise die $\boldsymbol{F}_{S_t}$ Matrizen in unterschiedlichen Zuständen bekannt, so wird mit $\boldsymbol{F}_m$ ($m = 1, 2, \ldots, M$) auf die bekannte Parameter Matrix zugegriffen, wenn das Regime m gerade aktiv ist. Sollte ein Element der $\boldsymbol{F}_{S_t}$ Matrix seinen Zustand ändern, und sollten darüberhinaus die Werte dieses Elementes in den jeweiligen Regimen unbekannt sein, kann dies folgendermaßen modelliert werden. Angenommen, die Zustandsvariable S_t kann die Werte $1, 2, \ldots, M$ annehmen, dann kann das (a,b)-te Element der Matrix $\boldsymbol{F}_{S_t}$ folgendermaßen spezifiziert werden:

$$f_{a,b,S_t} = f_{a,b,1} S_{1t} + \cdots + f_{a,b,M} S_{Mt},$$

wobei S_{Mt} den Wert 1 annimmt, falls S_t gleich M ist und ansonsten Null ist.

8.3.2. Filter und Schätzung des Modells

Angenommen, die Parameter des im vorhergehenden Abschnitts spezifizierten Modells seien bekannt. Sei weiterhin mit ψ_{t-1} der Vektor von Beobachtungen zum Zeitpunkt $t - 1$ bezeichnet. Im Zusammenhang mit der üblichen Herleitung des Kalman-Filters für ein Fix-Koeffizienten Zustandsraummodell soll eine Prognose über den nicht-beobachteten Zustandsvektor $\boldsymbol{\beta}_t$ basierend auf ψ_{t-1} gebildet werden. Diese Prognose wird mit $\boldsymbol{\beta}_{t|t-1}$ bezeichnet:

$$\boldsymbol{\beta}_{t|t-1} = E[\boldsymbol{\beta}_t | \psi_{t-1}].$$

Auf ganz ähnliche Weise wird im Fix-Koeffizienten Fall mit $P_{t|t-1}$ die Matrix des mittleren quadratischen Fehlers der Prognose bezeichnet:

$$P_{t|t-1} = E[(\beta_t - \beta_{t|t-1})(\beta_t - \beta_{t|t-1})'|\psi_{t-1}].$$

Im nun betrachteten Fall eines Zustandsraummodells mit *Markov-Switching* hingegen soll die Prognose für β_t nicht nur auf Basis von ψ_{t-1} gebildet werden, sondern darüberhinaus auch bedingt auf die Zufallsvariable S_t, die den Wert j annehmen kann und die Zufallsvariable S_{t-1}, die den Wert i annehmen kann:

$$\beta_{t|t-1}^{(i,j)} = E[\beta_t|\psi_{t-1}, S_t = j, S_{t-1} = i].$$

Entsprechend jeder möglichen Ausprägung von i und j, berechnet der hier vorgestellte Algorithmus eine Serie von M^2 solcher Prognosen für jeden Zeitpunkt t. Gemeinsam mit diesen Prognosen werden M^2 verschiedene Matrizen des mittleren quadratischen Fehlers gebildet:

$$P_{t|t-1}^{(i,j)} = E[(\beta_t - \beta_{t|t-1})(\beta_t - \beta_{t|t-1})'|\psi_{t-1}, S_t = j, S_{t-1} = i].$$

Bedingt auf $S_{t-1} = i$ und $S_t = j$, lautet der Kalman-Filter Algorithmus wie folgt:

$$\beta_{t|t-1}^{(i,j)} = \tilde{\mu}_j + F_j \beta_{t-1|t-1}^i, \qquad (8.11)$$

$$P_{t|t-1}^{(i,j)} = F_j P_{t-1|t-1}^i F_j' + \Omega_j, \qquad (8.12)$$

$$\eta_{t|t-1}^{(i,j)} = z_t - H_j \beta_{t|t-1}^{(i,j)}, \qquad (8.13)$$

$$f_{t|t-1}^{(i,j)} = H_j P_{t|t-1}^{(i,j)} H_j' + R_j, \qquad (8.14)$$

$$\beta_{t|t}^{(i,j)} = \beta_{t|t-1}^{(i,j)} + P_{t|t-1}^{(i,j)} H_j' [f_{t|t-1}^{(i,j)}]^{-1} \eta_{t|t-1}^{(i,j)}, \qquad (8.15)$$

$$P_{t|t}^{(i,j)} = (I - P_{t|t-1}^{(i,j)} H_j' [f_{t|t-1}^{(i,j)}]^{-1} H_j) P_{t|t-1}^{(i,j)}, \qquad (8.16)$$

wobei es sich bei $\beta_{t-1|t-1}^i$ um eine Inferenz bezüglich β_{t-1} handelt, die (gegeben $S_{t-1} = i$) auf Informationen bis zum Zeitpunkt $t-1$ basiert. Bei $\beta_{t|t-1}^{(i,j)}$ handelt es sich um eine Inferenz bezüglich β_t bei einem Informationsstand bis zum Zeitpunkt $t-1$ gegeben $S_t = j$ und $S_{t-1} = i$. $\eta_{t|t-1}^{(i,j)}$ ist der bedingte Prognosefehler von z_t bezüglich Informationen bis zum Zeitpunkt $t-1$ gegeben $S_t = j$ und $S_{t-1} = i$. $f_{t|t-1}^{(i,j)}$ schließlich ist die bedingte Varianz des Prognosefehlers $\eta_{t|t-1}^{(i,j)}$.

Mit dem hier dargestellten Algorithmus ist in der Praxis jedoch ein gravierender Nachteil verbunden: Mit jeder Wiederholung des obigen Kalman-Filters ist ein M-facher Anstieg in der Anzahl der zu betrachtenden Fällen verbunden. Für den hier relevanten Fall von $M = 2$ beispielsweise sind zum Zeitpunkt $t = 10$ bereits mehr als 1000 Fälle zu betrachten. Aufgrund des damit verbundenen Rechenaufwandes ist die Einführung von Approximationen notwendig, um eine entsprechende Handhabkarkeit des Algorithmus zu erzielen. Das Mittel besteht darin, einige der Terme geeignet zu modifizieren: Die $(M \times M)$ Matrizen $\boldsymbol{\beta}_{t|t}^{(i,j)}$ und $\boldsymbol{P}_{t|t}^{(i,j)}$ werden zur Vervollständigung des Kalman-Filters zu $M \times 1$ Vektoren $\boldsymbol{\beta}_{t|t}^{j}$ und $\boldsymbol{P}_{t|t}^{j}$ zusammengeschrumpft. Ein solches Verfahren wurde bereits von Gordon und Smith (1988) entwickelt. Smith und Makov (1980) untersuchen die Qualität verschiedener Approximationsansätze. An dieser Stelle wird ein Approximationsverfahren verwendet, das ursprünglich von Harrison und Stevens (1976) entwickelt worden ist. Im folgenden sollen nun die Approximationen einer näheren Betrachtung unterzogen werden.

Betrachtet sei $\boldsymbol{\beta}_{t|t}^{(i,j)}$, das für $E[\boldsymbol{\beta}_t | S_{t-1} = i, S_t = j, \boldsymbol{\psi}_t]$ stehe. Dann kann man zeigen, daß:

$$\boldsymbol{\beta}_{t|t}^{j} = \frac{\sum_{i=1}^{M} \Pr[S_{t-1} = i, S_t = j | \boldsymbol{\psi}_t] \boldsymbol{\beta}_{t|t}^{(i,j)}}{\Pr[S_t = j | \boldsymbol{\psi}_t]}, \quad (8.17)$$

wobei $\boldsymbol{\beta}_{t|t}^{j}$ für $E[\boldsymbol{\beta}_t | S_t = j, \boldsymbol{\psi}_t]$ steht. Führt man nun die Notation

$$\Delta_t = \frac{\Pr[S_{t-1} = i, S_t = j | \boldsymbol{\psi}_t]}{\Pr[S_t = j | \boldsymbol{\psi}_t]}$$

ein, so kann die Matrix der mittleren quadratischen Fehler von $\boldsymbol{\beta}_t$ bedingt auf ψ_t und $S_t = j$ hergeleitet werden:

$$P^j_{t|t} = \sum_{i=1}^M \Delta_t \{ E[(\beta_t - \beta^{(i,j)}_{t|t})(\beta_t - \beta^{(i,j)}_{t|t})'|S_{t-1} = i, S_t = j, \psi_t]$$

$$+ (\beta^j_{t|t} - \beta^{(i,j)}_{t|t})(\beta^j_{t|t} - \beta^{(i,j)}_{t|t})' \}.$$

(8.18)

$P^{(i,j)}_{t|t}$ steht für $E[(\beta_t - \beta^{(i,j)}_{t|t})(\beta_t - \beta^{(i,j)}_{t|t})'|S_{t-1} = i, S_t = j, \psi_t]$ und daher kann (8.18) umgeschrieben werden zu

$$P^j_{t|t} = \frac{\sum_{i=1}^M \Pr[S_{t-1} = i, S_t = j|\psi_t]\{P^{(i,j)}_{t|t} + (\beta^j_{t|t} - \beta^{(i,j)}_{t|t})(\beta^j_{t|t} - \beta^{(i,j)}_{t|t})'\}}{\Pr[S_t = j|\psi_t]}.$$

(8.19)

Am Ende jedes Wiederholungsschrittes werden die Gleichungen (8.17) und (8.18) verwendet, um die $M \times M$ Matrizen in (8.15) und (8.16) zu $M \times 1$ Vektoren zusammenzuschrumpfen und den Filter so besser handhabbar zu machen. Jedoch ist zu beachten, daß man dann mit Approximationen arbeitet, da $\beta^{(i,j)}_{t|t}$ und $P^{(i,j)}_{t|t}$ in den Gleichungen (8.15) und (8.16) keine exakten Berechnungsvorschriften für $\Pr[S_{t-1} = i, S_t = j|\psi_t]$ und $E[(\beta^j_{t|t} - \beta^{(i,j)}_{t|t})(\beta^j_{t|t} - \beta^{(i,j)}_{t|t})'|S_{t-1} = i, S_t = j, \psi_t]$ darstellen.

Zur Vervollständigung des Kalman-Filters mit Hilfe der vorgestellten Approximationen ist es notwendig, die Wahrscheinlichkeitsterme in den Gleichungen (8.17) und (8.18) zu bestimmen. Dazu müssen die folgenden Schritte durchgeführt werden:

1. Zu Beginn des t-ten Iterationsschritts erfolgt, gegeben den Ausdruck für $\Pr[S_{t-1} = i|\psi_{t-1}]$ für $(i = 1, 2, \ldots, M)$, die Berechnung:

$$\Pr[S_t = j, S_{t-1} = i|\psi_{t-1}] = \Pr[S_t = j, S_{t-1} = i] \times \Pr[S_{t-1} = i|\psi_{t-1}]$$

(8.20)

für i,j=1,2,...,M. $\Pr[S_t = j, S_{t-1} = i]$ sind dabei die jeweiligen Übergangswahrscheinlichkeiten.

2. Betrachtet sei nun die gemeinsame Dichte von z_t, S_t und S_{t-1}:

$$f(z_t, S_t = j, S_{t-1} = i|\psi_{t-1}) = f(z_t|S_t = j, S_{t-1} = i|\psi_{t-1})$$

$$\times \Pr[S_t = j, S_{t-1} = i|\psi_{t-1}], \quad (8.21)$$

mit $i, j = 1, 2, \ldots, M$. Die Randdichten von z_t erhält man nun durch:

$$f(z_t|\psi_{t-1}) = \sum_{j=1}^{M} \sum_{i=1}^{M} f(z_t, S_t = j, S_{t-1} = i|\psi_{t-1})$$

$$= \sum_{j=1}^{M} \sum_{i=1}^{M} f(z_t, S_t = j, S_{t-1} = i, \psi_{t-1}) \quad (8.22)$$

$$\times \Pr[S_t = j, S_{t-1} = i|\psi_{t-1}],$$

wobei man die bedingte Dichte $\Pr[S_t = j, S_{t-1} = i|\psi_{t-1}]$ durch eine Aufschlüsselung (*decomposition*) des Prognosefehlers erhält:

$$\Pr[S_t = j, S_{t-1} = i, \psi_{t-1}] =$$

$$(2\pi)^{-\frac{N}{2}} |f_{t|t-1}^{(i,j)}|^{-\frac{1}{2}} \exp\left\{-\frac{1}{2}\eta_{t|t-1}^{(i,j)'}(f_{t|t-1}^{(i,j)})^{-1}\eta_{t|t-1}^{(i,j)}\right\}, \quad (i,j = 1, 2, \ldots, M).$$

wobei die Ausdrücke für $\eta_{t|t-1}^{(i,j)}$ und $f_{t|t-1}^{(i,j)}$ durch die Gleichungen (8.13) und (8.14) gegeben sind.

3. Ist z_t dann zum Ende des Zeitpunktes t beobachtet, kann der Wahrscheinlichkeitsterm in Gleichung (8.20) aktualisiert werden und man erhält:

$$\Pr[S_{t-1} = i, S_t = j|\psi_t]$$

$$= \Pr[S_{t-1} = i, S_t = j|\psi_{t-1}, z_t]$$

$$= \frac{f(S_{t-1} = i, S_t = j, z_t|\psi_{t-1})}{f(z_t|\psi_{t-1})} \quad (8.23)$$

$$= \frac{f(z_t|S_{t-1} = i, S_t = j, \psi_{t-1})f(S_{t-1} = i, S_t = j|\psi_{t-1})}{f(z_t|\psi_{t-1})}$$

für $i, j = 1, 2, \ldots, M$ mit

$$\Pr[S_t = j | \psi_t] = \sum_{i=1}^{M} \Pr[S_{t-1} = i, S_t = j | \psi_t]. \quad (8.24)$$

Der Filter für das Zustandsraummodell mit *Markov-Switching* kann als Kombination aus dem erweiterten Kalman-Filter und dem Hamilton-Filter aufgefaßt werden, der um entsprechende Approximationen erweitert worden ist. Im Unterschied dazu enthält der Filter von Kim (1994) die folgenden Schritte:

1. Anwendung des Kalman-Filters aus den Gleichungen (8.11)-(8.16) für die Regime $i, j = 1, 2, \ldots, M$.

2. Berechnung der Wahrscheinlichkeiten $\Pr[S_t, S_{t-1} | \psi_t]$ und $\Pr[S_t | \psi_t]$ für die Regime $i, j = 1, 2, \ldots, M$.

3. Unter Verwendung dieser Wahrscheinlichkeiten werden die $M \times M$ Matrizen aus (8.15) und (8.16) mit Hilfe der Gleichungen (8.17) und (8.19) zu $M \times 1$ Vektoren zusammengeschrumpft.

Zu Beginn des Filteralgorithmus benötigt man für den Kalman-Filter Startwerte zwecks Initialisierung für $\beta^j_{0|0}$ und $P^j_{0|0}$ und für den Hamilton-Filter Startwerte für $\Pr[S_t = j | \psi_0]$.

Als Nebenprodukte des Filters erhält man die auf vergangene Informationen bedingte Dichte von z_t, $f(z_t | \psi_{t-1})$, $t = 1, 2, \ldots, T$ aus der Gleichung (8.22). Dann erhält man die approximierte Log-Likelihood durch:

$$LL = \ln[f(y_1, y_2, \ldots, y_T)] = \sum_{t=1}^{T} \ln[f(z_t | \psi_{t-1})]. \quad (8.25)$$

Zur Bestimmung der Parameter wird ein nicht-lineares Optimierungsverfahren zur Maximierung der Log-Likelihood Funktion verwendet.

8.3.3. Glättungsalgorithmus

Nachdem die Parameter geschätzt worden sind, können S_t und β_t mit Hilfe aller in der Stichprobe verfügbaren Informationen geschätzt werden, d.h.

8.3. Erweiterung der Zustandsraum-Darstellung um *Markov-Switching*-Regime

es wird $\Pr[S_t = j | \boldsymbol{\psi}_T]$ und $\boldsymbol{\beta}_{t|T}$ ($t = 1, 2, \ldots, T$) bestimmt. Betrachtet sei die folgende Herleitung der gemeinsamen Wahrscheinlichkeit, gegeben daß $S_t = j$ und $S_{t+1} = k$, basierend auf allen verfügbaren Informationen:

$$\begin{aligned}
\Pr[S_t = j, S_{t+1} = k | \boldsymbol{\psi}_T] &= \Pr[S_{t+1} = k | \boldsymbol{\psi}_T] \times \Pr[S_t = j | S_{t+1} = k, \boldsymbol{\psi}_T] \\
&\approx \Pr[S_{t+1} = k | \boldsymbol{\psi}_T] \times \Pr[S_t = j | S_{t+1} = k, \boldsymbol{\psi}_t] \\
&= \frac{\Pr[S_{t+1} = k | \boldsymbol{\psi}_T] \times \Pr[S_t = j, S_{t+1} = k | \boldsymbol{\psi}_t]}{\Pr[S_{t+1} = k | \boldsymbol{\psi}_t]} \\
&= \frac{\Pr[S_{t+1} = k | \boldsymbol{\psi}_T] \times \Pr[S_t = j | \boldsymbol{\psi}_t]}{\Pr[S_{t+1} = k | \boldsymbol{\psi}_t]} \\
&\quad \times \Pr[S_{t+1} = k | S_t = j].
\end{aligned} \quad (8.26)$$

sowie

$$\Pr[S_t = j | \boldsymbol{\psi}_T] = \sum_{k=1}^{M} \Pr[S_t = j, S_{t+1} = k | \boldsymbol{\psi}_T]. \quad (8.27)$$

Zu beachten ist hierbei, daß es sich in der Gleichung (8.26) bei der Umformung von der zweiten zu der dritten Zeile um eine Approximation handelt.

Als nächstes erfolgt die Herleitung des Glättungsalgorithmus für den Vektor $\boldsymbol{\beta}_t$. Der Glättungsalgorithmus kann wie folgt geschrieben werden, gegeben daß $S_t = j$ and $S_{t+1} = k$:

$$\boldsymbol{\beta}_{t|T}^{(j,k)} = \boldsymbol{\beta}_{t|t}^{j} + \tilde{\boldsymbol{P}}_t^{j,k}(\boldsymbol{\beta}_{t+1|T}^{k} - \boldsymbol{\beta}_{t+1|t}^{(j,k)}), \quad (8.28)$$

$$\boldsymbol{P}_{t|T}^{(j,k)} = \boldsymbol{P}_{t|t}^{j} + \tilde{\boldsymbol{P}}_t^{j,k}(\boldsymbol{P}_{t+1|T}^{k} - \boldsymbol{P}_{t+1|t}^{(j,k)})\tilde{\boldsymbol{P}}_t^{(j,k)\prime}, \quad (8.29)$$

wobei $\tilde{\boldsymbol{P}}_t^{(j,k)} = \boldsymbol{P}_{t|t}^{j} \boldsymbol{F}_k{}'[\boldsymbol{P}_{t+1|t}^{(j,k)}]^{-1}$. $\boldsymbol{\beta}_{t|T}^{(j,k)}$ eine Schätzung von $\boldsymbol{\beta}_t$ basierend auf dem gesamten Stichprobenumfang ist und es sich bei $\boldsymbol{P}_{t|T}^{(j,k)}$ um die Matrix der mittleren quadratischen Fehler von $\boldsymbol{\beta}_{t|T}^{(j,k)}$ handelt. $\boldsymbol{\beta}_{t|t}^{j}$ und $\boldsymbol{P}_{t|t}^{j}$ sind durch (8.17) und (8.19) gegeben.

$\Pr[S_t = j | \boldsymbol{\psi}_T]$ hängt nicht von $\boldsymbol{\beta}_{t|T}$ ab. Daher können zunächst die geglätteten Wahrscheinlichkeiten berechnet werden und diese können dann zur Berechnung der geglätteten Werte von $\boldsymbol{\beta}_t$, also den $\boldsymbol{\beta}_{t|T}$ verwendet werden. Genau wie im Zusammenhang mit der Berechnung des einfachen Filters, existiert auch für den Glättungsalgorithmus ein Approximationsverfahren. Dieses soll im folgenden kurz umrissen werden:

1. Zunächst wird der einfache Filteralgorithmus des vorigen Abschnitts für $t = 1, 2, \ldots, T$ durchlaufen und die resultierenden Sequenzen werden in $\beta_{t|t-1}^{(i,j)}$, $P_{t|t-1}^{(i,j)}$, $\beta_{t|t}^{j}$, $P_{t|t}^{j}$, $\Pr[S_t = j | \psi_{t-1}]$ und $\Pr[S_t = j | \psi_t]$ aus den Gleichungen (8.15), (8.16), (8.17), (8.19), (8.20) und (8.24) gespeichert.

2. Nun werden rekursiv für $t = T-1, T-2, \ldots, 1$ die geglätteten gemeinsamen Wahrscheinlichkeiten $\Pr[S_t = j, S_{t+1} = k | \psi_T]$ und $\Pr[S_t = j | \psi_T]$ entsprechend den Gleichungen (8.26) und (8.27) ermittelt und gespeichert. Dabei ist der Startwert für den Glättungsalgorithmus durch die letzte Iteration des einfachen Filters gegeben.

3. Im Anschluß können die geglätteten Wahrscheinlichkeiten aus Schritt 2 verwendet werden, um die $M \times M$ Elemente der Matrizen $\beta_{t|T}^{(j,k)}$ und $P_{t|T}^{(j,k)}$ durch die Bildung gewichteter Durchschnitte auf M Elemente herunterzubrechen. Bei jedem Iterationsschritt der Gleichungen (8.28) und (8.29), für $t = T-1, T-2, \ldots, 1$ werden die $M \times M$ Elemente auf M Elemente heruntergebrochen, indem über den Zustand S_{t+1} ein gewichteter Durchschnitt gebildet wird:

$$\beta_{t|T}^{j} = \frac{\sum_{k=1}^{M} \Pr[S_t = j, S_{t+1} = k | \psi_T] \beta_{t|T}^{(j,k)}}{\Pr[S_t = j | \psi_T]} \qquad (8.30)$$

und

$$P_{t|T}^{j} = \frac{\sum_{k=1}^{M} \Pr[S_t = j, S_{t+1} = k | \psi_T]}{\Pr[S_t = k | \psi_T]} \\ \times \{P_{t|T}^{(j,k)} + (\beta_{t|T}^{j} - \beta_{t|T}^{(j,k)})(\beta_{t|T}^{j} - \beta_{t|T}^{(j,k)})'\}. \qquad (8.31)$$

4. Der geglättete Wert von $\beta_{t|T}^{j}$ aus Schritt 3 hängt lediglich von Zuständen zum Zeitpunkt t ab. Man erhält $\beta_{t|T}$ aus Bildung des gewichteten Durchschnitts über die Zustände zum Zeitpunkt t:

$$\beta_{t|T} = \sum_{j=1}^{M} \Pr[S_t = j | \psi_T] \beta_{t|T}^{j}. \qquad (8.32)$$

Bisher wurde beschrieben, wie ein Zustandsraummodell bei Existenz nur eines Regimes auf den *Markov-Switching* Fall mehrerer Regime übertragen werden kann. Darüberhinaus wurde beschrieben, wie man in dem erweiterten Rahmen die geglätteten Regimewahrscheinlichkeiten bestimmen kann. Im folgenden Abschnitt erfolgt eine kurze Beschreibung der hier verwendeten künstlichen Blasenprozesse sowie der realen Daten.

8.4. Beschreibung der verwendeten Daten

Die Anwendung des im vorherigen Abschnitt geschilderten Verfahrens erfolgt sowohl anhand der in Kapitel 5 beschriebenen künstlichen Blasenprozesse als auch anhand realer Daten. Die künstlich erzeugten Blasenprozesse entsprechen dabei den Spezifikationen von Evans (1991) sowie von Charemza und Deadman (1995). Bei den realen Daten handelt es sich erneut um den Datensatz von Robert Shiller basierend auf dem S&P 500 für die USA. Die Datensätze für die Länder Brasilien, Indonesien, Malaysia und Japan sind der Datenbank Datastream entnommen.

Die Spezifikationen der Blasenprozesse nach Evans (1991) entsprechen denjenigen in Kapitel 7. Sämtliche Daten liegen als Monatsdaten vor. Dies gilt auch für die Dividenden-Daten, die aufgrund der jährlichen Auszahlungsfrequenz linear interpoliert sind. Die betrachteten Zeiträume unterscheiden sich abhängig vom jeweils zur Verfügung stehenden Beobachtungshorizont. Die umfangreichste Stichprobe besteht für die USA. Der erste Beobachtungspunkt liegt im Januar 1871. Der späteste Beobachtungszeitpunkt ist Juni 2004.

Insgesamt stehen 1602 Beobachtungspunkte zur Verfügung. Der Shiller-Datensatz wurde sowohl als Ganzes untersucht als auch in drei kleineren *Subsamples*, die jeweils ungefähr ein Drittel des gesamten Stichprobenumfangs enthielten. Das erste dieser *Subsamples* umfaßt den Zeitraum von 1871:01 bis 1912:12, das zweite den Zeitraum von 1913:01 bis 1954:12 und das dritte den Zeitraum von 1955:01 bis 2004:06.

Im Ergebnis wird sich zeigen, daß die Identifikation historischer Ereignisse innerhalb der jeweiligen *Subsamples* besser gelingt als unter Nutzung des gesamten Stichprobenumfangs. Die anderen betrachteten Zeiträume lauteten: Brasilien: 01.08.1994 bis 01.10.2005, 135 Beobachtungspunkte; Indonesien: 01.04.1990 bis 01.10.2005, 187 Beobachtungspunkte, Malaysia: 01.02.1986 bis 01.10.2005, 237 Beobachtungspunkte; Japan: 01.01.1973 bis 01.10.2005, 394 Beobachtungspunkte.

8.5. Empirische Untersuchung

Die empirische Analyse beginnt mit formalen Tests des Markov Switching Modells gegen lineare Alternativen. Hansen (1992), Hansen (1996) und Garcia (1998) schlagen einen standardisierten *Likelihood Ratio* (LR)-Test vor, der eine asymptotisch gültige Inferenz liefert. Zwar liefert der Ansatz von Hansen eine Grenze der asymptotischen Verteilung des standardisierten LR Tests, jedoch ist dieses Verfahren sehr rechenintensiv. Ang und Bekaert (2002) hingegen schlagen eine Approximation mittels einer $\chi^2(q)$-Verteilung vor, wobei es sich bei q um die Anzahl der linear unabhängigen Restriktionen unter der Nullhypothese handelt. Wie man anhand von Tabelle 8.1 und anhand von Tabelle 8.2 erkennen kann, deuten die LR-Teststatistiken die Existenz unterschiedlicher Regime für alle Realisationen der Evans Prozesse an. Dasselbe gilt für die untersuchten realen Datensätze. Die LR-Teststatistiken in Tabelle 8.3 und in Tabelle 8.4 zeigen ebenfalls die Existenz unterschiedlicher Regime an.

Als nächstes werden die Punktschätzungen des Zustandsraummodells mit *Markov-Switching* betrachtet. Zuerst werden die Realisationen der Evans-Prozesse betrachtet, im Anschluß daran werden die Punktschätzungen der realen Datensätze beschrieben. Anhand der Tabellen 8.5 und 8.6 kann man erkennen, daß die Blasenkomponenten b_0 und b_1 in den meisten der untersuchten Fällen signifikant von Null verschieden sind. Darüberhinaus kann man unmittelbar erkennen, daß die geschätzten Koeffizienten in den unterschiedlichen Regimen signifikant voneinander verschieden sind. Die Standardabweichungen der Innovationen im Blasenterm σ_η sind auf dem 1% Niveau signifikant von Null verschieden. Bezüglich der Standardabweichung σ_δ ergibt sich ein anderes Bild. Für die DGPs 1a,2a,2b,2c,3a kann die Nullhypothese, daß der Koeffizient nicht signifikant von Null verschieden ist, nicht verworfen werden. Die Übergangswahrscheinlichkeiten

p_{00} und p_{11} befinden sich innerhalb des zu erwartenden Bereiches, allerdings sind sie auf den üblichen Signifikanzniveaus nicht statistisch signifikant. Bezüglich der Punktschätzungen der realen Datensätze kann anhand der Tabellen 8.7 und 8.8 folgendes festgestellt werden: Die Blasenkomponenten b_0 und b_1 sind in allen betrachteten Fällen signifikant von Null verschieden. Auch hier besteht kein Zweifel darüber, daß die Koeffizienten der Blasenkomponenten sich voneinander unterscheiden. Daher wird dies auch nicht gesondert getestet. Eine Ausnahme bildet diesbezüglich das zweite Datenfenster der US-Daten. Dort ergibt sich ein weniger eindeutiges Bild. Die Standardabweichungen des Innovationsterms der Blase ist in den meisten Fällen nicht statistisch signifikant. Ausnahmen bilden hier das erste und das zweite US-Datenfenster sowie Brasilien. Aber im Falle des ersten US-Datenfensters sowie im Fall von Brasilien hat der Koeffizient ein negatives Vorzeichen. Bezüglich der Standardabweichung σ_δ gilt hier, daß die Nullhypothese, daß der Koeffiizient nicht signifikant von Null verschieden ist, zu den üblichen Signifikanzniveaus abgelehnt werden kann. Darüberhinaus hat der Koeffizient nur beim zweiten US-Datenfenster, im Fall von Brasilien und im Fall von Indonesien das erwartete Vorzeichen. Die Übergangswahrscheinlichkeiten p_{00} und p_{11} befinden sich hier nicht nur innerhalb des zu erwartenden Bereiches, sondern sind darüberhinaus auch statistisch signifikant auf den üblichen Signifikanzniveaus.

In den Abbildungen 8.1 bis 8.9 sind die geglätteten Wahrscheinlichkeiten gemeinsam mit dem Fundamental- und dem Blasenprozeß für die jeweiligen Spezifikationen der Evans Prozesse dargestellt. Die Abbildungen 8.1 bis 8.3 beziehen sich auf Realisationen der ersten Spezifikation des Blasenprozesses.

In Abbildung 8.1 kann man erkennen, daß drei der vier kollabierenden Regime im zugehörigen Preisprozeß korrekt identifiziert werden konnten. Die zweite spekulative Blase, die nicht erkannt wurde, befindet sich in der ersten Hälfte der Stichprobe. In Abbildung 8.2 befinden sich drei Blasen, von denen mittels des hier vorgestellten Verfahrens zwei kollabierende Regime korrekt erfaßt werden konnten. Hier liegt das nicht erkannte kollabierende Regime innerhalb der zweiten Hälfte der Stichprobe. Schließlich konnten in der dritten Realisation alle vier existenten Blasen korrekt identifiziert werden.

Vergleicht man die drei Realisationen hinsichtlich der Natur der dort enthaltenen explosiven Komponenten, so fällt auf, daß die vier in der dritten Realisation erkannten kollabierenden Regime Blasenprozessen folgten, die von einer jeweils ähnlichen Größe waren, während die Blasenprozesse der beiden ersten Realisationen weniger ähnlich sind: Der erste Prozeß beinhaltete eine große Blase zu Beginn (die ungefähr dreimal so groß war wie die kleinste Blase), die anschließend von drei kleineren Blasen gefolgt wurde. Die zweite Realisation beinhaltete eine große Blase in der Mitte der Stichprobe, die von kleineren Blasen am Anfang und am Ende der Stichprobe umgeben waren. Offenbar ist das hier verwendete Verfahren erfolgreicher in der Erkennung von Blasen, die in ihrem Ausmaß homogen sind als in der Erkennung heterogener Blasen.

Die Abbildungen 8.4 bis 8.6 zeigen Realisationen des zweiten Parametersets der Evans-Spezifikation. In Abbildung 8.4 erkennt man, daß eine große Blase unmittelbar nach dem Platzen von zwei sehr kleinen Blasen gefolgt wird. Das kollabierende Regime der ersten Blase wird identifiziert, während die beiden kleinen Blasen nicht identifiziert werden. Im weiteren Verlauf der Stichprobe befinden sich zwei weitere Blasen von moderatem Ausmaß, deren kollabierende Regime ohne weiteres identifiziert werden konnten. Eine Schlußfolgerung aus diesem Verfahren ist, daß es nicht gut dazu geeignet ist, kollabierende Regime zu identifizieren, die sich unmittelbar an einen Crash anschließen.

In Abbildung 8.5 befindet sich eine große Blase im hinteren Teil der Stichprobe. Dieser gehen zwei kleinere Blasen sowie eine Blase von moderateren Ausmaßen voran. Alle mit diesen Blasen verbundenen kollabierenden Regime in der Stichprobe werden mit Hilfe des hier vorgestellten Verfahrens identifiziert. Abbildung 8.6 schließlich enthält fünf Blasen. Das hier vorgestellte Verfahren identifiziert jedoch lediglich ein kollabierendes Regime.

Die Abbildungen 8.7 bis 8.9 zeigen die Realisationen des dritten Parametersets der Evans-Spezifikation. Der Hauptunterschied zu den anderen Realisationen besteht darin, daß die betrachtete Stichprobe den Umfang 200 hat. Dies führt unwillkührlich zu einer absolut höheren Anzahl explodierender Regime in der Stichprobe. Die erste dieser Realisationen befindet sich in Abbildung 8.7. Wie man sieht, werden lediglich zwei kollabierende

Regime erkannt. Eines am Anfang der Stichprobe und eines am Ende der Stichprobe. Die dazwischen liegenden kollabierenden Regime werden hingegen nicht identifiziert. In Abbildung 8.8 verhält es sich ganz ähnlich, nur werden hier zwei kollabierende Regime am Ende der Stichprobe identifiziert. In der Abbildung 8.9 wiederum befinden sich die identifizierten Regime im ersten Drittel der Stichprobe. Es befinden sich mehr kollabierende Regime in dieser Realisation als in den beiden anderen. Folglich identifiziert das vorgeschlagene Verfahren auch mehr kollabierende Regime.

Die Abbildungen 8.10 bis 8.17 zeigen die geglätteten Regimewahrscheinlichkeiten gemeinsam mit dem Preisindex und der Dividendenrendite jeweils in logarithmierter Form für die untersuchten Länder. Abbildung 8.10 zeigt die Ergebnisse für die gesamte Stichprobe der US-Daten von 1871 bis 2004. Wie man leicht erkennen kann, zeigen die geglätteten Regimewahrscheinlichkeiten kein einheitliches Bild. Die jeweiligen Regimewechsel stimmen nicht mit der Entwicklung und dem Platzen spekulativer Blasen aus dem historischen Zusammenhang überein. Die Wahl alternativer Startwerte für den nicht-linearen Optimierungsalgorithmus führte dabei zu keinen qualitativ anderen Ergebnissen.

Dieses nicht zufriedenstellende Ergebnis ändert sich, sobald man sich der Betrachtung einzelner Datenfenster widmet. Wie bereits erwähnt handelt es sich dabei um die Zeitperioden 1871 bis 1912, 1913 bis 1954 sowie 1955 bis 2004. Die geglätteten Regimewahrscheinlichkeiten für das erste Zeitfenster befinden sich in Abbildung 8.11. Hier lassen sich Ausschläge in den Jahren 1873, 1877, 1886, 1893, 1900, 1906 und 1908 beobachten. Mit Ausnahme des Ausschlags im Jahre 1900 sind die Ausschläge nicht besonders ausgeprägt oder länger anhaltend, so daß man vermuten kann, es handelt sich eher um kleinere Crashs als um spekulative Perioden oder länger anhaltende kollabierende Perioden. Der Ausschlag im Jahre 1900 ist etwas anderer Natur und dauert die wachsende Periode über an.

Die geglätteten Regimewahrscheinlichkeiten für das zweite Datenfenster befinden sich in Abbildung 8.12. Die Anzahl der Ausschläge ist hier deutlich kleiner als im ersten Datenfenster. Allerdings zeigt das hier verwendete Verfahren korrekt das kollabierende Regime 1929 an. Darüberhinaus werden die Finanztumulte an der amerikanischen Börse während der Jahre des zweiten Weltkriegs korrekt angezeigt.

Die geglätteten Regimewahrscheinlichkeiten für das dritte Datenfenster befinden sich in Abbildung 8.13. Hier kann man besonders starke Ausschläge während der Jahre 1962, 1973, 1976, 1987, 1990 sowie 2002 beobachten. Die Ausschläge der Jahre 1973, 1987, 2002 spiegeln die erste Ölkrise, den Schwarzen Montag sowie das Platzen der Internetblase wider. Die anderen Ausschläge können jedoch keinen besonderen Ereignissen zugeordnet werden.

Abbildung 8.14 zeigt die geglätteten Regimewahrscheinlichkeiten gemeinsam mit den logarithmierten Preisen und Dividenden von 1994 bis 2005 für Brasilien. Es lassen sich Ausschläge von Ende 1997 bis Anfang 1998 sowie Mitte 1999 beobachten. Die Ausschläge in 1998 können aufgrund der Konsequenzen der Ostasienkrise erklärt werden, und der Ausschlag 1999 ist auf die Konsequenzen der Währungskrise in Brasilien zurückzuführen.

Abbildung 8.15 zeigt die geglätteten Regimewahrscheinlichkeiten gemeinsam mit den logarithmierten Preisen und Dividenden von 1990 bis 2005 für Indonesien. Hier kann man zwei Zeitperioden starker Ausschläge beobachten. Einer dauert von Mitte 1990 bis Mitte 1991 und der andere von Anfang 1997 bis Mitte 1999. Der erste Ausschlag kann nicht auf Grundlage historischer Ereignisse erklärt werden, aber da dieser Ausschlag zu Beginn der Stichprobe beobachtet wird, kann man dies auf die Eigenarten von *Markov-Regime-Switching*-Modelle zurückführen, die Schwierigkeiten haben, Regimewechsel zu Beginn der Stichprobe anzuzeigen. Der andere Ausschlag ist ganz offensichtlich auf die Ostasienkrise und deren langanhaltende Konsequenzen für die Finanzmärkte zurückzuführen.

Ein weiteres ostasiatisches Land, das untersucht wurde, ist Malaysia. Die zugehörigen geglätteten Regimewahrscheinlichkeiten befinden sich in Abbildung 8.16. Hier lassen sich drei Perioden stärkerer Ausschläge beobachten. Eine dauert von Mitte 1986 bis Mitte 1987, eine andere von Anfang 1994 bis Ende 1994 und die dritte schließlich von Ende 1997 bis Ende 2000. Die erste dieser drei Perioden läßt sich wiederum auf die schlechten Güteeigenschaften von *Markov-Regime-Switching*-Modellen am Stichprobenanfang zurückführen. Die letzte wiederum kann man auf die Ostasienkrise zurückführen.

Das letzte untersuchte Land ist Japan. Die entsprechenden grafischen Darstellungen finden sich in Abbildung 8.17. Die geglätteten Regimewahrscheinlichkeiten zeigen eindeutig das Platzen der japanischen Blase der 1980er Jahre. Allerdings gab es laut Kindleberger (2005) drei spekulative Blasen in Japan im Zeitraum von 1985 bis 2000. Zumindest die ausgeprägteste dieser drei Blasen konnte mit Hilfe des hier vorgestellten Verfahrens identifiziert werden.

8.6. Zwischenfazit

In diesem Kapitel wurde ein neues Verfahren zur Identifikation spekulativer Blasen vorgestellt. Das Verfahren basiert auf einem Ansatz von Kim und Nelson (1999). Bisher wurde dieses Verfahren nur in der Konjunkturtheorie im Zusammenhang mit der Identifikation von Wendepunkten zwischen Boom- und Rezensionsphasen eingesetzt. Bei genanntem Ansatz handelt es sich um ein um unterschiedliche Regime erweitertes Zustandsraummodell. Im Rahmen einer Zustandsraum-Darstellung des Barwertmodells werden Regime eingeführt, die einem Markov-Prozeß erster Ordnung folgen. Es wurden eine Reihe künstlicher Blasenprozesse im Sinne von Evans (1991) erzeugt und darauf untersucht, wie viele der erzeugten Blasen von dem vorgestellten Verfahren identifiziert werden . Darüberhinaus wurde eine empirische Untersuchung mit realen Datensätzen durchgeführt. Der Datensatz von Robert Shiller für die USA sowie eine Auswahl von Länderdaten wurde auf die Existenz spekulativer Blasen hin untersucht.

Die Ergebnisse der durchgeführten Untersuchung sind vielversprechend. Es ist gelungen, den Großteil der kollabierenden Regime der Evans Prozesse zu identifizieren. Darüberhinaus konnten im Zusammenhang mit den realen Datensätzen eine ganze Reihe kollabierender Zeitperioden identifiziert werden. Allerdings sind mehr Ausschläge zu verzeichnen als tatsächlich vorhandene spekulative Perioden.

	DGP 1a	DGP 1b	DGP 1c	DGP 2a
Log Likelihood Markov Switching	292.828337	295.218140	369.243155	370.707176
Log Likelihood lineares Modell	52.591991	51.053192	26.817244	214.222047
Likelihood Ratio	480.472692	488.329896	684.851822	312.970258

Tabelle 8.1.: Test auf *Markov-Switching* Eigenschaft

	DGP 2b	DGP 2c	DGP 3a	DGP 3b	DGP 3c
Log Likelihood Markov Switching	311.904974	357.565911	618.961587	552.522468	368.143898
Log Likelihood lineares Modell	184.008864	226.874952	163.952215	112.713198	94.170649
Likelihood Ratio	255.79222	261.381918	910.018744	879.61854	547.946498

Tabelle 8.2.: Test auf *Markov-Switching*-Eigenschaft

	USA 1871-2002	USA 1871-1912	USA 1913-1954	USA 1955-2004
Log Likelihood Markov Switching	−2089.420112	−708.170246	−369.362387	−939.607213
Log Likelihood lineares Modell	−8998.977487	−2919.478872	−2547.829006	−3823.271444
Likelihood Ratio	13819.11475	4422.617252	4356.93238	5767.328462

Tabelle 8.3.: Test auf *Markov-Switching*-Eigenschaft (Reale Daten)

8.6. Zwischenfazit

	Brasilien	Indonesien	Malaysia	Japan
Log Likelihood Markov Switching	60.623156	110.735498	82.589807	−64.210174
Log Likelihood lineares Modell	−233.286248	−273.075294	−525.866758	−1336.381857
Likelihood Ratio	587.818808	767.621584	1216.91313	2544.343366

Tabelle 8.4.: Test auf *Markov-Switching*-Eigenschaft (Reale Daten)

	DGP 1a	DGP 1b	DGP 1c	DGP 2a
b_0	0.148570	−0.080641	1.681901	1.237305
	(0.040097)	(0.014827)	(0.615051)	(0.453498)
b_1	−0.009466	14.547572	−0.102168	0.344961
	(0.001246)	(10.390389)	(0.008498)	(0.165953)
σ_η	3.986869	3.070507	1.112520	3.790212
	(0.346582)	(0.490632)	(0.081210)	(1.884721)
σ_δ	0.333369	2.735808	0.701398	5.392932
	(1.321529)	(0.469169)	(0.100528)	(0.527091)
p_{00}	0.428110	0.239827	0.950818	0.950243
	(0.978029)	(1.725610)	(2.762357)	(0.503350)
p_{11}	0.959381	0.987823	0.450699	0.989973
	(0.610671)	(0.970485)	(0.269892)	(3.390437)
Log Likelihood	292.828337	295.218140	369.243155	370.707176

Anmerkung: Die Standardfehler befinden sich in Klammern.

Tabelle 8.5.: Zustandsraummodell mit *Markov-Switching*.

	DGP 2b	DGP 2c	DGP 3a	DGP 3b	DGP 3c
b_0	0.150286	−0.131863	0.011001	9.753647	−0.071269
	(0.015265)	(0.024760)	(0.001419)	(5.438241)	(0.006478)
b_1	−3.236558	−3.492818	−0.172490	−0.172911	−0.399426
	(1.529585)	(7.195020)	(0.017717)	(0.011669)	(0.025080)
σ_η	4.237950	8.558634	5.118169	2.840534	0.944513
	(0.714647)	(0.838003)	(0.287916)	(0.431415)	(0.235556)
σ_δ	2.261013	2.157600	0.585233	1.789296	0.684640
	(1.247024)	(1.967427)	(0.658674)	(0.410823)	(0.196823)
p_{00}	0.646017	0.833652	0.994706	0.991847	0.969277
	(1.182755)	(6.265080)	(1.053409)	(1.042693)	(0.504003)
p_{11}	0.988917	0.999712	0.535597	0.362142	0.562560
	(0.985323)	(5.402895)	(0.813295)	(1.425569)	(0.835414)
Log Likelihood	311.904974	357.565911	618.961587	552.522468	368.143898

Anmerkung: Die Standardfehler befinden sich in Klammern.

Tabelle 8.6.: Zustandsraummodell mit *Markov-Switching*.

	USA 1871-2002	USA 1871-1912	USA 1913-1954	USA 1955-2004
b_0	0.409551	0.280510	3.385779	−0.155613
	(0.011522)	(0.007135)	(1.844537)	(0.012209)
b_1	−0.225897	0.151980	0.199073	0.271145
	(0.002664)	(0.001849)	(0.002642)	(0.017229)
σ_η	−0.000001	−0.006817	0.022021	0.000000
	(0.003221)	(0.002163)	(0.007826)	(0.007094)
σ_δ	−0.047833	−0.045897	0.070512	−0.036628
	(0.000875)	(0.000577)	(0.002391)	(0.001259)
p_{00}	0.989499	0.331393	0.937489	0.984410
	(0.310140)	(0.132030)	(0.141092)	(0.546043)
p_{11}	0.992142	0.961438	0.780442	0.851701
	(0.310165)	(0.023457)	(0.243947)	(0.419688)
Log Likelihood	−2089.420112	−708.170246	−369.362387	−939.607213

Anmerkung: Die Standardfehler befinden sich in Klammern.

Tabelle 8.7.: Zustandsraummodell mit *Markov-Switching* (Reale Daten).

8.6. Zwischenfazit

	Brasilien	Indonesien	Malaysia	Japan
b_0	−1.505923	2.495863	2.104511	2.548563
	(0.163834)	(0.436240)	(0.304622)	(0.677836)
b_1	0.648169	0.963615	0.825750	0.974186
	(0.105289)	(0.114552)	(0.071879)	(0.068592)
σ_η	−0.148665	0.000001	0.000124	0.000000
	(0.065373)	(0.077467)	(0.055424)	(0.032721)
σ_δ	0.121596	0.183861	−0.149654	−0.099412
	(0.023130)	(0.014143)	(0.009722)	(0.005052)
p_{00}	0.415843	0.984211	0.974676	0.994360
	(1.183902)	(0.760616)	(0.524369)	(1.158807)
p_{11}	0.971058	0.940866	0.908271	0.796468
	(0.922890)	(0.855100)	(0.451683)	(0.741637)
Log Likelihood	60.623156	110.735498	82.589807	−64.210174

Anmerkung: Die Standardfehler befinden sich in Klammern.

Tabelle 8.8.: Zustandsraummodell mit *Markov-Switching* (Reale Daten).

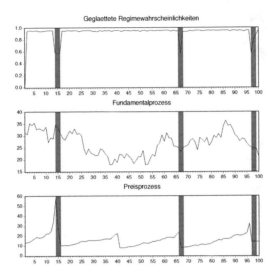

Abbildung 8.1.: Geglättete Regimewahrscheinlichkeiten, Fundamentalprozeß und Preisprozeß für den Evans-Prozeß (1a)

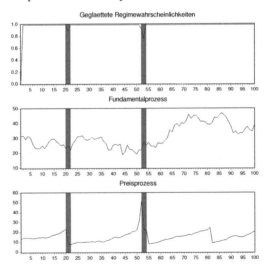

Abbildung 8.2.: Geglättete Regimewahrscheinlichkeiten, Fundamentalprozeß und Preisprozeß für den Evans-Prozeß (1b)

8.6. Zwischenfazit

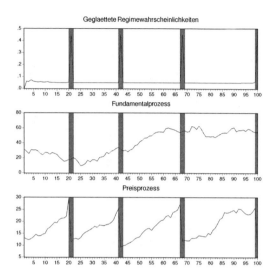

Abbildung 8.3.: Geglättete Regimewahrscheinlichkeiten, Fundamentalprozeß und Preisprozeß für den Evans-Prozeß (1c)

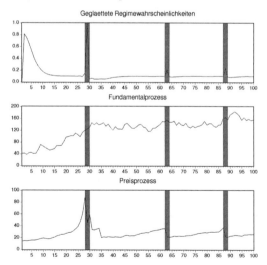

Abbildung 8.4.: Geglättete Regimewahrscheinlichkeiten, Fundamentalprozeß und Preisprozeß für den Evans-Prozeß (2a)

8. Ein Zustandsraummodell mit *Markov-Switching* zur Identifikation spekulativer Blasen

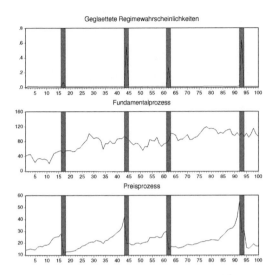

Abbildung 8.5.: Geglättete Regimewahrscheinlichkeiten, Fundamentalprozeß und Preisprozeß für den Evans-Prozeß (2b)

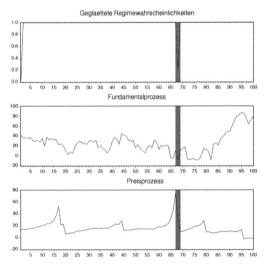

Abbildung 8.6.: Geglättete Regimewahrscheinlichkeiten, Fundamentalprozeß und Preisprozeß für den Evans-Prozeß (2c)

8.6. Zwischenfazit

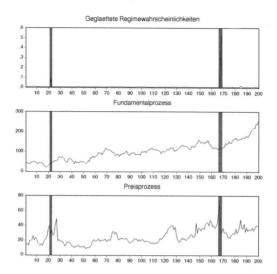

Abbildung 8.7.: Geglättete Regimewahrscheinlichkeiten, Fundamentalprozeß und Preisprozeß für den Evans-Prozeß (3a)

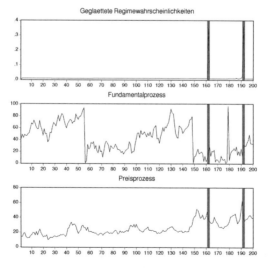

Abbildung 8.8.: Geglättete Regimewahrscheinlichkeiten, Fundamentalprozeß und Preisprozeß für den Evans-Prozeß (3b)

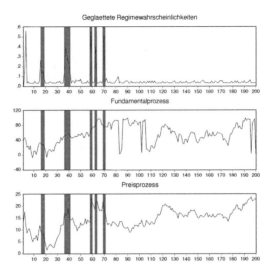

Abbildung 8.9.: Geglättete Regimewahrscheinlichkeiten, Fundamentalprozeß und Preisprozeß für den Evans-Prozeß (3c)

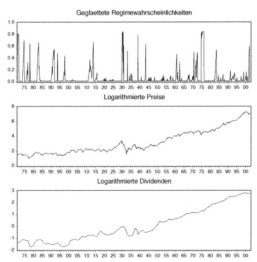

Abbildung 8.10.: Preise, Dividenden und geglättete Regimewahrscheinlichkeiten für die USA von 1871-2002.

8.6. Zwischenfazit

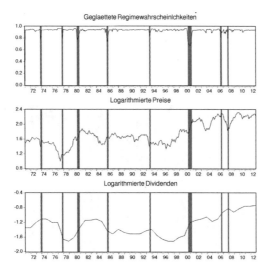

Abbildung 8.11.: Preise, Dividenden und geglättete Regimewahrscheinlichkeiten für die USA von 1871-1912.

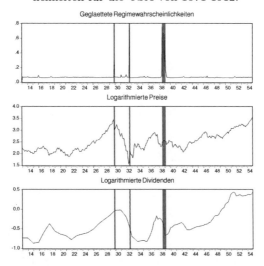

Abbildung 8.12.: Preise, Dividenden und geglättete Regimewahrscheinlichkeiten für die USA von 1913-1954.

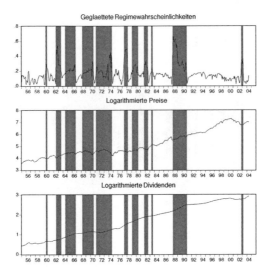

Abbildung 8.13.: Preise, Dividenden und geglättete Regimewahrscheinlichkeiten für die USA von 1955-2004.

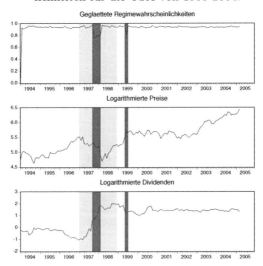

Abbildung 8.14.: Preise, Dividenden und geglättete Regimewahrscheinlichkeiten für Brasilien von 1994-2005.

8.6. Zwischenfazit

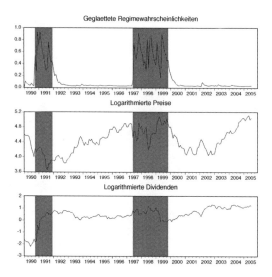

Abbildung 8.15.: Preise, Dividenden und geglättete Regimewahrscheinlichkeiten für Indonesien von 1990-2005.

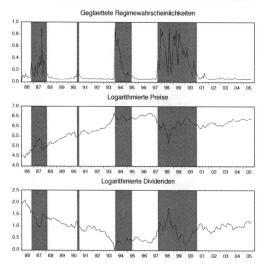

Abbildung 8.16.: Preise, Dividenden und geglättete Regimewahrscheinlichkeiten für Malaysia von 1986-2005.

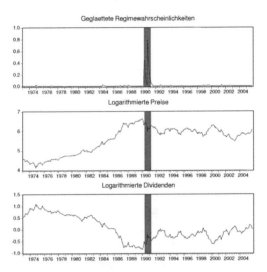

Abbildung 8.17.: Preise, Dividenden und geglättete Regimewahrscheinlichkeiten für Japan von 1973-2005.

Kapitel 9.

Schlußbemerkungen

In dieser Arbeit wurde der aktuelle Forschungsstand zur Identifikation spekulativer Vermögenspreisblasen aufgezeigt. Die Fähigkeit bestehender Verfahren zur Identifikation spekulativer Blasen wurde bewertet, und es wurden eigene Verfahren zur Identifikation spekulativer Blasen beschrieben und angewendet. Die Resultate der Entwicklung und Anwendung der neuen Verfahren können wie folgt zusammengefaßt werden:

In Kapitel 6 wurde der MTAR-Einheitswurzeltest um die Berücksichtigung eines Strukturbruchs zu einem unbekannten Zeitpunkt erweitert. Die Methode zur Ermittlung eines Strukturbruchs zu einem unbekannten Zeitpunkt erfolgte mit Hilfe eines rekursiven Testverfahrens. Dieses Testverfahren wurde in den MTAR-Einheitswurzeltest eingebettet. Mittels einer Monte-Carlo-Simulation wurden kritische Werte entwickelt. Die Güte dieses neuen Verfahrens wurde untersucht und anhand des Datensatzes von Robert Shiller wurde getestet, ob spekulative Perioden identifiziert werden können. Zwar muß eingeräumt werden, daß der neue MTAR-Einheitswurzeltest keine hohen Güteeigenschaften aufweist, jedoch stellen die rekursiv entwickelten Dickey-Fuller-Teststatistiken ein probates Mittel in der Identifikation kollabierender Regime dar. Die Ermittlung dieser Sequenzen von Teststatistiken auf Basis des Datensatzes von Robert Shiller führte einschlägig bekannte Ereignisse auf dem US-Aktienmarkt zutage.

In Kapitel 7 wurde auf Grundlage der Residuen einer Regression der logarithmierten Dividenden auf die logarithmierten Preise ein *Markov-Regime-Switching*-Kointegrationstest im Sinne von Engle und Granger (1987) entwickelt. Es wurden mehrere künstliche Blasenprozesse gemäß der Spezifikation von Evans (1991) erzeugt. Die Untersuchung der Residuen der genannten Regressionsgleichung auf ihre Stationaritätseigenschaften führte in den explosiven Regimen zu keiner Ablehnung der Nullhypothese einer

Einheitswurzel. Dies ist ein Indiz dafür, daß das vorgeschlagene Verfahren die Schwierigkeiten herkömmlicher Einheitswurzel- und Kointegrationstests, die Nullhypothese einer Einheitswurzel nicht abzulehnen, nicht aufweist. Darüberhinaus wurden die geglätteten Regimewahrscheinlichkeiten untersucht. Deren Verlauf zeigte die korrekte Unterscheidung zwischen explodierenden und anschließend kollabierenden sowie moderat wachsenden Episoden in den Residuen aus oben genannter Regressionsgleichung an. Dies ist ein wichtiger Unterschied zu einer früheren Untersuchung von Hall und Sola (1993). Dort wurden lediglich die Stationaritätseigenschaften der Aktienpreise mit einem *Markov-Regime-Switching* ADF-Test untersucht. Hall und Sola (1993) konnten dabei ausschließlich die kollabierenden Regime identifizieren.

In Kapitel 8 wurde ein Verfahren zur Identifikation spekulativer Blasen verwendet, das bisher der Identifikation von Konjunkturzyklen vorbehalten war. Es handelte sich dabei um ein Zustandsraummodell, das um unterschiedliche Regime erweitert wurde, die einem *Markov*-Prozeß folgen. Dieses Verfahren wurde sowohl erneut auf künstlich erzeugte Blasenprozesse angewendet als auch zur Untersuchung realer Datensätze eingesetzt. Die Ergebnisse der Verwendung dieser Modelle zur Identifikation spekulativer Blasen sind vielversprechend. Sowohl bei den künstlich erzeugten Blasenprozessen als auch bei den realen Datensätzen konnten kollabierende Regime identifiziert werden. Die Episoden der kollabierenden Regime erscheinen dabei sowohl bei den Blasenprozessen im Sinne von Evans (1991) als auch bei den untersuchten Länderdaten plausibel. Letzteres ist bemerkenswert, da die Identifikation kollabierender Regime anhand realer Datensätze besonders schwierig ist.

Obwohl in dieser Arbeit mehrere Beiträge zur besseren Identifikation spekulativer Blasen vorgeschlagen worden sind, gibt es noch eine Reihe von Fragestellungen, die für künftige Forschung von Interesse sind. Zum einen steht nach wie vor die Entwicklung eines Einheitswurzeltests aus, der in der TAR-/MTAR-Umgebung robust gegenüber Strukturbrüchen ist. Die Entwicklung eines solchen Tests, der auch entsprechende Güteeigenschaften aufweist, ist jedoch schwierig. Dies zeigen nicht zuletzt die Ergebnisse aus Kapitel 6.

In Kapitel 7 wurde anhand der geglätteten Regimewahrscheinlichkeiten zwischen explodierenden und anschließend kollabierenden sowie moderat wachsenden Episoden differenziert. Wie erwähnt, gelang es in anderen Untersuchungen, lediglich die kollabierenden Regime zu identifizieren. Demnach kann man vermuten, daß die Berücksichtigung eines dritten Regimes eine sinnvolle Erweiterung darstellen kann. Zwar unternehmen Brooks und Katsaris (2005) einen Schritt in diese Richtung, jedoch nicht im Zusammenhang mit *Markov-Regime-Switching* Stationaritätstests.

Eine ähnliche Vorgehensweise ist auch im Zusammenhang mit dem in Kapitel 8 vorgestellten Verfahren möglich. Allerdings gilt es in beiden Fällen zu bedenken, daß die Einführung weiterer Regime auch zu einer Zunahme der zu schätzenden Parameter führt. Insbesondere im Zusammenhang mit dem letzten Kapitel gilt darüber hinaus, daß sich die empirische Umsetzung durch die Einbeziehung weiterer Regime verkomplizieren wird. Demnach sollte die Einhaltung des Grundsatzes „*so einfach wie möglich und so kompliziert wie nötig*" gewahrt bleiben.

Kapitel 10.

Literaturverzeichnis

ABREU, D. UND M. BRUNNERMEIER (2003): "Bubbles and Crashes," *Econometrica*, 71, 173–204.

ALLEN, F. UND D. GALE (2000): "Bubbles and Crises," *Economic Journal*, 110(460), 236–55.

ALLEN, F. UND G. GORTON (1993): "Churning Bubbles," *Review of Economic Studies*, 60(4), 813–36.

ALLEN, F., S. MORRIS UND A. POSTLEWAITE (1993): "Finite Bubbles with Short Sale Constraints and Asymmetric Information," *Journal of Economic Theory*, 61(2), 206–229.

ANDREWS, D. W. K. (1993): "Tests for Parameter Instability and Structural Change with Unknown Change Point," *Econometrica*, 61(4), 821–56.

ANDREWS, D. W. K. UND W. PLOBERGER (1994): "Optimal Tests When a Nuisance Parameter Is Present Only under the Alternative," *Econometrica*, 62(6), 1383–1414.

ANG, A. UND G. BEKAERT (2002): "Regime Switches in Interest Rates," *Journal of Business & Economic Statistics*, 20(2), 163–82.

BAI, J. UND P. PERRON (1998): "Estimating and Testing Linear Models with Multiple Structural Changes," *Econometrica*, 66(1), 47–78.

BANERJEE, A., R. L. LUMSDAINE UND J. H. STOCK (1992): "Recursive and Sequential Tests of the Unit-Root and Trend-Break Hypotheses: Theory and International Evidence," *Journal of Business and Economic Statistics*, 10(3), 271–287.

BATES, D. S. (1991): "The Crash of '87: Was It Expected? The Evidence from Options Markets," *Journal of Finance*, 46(3), 1009–44.

BERNANKE, B. UND M. GERTLER (2000): "Monetary Policy and Asset Price Volatility," Working Paper 7559, National Bureau of Economic Research.

BERNANKE, B. S. UND M. GERTLER (2001): "Should Central Banks Respond to Movements in Asset Prices?," *American Economic Review*, 91(2), 253–257.

BHARGAVA, A. (1986): "On the Theory of Testing for Unit Roots in Observed Time Series," *Review of Economic Studies*, 53(3), 369–84.

BLANCHARD, O. J. (1979): "Speculative Bubbles, Crashes and Rational expectations," *Economics Letters*, 3(4), 387–389.

BLANCHARD, O. J. UND M. W. WATSON (1982): "Bubbles, Rational Expectations and Financial Markets," .

BOHL, M. T. UND P. SIKLOS (2004): "The Present Value Model of U.S. Stock Prices Redux: A New Testing Strategy and some Evidence," *Quarterly Review of Economics and Finance*, 44, 208–223.

BORDO, M. UND O. JEANNE (2002): "Boom-Busts in Asset Prices, Economic Instability and Monetary Policy," Working Paper 8966, National Bureau of Economic Research.

BROOKS, C. UND A. KATSARIS (2005): "A Three-Regime Model of Speculative Behaviour: Modelling the Evolution of the S & P 500 Composite Index," *The Economic Journal*, 115, 767–797.

BROWN, R., J. DURBIN UND J. EVANS (1975): "Techniques for Testing the Constancy of Regression Relationships over Time," *Journal of the Royal Statistical Society, Series B*, 37, 149–192.

BURMEISTER, E. UND K. WALL (1982): "Kalman Filtering Estimation of Unobserved Rational Expectations with an Application to the German Hyperinflation," *Journal of Econometrics*, 20, 255–284.

CAMERER, C. (1989): "Bubbles and Fads in Asset Prices," *Journal of Economic Surveys*, 3(1), 3–41.

CAMPBELL, J. UND R. J. SHILLER (1987): "Cointegration and Tests of Present Value Models," *Journal of Political Economy*, 95(5), 1062–1088.

——— (1988a): "Valuation Ratio and the Long-Run Stock Market Outlook," *The Journal of Portfolio Management*, 24, 11–26.

CAMPBELL, J. Y. (2000): "Asset Pricing at the Millenium," *The Journal of Finance*, 55(4), 1515–1567.

CAMPBELL, J. Y., A. LO UND C. MACKINLAY (1997): *The Econometrics of Financial Markets*. Princeton University Press, Princeton.

CAMPBELL, J. Y. UND R. J. SHILLER (1988b): "The Dividend-Price Ratio and Expectations of Future Dividends and Discount Factors," *Review of Financial Studies*, 1(3), 195–228.

——— (1988c): "Stock Prices, Earnings, and Expected Dividends," *Journal of Finance*, 43(3), 661–676.

CAMPOS, J., N. R. ERICSSON UND D. F. HENDRY (1996): "Cointegration tests in the presence of structural breaks," *Journal of Econometrics*, 70(1), 187–220.

CECCHETTI, S., H. GENBERG, J. LIPSKY UND S. WADHWANI (2000): *Asset Prices and Central Bank Policy*. International Center for Monetary and Banking Studies, London.

CHAN, K. (1993): "Consistency and Limiting Distribution of the Least Squares Estimator of a Threshold Autoregressive Model," *The Annals of Statistics*, 21, 520–533.

CHAREMZA, W. UND D. DEADMAN (1995): "Speculative Bubbles with Stochastic Explosive Roots: the Failure of Unit Root," *Journal of Empirical Finance*, 2, 153–163.

CHAUVET, M. (1998): "An Econometric Characterization of Business Cycle Dynamics with Factor Structure and Regime Switching," *International Economic Review*, 39(4), 969–96.

CHAUVET, M. UND J. D. HAMILTON (2005): "Dating Business Cycle Turning Points," NBER Working Papers 11422, National Bureau of Economic Research, Inc.

CHAUVET, M. UND J. M. PIGER (2003): "Identifying Business Cycle Turning Points in Real Time," *Review*, (Mar), 47–61.

CHRISTIANO, L. J. (1992): "Searching for a Break in GNP," *Journal of Business & Economic Statistics*, 10(3), 237–50.

COCHRANE, J. H. (2001): *Asset Pricing*. Princeton University Press, Princeton.

CONLON, J. R. (2004): "Simple Finite Horizon Bubbles Robust to Higher Order Knowledge," *Econometrica*, 72(3), 927–936.

COOK, S. (2001): "Asymmetric Unit Root Tests in the Presence of Structural Breaks under the Null," *Economics Bulletin*, 3(6), 1–10.

CUTHBERTSON, K. (1996): *Quantitative Financial Economics: Stocks, Bonds and Foreign Exchange*. Wiley, New York.

DELONG, J. UND L. SUMMERS (1988): "How does Macroeconomic Policy Affect Output?," *Brookings Papers on Economic Activity*, 2, 433–480.

DEMPSTER, A.P., L. N. UND D. RUBIN (1977): "Maximum Likelihood from Incomplete Data via the EM Algorithm," *Journal of the Royal Statistical Society, Series B*, 39, 1–38.

DIBA, B. T. UND H. I. GROSSMAN (1988a): "Explosive Rational Bubbles in Stock Prices?," *American Economic Review*, 78, 520–530.

——— (1988b): "The Theory of Rational Bubbles in Stock Prices," *The Economic Journal*, 98, 746–754.

DICKEY, D. UND W. A. FULLER (1979): "Distribution of the Estimators for Autoregressive Time-Series with a Unit-Root," *Journal of the American Statistical Association*, 84, 427–431.

DRIFFILL, J. UND M. SOLA (1998): "Intrinsic Bubbles and Regime-Switching," *Journal of Monetary Economics*, 42(2), 357–373.

ENDERS, W. UND C. W. GRANGER (1998): "Unit-Root Tests and asymmetric Adjustment with an Example using the Term Structure of Interest Rates," *Journal of Business and Economic Statistics*, 16(3), 304–311.

ENDERS, W. UND P. SIKLOS (2001): "Cointegration and Threshold Adjustment," *Journal of Business and Economic Statistics*, 19(2), 166–176.

ENGLE, R. F. UND C. W. J. GRANGER (1987): "Co-integration and Error Correction: Representation, Estimation, and Testing," *Econometrica*, 55(2), 251–76.

ERICSSON, N., D. HENDRY UND H. TRAN (1994): "Cointegration, Seasonality, encompassing and the demand for money in the UK," in *Nonstationary time series analysis and cointegration*, ed. by C. Hargreaves. Oxford University Press, Oxford.

EVANS, G. (1991): "Pitfalls in Testing for Explosive Bubbles in Asset Prices," *American Economic Review*, 81, 922–930.

FAMA, E. F. UND K. R. FRENCH (1988): "Permanent and Temporary Components of Stock Prices," *Journal of Political Economy*, 96(2), 246–73.

FLAVIN, M. A. (1983): "Excess Volatility in the Financial Markets: A Reassessment of the Empirical Evidence," *Journal of Political Economy*, 91(6), 929–56.

FLOOD, R. UND R. HODRICK (1990): "On Testing for Speculative Bubbles," *Journal of Economic Perspectives*, 4(2), 85–101.

FLOOD, R. P. UND P. M. GARBER (1980): "Market Fundamentals versus Price-Level Bubbles: The First Tests," *Journal of Political Economy*, 88(4), 745–70.

FLOOD, R. P., P. M. GARBER UND L. O. SCOTT (1984): "Multi-Country Tests for Price Level Bubbles," *Journal of Economic Dynamics and Control*, 8(3), 329–340.

FLOOD, R. P., R. J. HODRICK UND P. KAPLAN (1986): "An Evaluation of Recent Evidence on Stock Market Bubbles," NBER Working Papers 1971, National Bureau of Economic Research, Inc.

FRENCH, K. R. UND J. M. POTERBA (1991): "Were Japanese stock prices too high?," *Journal of Financial Economics*, 29(2), 337–363.

FROOT, K. A. UND M. OBSTFELD (1991): "Intrinsic Bubbles: The Case of Stock Prices," *The American Economic Review*, 81(5), 1189–1214.

FUNKE, M., S. HALL UND M. SOLA (1994): "Rational Bubbles during Poland's Hyperinflation: Implications and Empirical Evidence," *European Economic Review*, 38(6), 1257–1276.

GARBER, P. M. (1989): "Tulipmania," *Journal of Political Economy*, 97(3), 535–560.

——— (1990): "Famous First Bubbles," *Journal of Economic Perspectives*, 4(2), 35–54.

——— (2000): *Famous First Bubbles*. MIT Press, cambridge.

GARCIA, R. (1998): "Asymptotic Null Distribution of the Likelihood Ratio Test in Markov Switching Models," *International Economic Review*, 39(3), 763–788.

GORDON, K. UND A. SMITH (1988): "Modeling and Monitoring Discontinuous Changes in Time Series," in *Bayesian Analysis of Time Series and Dynamic Linear Models*, ed. by J. Spall, pp. 359–392. Marcel Dekker, New York.

GORDON, R. J. (2005): "The 1920s and the 1990s in Mutual Reflection," NBER Working Papers 11778, National Bureau of Economic Research, Inc.

GRANGER, C. W. J. UND N. R. SWANSON (1997): "An introduction to stochastic unit-root processes," *Journal of Econometrics*, 80(1), 35–62.

HALL, R. E. (1978): "Stochastic Implications of the Life Cycle-Permanent Income Hypothesis: Theory and Evidence," *Journal of Political Economy*, 86(6), 971–87.

HALL, S. UND M. SOLA (1993): "Testing for collapsing bubbles: An endogenous switching ADF test," Discussion Paper 15-93, London Business School.

HALL, S. G., Z. PSARADAKIS UND M. SOLA (1997): "Cointegration and Changes in Regime: The Japanese Consumption Function," *Journal of Applied Econometrics*, 12(2), 151–68.

HALL, S. G., Z. PSARADAKIS UND M. SOLA (1999): "Detecting periodically collapsing bubbles: A Markov-Switching Unit Root Test," *Journal of Applied Econometrics*, 14, 143–154.

HAMILTON, J. D. (1986): "State-space models," in *Handbook of Econometrics*, ed. by R. F. Engle und D. McFadden, vol. 4 of *Handbook of Econometrics*, chap. 50, pp. 3039–3080. Elsevier.

HAMILTON, J. D. (1989): "A New Approach to the Economic Analysis of Nonstationary Time Series and the Business Cycle," *Econometrica*, 57(2), 357–84.

——— (1994): *Time Series Analysis*. Princeton University Press, Princeton.

HAMILTON, J. D. UND C. H. WHITEMAN (1985): "The observable implications of self-fulfilling expectations," *Journal of Monetary Economics*, 16(3), 353–373.

HANSEN, B. E. (1992): "The Likelihood Ratio Test under Nonstandard Conditions: Testing the Markov Switching Model of GNP," *Journal of Applied Econometrics*, 7(S), S61–82.

——— (1996): "Erratum: The Likelihood Ratio Test under Nonstandard Conditions: Testing the Markov Switching Model of GNP," *Journal of Applied Econometrics*, 11(2), 195–98.

HANSEN, L. P. UND T. J. SARGENT (1980): "Formulating and estimating dynamic linear rational expectations models," *Journal of Economic Dynamics and Control*, 2(2), 7–46.

HARRISON, P. UND C. STEVENS (1976): "Bayesian Forecasting," *Journal of the Royal Statistical Society, Series B*, 38, 205–247.

HAUSMAN, J. A. (1978): "Specification Tests in Econometrics," *Econometrica*, 46, 1251–1271.

HEATON, J. C. UND D. J. LUCAS (2000): "Stock Prices and Fundamentals," Discussion paper, Federal Reserve Bank of San Francisco.

HERRERA, S. UND G. PERRY (2001): "Tropical Bubbles: Asset Prices in Latin America, 1980-2001," Discussion Paper Working Paper 2724, World Bank.

HIRSHLEIFER, D. (2001): "Investor Psychology and Asset Pricing," *Journal of Finance*, 56(4), 1533–1597.

HONG, H., J. SCHEINKMAN UND W. XIONG (2006): "Asset Float and Speculative Bubbles," *Journal of Finance*, 61(3), 1073–1117.

HUNTER, W. C., G. G. KAUFMAN UND M. POMERLEANO (2003): *Asset Price Bubbles - The Implications for Monetary, Regulatory and International Policies*. MIT Press, Cambridge.

ITO, T. UND T. IWAISAKO (1995): "Explaining Asset Bubbles in Japan," NBER Working Papers 5358, National Bureau of Economic Research, Inc.

KIM, C.-J. (1994): "Dynamic linear models with Markov-switching," *Journal of Econometrics*, 60(1-2), 1–22.

KIM, C.-J. UND C. R. NELSON (1999): *State Space Models with Regime Switching*. MIT Press, Cambridge.

KINDLEBERGER, C. P. (2005): *Maniacs, Panics, and Crashes*. Basic, New York, 5. edn.

KLEIDON, A. (1986): "Variance bounds tests and stock price valuation models," *Journal of Political Economy*, 94, 953–1001.

KWIATKOWSKI, D., P. C. B. PHILLIPS, P. SCHMIDT UND Y. SHIN (1992): "Testing the null hypothesis of stationarity against the alternative of a unit root : How sure are we that economic time series have a unit root?," *Journal of Econometrics*, 54(1-3), 159–178.

LELAND, H. UND M. RUBINSTEIN (1988): "Comments on the Market Crash: Six Months After," *Journal of Economic Perspectives*, 2(3), 45–50.

LEROY, S. F. UND W. R. PARKE (1992): "Stock Price Volatility: Tests Based on the Geometric Random Walk," *American Economic Review*, 82(4), 981–92.

LEROY, S. F. UND R. D. PORTER (1981): "The Present-Value Relation: Tests Based on Implied Variance Bounds," *Econometrica*, 49(3), 555–574.

LEYBOURNE, S. J., T. MILLS UND P. NEWBOLD (1998): "Spurious rejections by Dickey-Fuller tests in the presence of a break under the null," *Journal of Econometrics*, 87(1), 191–203.

LEYBOURNE, S. J. UND P. NEWBOLD (2003): "Spurious rejections by cointegration tests induced by structural breaks," *Applied Economics*, 35, 1117–1121.

LJUNGQVIST, L. UND T. J. SARGENT (2000): *Recursive Macroeconomic Theory*. MIT Press, Cambridge.

LUCAS, ROBERT E, J. (1978): "Asset Prices in an Exchange Economy," *Econometrica*, 46(6), 1429–45.

MACKAY, C. (1852): *Memoirs of Extraordinary Popular Delusions and the Madness of Crowds*. London: Office Nat. Illustrated Library.

MACKENZIE, D. (1990): "The big, bad wolf and the rational market: portfolio insurance, the 1987 crash and the performativity of economics," *Journal of Economic Perspectives*, 4(2), 35–54.

MANKIW, N. G., D. ROMER UND M. D. SHAPIRO (1985): "An Unbiased Reexamination of Stock Market Volatility," *Journal of Finance*, 40(3), 677–87.

MARSH, T. A. UND R. C. MERTON (1986): "Dividend Variability and Variance Bounds Tests for the Rationality of Stock Market Prices," *American Economic Review*, 76(3), 483–98.

MILLER, M. UND P. LUANGARAM (1998): "Financial Crisis in East Asia: Bank Runs, Asset Bubbles and Antidotes," CSGR Working papers series 11/98, Centre for the Study of Globalisation and Regionalisation (CSGR), University of Warwick.

MORRIS, S., A. POSTLEWAITE UND H. S. SHIN (1995): "Depth of Knowledge and the Effect of Higher Order Uncertainty," *Economic Theory*, 6(3), 453–67.

OBSTFELD, M. UND K. ROGOFF (1983): "Speculative Hyperinflations in Maximizing Models: Can We Rule Them Out?," *Journal of Political Economy*, 91(4), 675–87.

OFEK, E. UND M. RICHARDSON (2003): "DotCom Mania: The Rise and Fall of Internet Stock Prices," *Journal of Finance*, 58(3), 1113–1138.

PERICOLI, M. UND M. SBRACIA (2003): "A Primer on Financial Contagion," *Journal of Economic Surveys*, 17(4), 571–608.

PERRON, P. (1989): "The Great Crash, the Oil Price Shock, and the Unit Root Hypothesis," *Econometrica*, 57(6), 1361–1401.

——— (1990): "Testing for a Unit Root in a Time Series with a Changing Mean," *Journal of Business & Economic Statistics*, 8(2), 153–62.

——— (2005): "Dealing with Structural Breaks," Discussion paper, Boston University.

PERRON, P. UND T. J. VOGELSANG (1992): "Nonstationarity and Level Shifts with an Application to Purchasing Power Parity," *Journal of Business & Economic Statistics*, 10(3), 301–20.

PETRUCELLI, J. UND S. WOOLFORD (1984): "A Threshold AR(1) Model," *Journal of Applied Probability*, 21, 270–286.

PHILLIPS, P. UND S. OULIARIS (1990): "Asymptotic properties of residual based tests for cointegration," *Econometrica*, 58, 165–193.

POTERBA, J. M. UND L. H. SUMMERS (1988): "Mean Reversion in Stock Prices: Evidence and Implications," *Journal of Financial Economics*, 22, 27–59.

RAPPOPORT, P. UND E. N. WHITE (1991): "Was there a bubble in the 1929 Stock Market?," *The Journal of Economic History*, 53(3), 549–574.

RAPPOPORT, P. UND E. N. WHITE (1994): "Was the Crash of 1929 Expected?," *American Economic Review*, 84(1), 271–81.

ROSSER, J. (2000): *From Catastrophe to Chaos: a General Theory of Economic Discontinuities*. Kluwer Academic.

SAMUELSON, P. (1958): "An Exact Consumption-Loan Model of Interest with or without the Social Contrivance of Money," *Journal of Political Economy*, 66, 467–482.

SAMUELSON, P. A. (1965): "Proof That Properly anticipated prices fluctuate Randomly," *Industrial Management Review*, 6, 41–49.

SANTOS, M. S. UND M. WOODFORD (1997): "Rational Asset Pricing Bubbles," *Econometrica*, 65(1), 19–58.

SCHALLER, H. UND S. VAN NORDEN (1997): "Fads or Bubbles?," Working Papers 97-2, Bank of Canada.

SCHEINKMAN, J. A. UND W. XIONG (2003): "Overconfidence and Speculative Bubbles," *Journal of Political Economy*, 111, 1183–1219.

SCHWERT, G. W. (1990): "Stock Volatility and the Crash of '87," *Review of Financial Studies*, 3(1), 77–102.

SHILLER, R. J. (1981): "Do Stock Prices Move Too Much to be Justified by Subsequent Changes in Dividends?," *American Economic Review*, 71(3), 421–36.

SHILLER, R. J. (2000): *Irrational Exuberance*. Princeton University Press, Princeton, New Jersey.

——— (2001): "Bubbles, Human Judgment, and Expert Opinion," Cowles Foundation Discussion Paper 1303.

SIEGEL, J. J. (2003): "What is an Asset Price Bubble? An Operational Definition," *European Financial Management*, 9(1), 11–24.

SMITH, A. UND U. MAKOV (1980): "Baysian Detection and Estimation of Jumps in Linear Systems," in *Analysis and Optimization of Stochastic Systems*, ed. by O. Jacobs, M. Davis, M. Dempster, C. Harris und P. Parks, pp. 333–345. Academic Press, New York.

SPAGNOLO, F., M. SOLA UND Z. PSARADAKIS (2004): "On Markov error-correction models, with an application to stock prices and dividends," *Journal of Applied Econometrics*, 19(1), 69–88.

TIROLE, J. (1982): "On the Possibility of Speculation under Rational Expectations," *Econometrica*, 50(5), 1163–81.

——— (1985): "Asset Bubbles and Overlapping Generations," *Econometrica*, 53, 1071–1100.

TONG, H. (1983): *Threshold Models in Non-Linear Time Series Analysis*. Springer Verlag, New York.

VAN NORDEN, S. (1996): "Regime Switching as a Test for Exchange Rate Bubbles," *Journal of Applied Econometrics*, 11(3), 219–51.

VAN NORDEN, S. UND H. SCHALLER (1993): "The Predictability of Stock Market Regime: Evidence from the Toronto Stock Exchange," *The Review of Economics and Statistics*, 75(3), 505–10.

——— (1996): "Speculative behavior, regime switching, and stock market crashes," Discussion Paper Working Paper 96-13, Bank of Canada.

VIGFUSSON, R. UND S. VAN NORDEN (1996): "Regime-Switching models: A guide to the Bank of Canada Gauss procedures," Discussion Paper Working Paper 96-13, Bank of Canada.

——— (1998): "Avoiding the Pitfalls: Can Regime-Switching Tests Detect Bubbles?," *Studies in Nonlinear Dynamics and Econometrics*, 3(1), 1–22.

WALLACE, N. (1978): "The overlapping-generations model of fiat money," Staff Report 37, Federal Reserve Bank of Minneapolis.

WEST, K. D. (1987): "A Specification Test for Speculative Bubbles," *Quarterly Journal of Economics*, 102, 553–580.

WEST, K. D. (1988): "Dividend Innovations and Stock Price Volatility," *Econometrica*, 56(1), 37–61.

WHITE, E. N. (1990): "The Stock Market Boom and Crash of 1929 Revisited," *Journal of Economic Perspectives*, 4(2), 67–83.

——— (2006): "Bubbles and Busts: The 1990s in the Mirror of the 1920s," NBER Working Papers 12138, National Bureau of Economic Research, Inc.

WHITE, E. N. UND P. RAPPOPORT (1994): "The New York Stock Market in the 1920s and 1930s: Did Stock Prices Move Together Too Much?," NBER Working Papers 4627, National Bureau of Economic Research, Inc.

WU, Y. (1995): "Are there rational bubbles in foreign exchange markets? Evidence from an alternative test," *Journal of International Money and Finance*, 14(1), 27–46.

——— (1997): "Rational Bubbles in the Stock Market: Accounting for the U.S. Stock-Price Volatility," *Economic Inquiry*, 35(2), 309–19.

Anhang A.

Vermögenspreistheorie

A.1. Annäherung des logarithmierten Dividenden-Preis-Verhältnisses durch eine Taylor-Approximation

Die logarithmierte Aktienrendite r_{t+1} läßt sich laut Gleichung (3.10) folgendermaßen darstellen:

$$r_{t+1} = p_{t+1} - p_t + \log\left(1 + e^{d_{t+1}-p_{t+1}}\right).$$

Die nicht-lineare Funktion des logarithmierten Dividenden-Preis Verhältnisses, $f(d_{t+1}-p_{t+1})$ kann mit einer Taylor-Approximation angenähert werden (Gleichung (3.11)):

$$f(x_{t+1}) \approx f(\bar{x}) + f'(\bar{x})(x_{t+1} - \bar{x}).$$

Wie im folgenden gezeigt wird, führt dies zu Gleichung (3.12).
Die Umformungen bedienen sich dabei nachfolgender Zusammenhänge und Identitäten:

$$f(\overline{d-p}) = \log(1 + e^{\overline{d-p}}),$$

$$f'(\overline{d-p}) = \frac{1}{1 + e^{\overline{d-p}}} \cdot e^{\overline{d-p}},$$

$$\rho \cdot e^{\overline{d-p}} = 1 - \rho$$
$$= \frac{e^{\overline{d-p}}}{1+e^{\overline{d-p}}},$$

$$\frac{1}{\rho} - 1 = e^{\overline{d-p}},$$

$$\log\left(\frac{1}{\rho} - 1\right) = \overline{d-p}.$$

$$\begin{aligned}
r_{t+1} &= \log(1 + e^{\overline{d-p}}) + \frac{e^{\overline{d-p}}}{1+e^{\overline{d-p}}} \cdot \left(d_{t+1} - p_{t+1} - \overline{d-p}\right) \\
&= \log\left(\frac{1}{\rho}\right) + \rho \cdot e^{\overline{d-p}} \cdot (d_{t+1} - p_{t+1} - \overline{d-p}) + p_{t+1} - p_t \\
&= -\log(\rho) + \rho \cdot e^{\overline{d-p}} \cdot d_{t+1} - \rho \cdot e^{\overline{d-p}} \cdot p_{t+1} - \rho \cdot e^{\overline{d-p}} \cdot \overline{d-p} + p_{t+1} - p_t \\
&= -\log(\rho) + p_{t+1}(1 - \rho \cdot e^{\overline{d-p}}) + \rho \cdot e^{\overline{d-p}} \cdot d_{t+1} - \rho \cdot e^{\overline{d-p}} \cdot \overline{d-p} - p_t \\
&= -\log(\rho) + p_{t+1}(1 - (1 - \rho)) + \rho \cdot e^{\overline{d-p}} \cdot d_{t+1} - \rho \cdot e^{\overline{d-p}} \cdot \overline{d-p} - p_t \\
&= -\log(\rho) + \rho \cdot p_{t+1} + (1 - \rho) \cdot d_{t+1} - \rho \cdot e^{\overline{d-p}} \cdot \overline{d-p} - p_t \\
&= -\log(\rho) + \rho \cdot p_{t+1} + (1 - \rho) \cdot d_{t+1} - (1 - \rho) \cdot \log\left(\frac{1}{\rho} - 1\right) - p_t \\
&= k + \rho \cdot p_{t+1} + (1 - \rho) d_{t+1} - p_t.
\end{aligned}$$

(A.1)

A.2. Vorwärtsiterierung des logarithmierten Preises unter Beachtung der Transversalitätsbedingung

Ausgangspunkt ist Gleichung (3.12) im Text:

$$r_{t+1} = k + \rho p_{t+1} + (1 - \rho) d_{t+1} - p_t.$$

Diese wird umgeformt zu:

$$p_t = k + \rho p_{t+1} + (1 - \rho) d_{t+1} - r_{t+1}.$$

Bei den folgenden Umformungen wird die Transversalitätsbedingung aus Gleichung (3.13) genutzt:

$$\lim_{j \to \infty} \rho^j p_{t+j} = 0.$$

Eingesetzt für p_{t+1} und p_{t+2} ergibt sich:

$$p_{t+1} = k + \rho p_{t+2} + (1-\rho)d_{t+2} - r_{t+2}$$

$$p_{t+2} = k + \rho p_{t+3} + (1-\rho)d_{t+3} - r_{t+3}.$$

p_{t+1} in p_t eingesetzt ergibt:

$$p_t = k + \rho[k + \rho p_{t+2} + (1-\rho)d_{t+2} - r_{t+2}] + (1-\rho)d_{t+1} - r_{t+1}.$$

Dann noch p_{t+2} in p_t einsetzen:

$$p_t = k+\rho[k+\rho[k+\rho p_{t+3}+(1-\rho)d_{t+3}-r_{t+3}]+(1-\rho)d_{t+2}-r_{t+2}]+(1-\rho)d_{t+1}-r_{t+1}.$$

ρ ausmultiplizieren:

$$\begin{aligned} p_t &= k + \rho k + \rho^2 k + \rho^3 p_{t+3} + \rho^2(1-\rho)d_{t+3} - \rho^2 r_{t+3} + \rho(1-\rho)d_{t+2} - \rho r_{t+2} \\ &\quad + (1-\rho)d_{t+1} - r_{t+1} \\ &= \frac{k}{1-\rho} + \sum_{j=0}^{\infty} \rho^j \left[(1-\rho)d_{t+1+j} - r_{t+1+j}\right]. \end{aligned}$$
(A.2)

Bei der letzten Umformung, die zu Gleichung (3.14) führt wurde ausgenutzt, daß $k + \rho k + \rho^2 k$ zur geometrischen Reihe $\frac{k}{1-\rho}$ führt und $\rho^3 p_{t+3}$ aufgrund der Transversalitätsbedingung Null ist.

Vorwärtsiterierung der logarithmierten Dividendenrendite unter Beachtung der Transversalitätsbedingung

Ausgangspunkt ist wieder Gleichung (3.12) im Text:

$$r_{t+1} = k + \rho p_{t+1} + (1-\rho)d_{t+1} - p_t.$$

Diese wird umgeformt zu:

$$-p_t = -k - \rho p_{t+1} - (1-\rho)d_{t+1} + r_{t+1}.$$

Jetzt wird auf beiden Seiten d_t hinzuaddiert:

$$\begin{aligned} d_t - p_t &= -k - \rho p_{t+1} - (1-\rho)d_{t+1} + d_t + r_{t+1} \\ &= -k + \rho(d_{t+1} - p_{t+1}) - d_{t+1} + d_t + r_{t+1} \\ &= -k + \rho(d_{t+1} - p_{t+1}) - \Delta d_{t+1} + r_{t+1}. \end{aligned}$$

Bei den folgenden Umformungen wird die Transversalitätsbedingung aus Gleichung (3.13) genutzt:

$$\lim_{j \to \infty} \rho^j p_{t+j} = 0.$$

Eingesetzt für $(d-p)_{t+1}$ und $(d-p)_{t+2}$ ergibt sich:

$$(d-p)_{t+1} = -k + \rho(d_{t+2} - p_{t+2}) - \Delta d_{t+2} + r_{t+2}$$

$$(d-p)_{t+2} = -k + \rho(d_{t+3} - p_{t+3}) - \Delta d_{t+3} + r_{t+3}.$$

$(d-p)_{t+1}$ in $(d-p)_t$ eingesetzt ergibt:

$$d_t - p_t = -k + \rho[-k + \rho(d_{t+2} - p_{t+2}) - \Delta d_{t+2} + r_{t+2}] - \Delta d_{t+1} + r_{t+1}.$$

Dann noch $(d-p)_{t+2}$ in $(d-p)_t$ einsetzen:

$$d_t - p_t = -k + \rho[-k + \rho[-k + \rho(d_{t+3} - p_{t+3}) - \Delta d_{t+3} + r_{t+3}] - \Delta d_{t+2} + r_{t+2}] - \Delta d_{t+1} + r_{t+1}.$$

ρ ausmultiplizieren:

$$\begin{aligned} p_t &= -k - \rho k - \rho^2 k + \rho^3 d_{t+1} - \rho^3 p_{t+1} - \rho^2 \Delta d_{t+3} + \rho^2 r_{t+3} - \rho \Delta d_{t+2} + \rho r_{t+2} \\ &\quad - \Delta d_{t+1} + r_{t+1} \\ &= -\frac{k}{1-\rho} + \sum_{j=0}^{\infty} \rho^j (\Delta d_{t+1+j} - r_{t+1+j}) - \lim_{j \to \infty} \rho^j (p_{t+j} - d_{t+j}). \end{aligned}$$
(A.3)

Bei der letzten Umformung, die zu Gleichung (3.16) führt, wurde ausgenutzt, daß $k + \rho k + \rho^2 k$ zur geometrischen Reihe $\frac{k}{1-\rho}$ führt und $\lim_{j \to \infty} \rho^j (p_{t+j} - d_{t+j}) = 0$ aufgrund der Transversalitätsbedingung Null ist.

Anhang B.

Verwendung von Markov-Switching Engle-Granger-Tests zur Identifikation spekulativer Blasen

B.1. Herleitung der geglätteten Wahrscheinlichkeiten nach Kim (1994)

Zur Überprüfung der Gültigkeit des Zwischenschrittes von der zweiten zur dritten Zeile in Gleichung (7.12) sei folgender Vektor definiert:

$$\tilde{h}_{t+1,T} = (y_{t+1}, y_{t+2}, \ldots, y_T)', \text{ für } T > t.$$

Bei $\tilde{h}_{t+1,T}$ handelt es sich demnach um den Vektor der Beobachtungen von $t+1$ bis T. Daraus ergibt sich:

$$\begin{aligned}
Pr[s_t = j, s_{t+1} = k | \mathcal{I}_T] &= Pr[s_t = j | s_{t+1} = k, \tilde{h}_{t+1,T}, \mathcal{I}_t] \\
&= \frac{f(s_t = j, \tilde{h}_{t+1,T} | s_{t+1} = k, \mathcal{I}_t)}{f(\tilde{h}_{t+1,T} | s_{t+1} = k, \mathcal{I}_t)} \\
&= \frac{Pr[s_t = j | s_{t+1} = k, \mathcal{I}_t] f(\tilde{h}_{t+1,T} | s_{t+1} = k, s_t = j, \mathcal{I}_t)}{f(\tilde{h}_{t+1,T} | s_{t+1} = k, \mathcal{I}_t)} \\
&= Pr[S_t = j | s_{t+1} = k, \mathcal{I}_t]
\end{aligned} \qquad (A.1)$$

Obenstehende Beziehung gilt, da

$$f(\tilde{h}_{t+1,T} | s_{t+1} = k, s_t = j, \mathcal{I}_t) = f(\tilde{h}_{t+1,T} | s_{t+1} = k, \mathcal{I}_t).$$

Dies impliziert, daß bei Kenntnis von s_{t+1} y_{t+1} keinerlei Information über s_t enthält, die über diejenige in s_{t+1} und $\mathcal{I}_t$ enthaltene hinausgeht.

Aus unserem Verlagsprogramm:

Björn Harald Krieger
Die Notwendigkeit einer Stärkung der privaten Altersvorsorge in der BRD
Hamburg 2007 / 360 Seiten / ISBN 978-3-8300-3051-5

Andreas Findeis
Technologie- und Gründerzentren als Instrument zur Förderung der Regionalentwicklung
Eine regionalwirtschaftliche Erfolgsanalyse unter Berücksichtigung der Gründungsforschung
Hamburg 2007 / 534 Seiten / ISBN 978-3-8300-3042-3

Felix Hartmann
Einsatzpotenziale des Electronic Procurement im Beschaffungsmanagement industrieller Großunternehmen
Hamburg 2007 / 376 Seiten / ISBN 978-3-8300-3027-0

Felix Madeja
Bilanzierung von „Spielervermögen" nach HGB und IAS/IFRS
Hamburg 2007 / 304 Seiten / ISBN 978-3-8300-3011-9

Assel Amrenova
Entwicklung des Gesundheitssystems unter den Bedingungen einer Transformationsökonomie am Beispiel Kasachstans
Hamburg 2007 / 310 Seiten / ISBN 978-3-8300-2999-1

Oliver Murschall
Behavioral Finance als Ansatz zur Erklärung von Aktienrenditen
Eine empirische Analyse des deutschen Aktienmarktes
Hamburg 2007 / 456 Seiten / ISBN 978-3-8300-2988-5

Melanie Gutmann
Outsourcing bei Kreditinstituten: Rechtsfragen im Zusammenhang mit dem Bank- und Datenschutzrecht
Wirtschaftliche Interessen der Banken im Spannungsverhältnis zum Geheimhaltungsinteresse ihrer Kunden
Hamburg 2007 / 378 Seiten / ISBN 978-3-8300-2962-5

Einfach Wohlfahrtsmarken helfen!